国家社会科学基金项目"世界社会主义与资本主义前途命运暨当代国际形势研究"（项目编号：18@ZH013）阶段性成果之三

运用马克思主义立场、观点和方法
认识和处理国际问题

王伟光◎主编

中国社会科学出版社

图书在版编目（CIP）数据

运用马克思主义立场、观点和方法认识和处理国际问题 / 王伟光主编 .
—北京：中国社会科学出版社，2020.9
ISBN 978 - 7 - 5203 - 6790 - 5

Ⅰ. ①运… Ⅱ. ①王… Ⅲ. ①马克思主义—国际问题—研究
Ⅳ. ①A811.64

中国版本图书馆 CIP 数据核字（2020）第 120346 号

出 版 人　赵剑英
策划编辑　李凯凯
责任编辑　刘凯琳
责任校对　朱妍洁
责任印制　王　超

出　　版　中国社会科学出版社
社　　址　北京鼓楼西大街甲 158 号
邮　　编　100720
网　　址　http://www.csspw.cn
发 行 部　010 - 84083685
门 市 部　010 - 84029450
经　　销　新华书店及其他书店

印刷装订　北京君升印刷有限公司
版　　次　2020 年 9 月第 1 版
印　　次　2020 年 9 月第 1 次印刷

开　　本　710×1000　1/16
印　　张　21
字　　数　273 千字
定　　价　118.00 元

目　录

一　全面掌握观察处理国际问题的马克思主义立场、观点和方法

二　深刻认识当今世界"百年未有之大变局"

三 科学分析重大国际关系的变化与走势

四 努力构建人类命运共同体

五 国外国际关系理论观点述评

一

全面掌握观察处理国际问题的
马克思主义立场、观点和方法

坚持运用马克思主义世界观方法论
认识和处理国际问题[*]

王伟光

关于"世界社会主义与资本主义前途命运暨当代国际形势研究"课题，我主要谈谈运用马克思主义立场、观点、方法来分析国际关系、看待国际问题、认识国际形势，把握世界走势与世界社会主义与资本主义的命运。不一定成熟，也不一定系统，只是一些初步的、零散的想法，供课题组的同志们参考。

一 必须运用马克思主义立场、观点、方法来观察说明国际问题

对当前错综复杂、风云变幻、惊涛骇浪的国际局势到底怎么看？各家各派众说纷纭，各类政治人物、各方专家学者，中外皆有，纷纷站台说道。有的从政治人物的秉性品格等个人特质出发看世界，如有人把当前美国对外政策归结于特朗普的个人个性和商人

---

*　该文是作者 2018 年 8—12 月在"世界社会主义与资本主义前途命运暨当代国际形势研究"课题组 1—4 次全体会议上的讲稿（根据录音整理），发表于《世界社会主义研究动态》2019 年 1 月 18 日。

身份使然；有的从西方国际关系和国际问题理论出发看世界，如运用地缘政治理论、文明冲突理论等说明国际问题；还有的从具体策略层面分析国际问题，如提出应对突发事件的具体对策；等等，不一一例论。一时间各方能人志士激扬文字、指点江山，开出各种应对"药方"。不能说观察国际问题的这些理论和方法不能用，诸多策论虽然能说明一些问题，但至今没有一家能够完全说清说透问题，彻底地说服人，都是不够全面、不够透彻的。应该运用更有高度的理论和方法才能彻底说明国际问题。唐代诗人王之涣有一首题为《登鹳雀楼》的诗："白日依山尽，黄河入海流，欲穷千里目，更上一层楼。"站得愈高才能看得愈远，讲的就是这个道理。只有站在人类理论思维的最高峰，才能看清悟透错综复杂的宇宙间各类问题。毛泽东同志很推崇这首唐诗，他说，我们共产党人的眼力不够，需要借助马克思主义政治上的"望远镜"。马克思主义是"望远镜"，助我们看得更远，使我们从长远战略全局的高度看问题；马克思主义又是"显微镜"，助我们看得更深，使我们透过现象看到本质。必须运用马克思主义立场、观点、方法来观察说明世界，否则说明不了，或说不透彻当前的国际局势。

毛泽东同志在 1959 年 7 月 1 日写过一首《七律·登庐山》，"一山飞峙大江边，跃上葱茏四百旋。冷眼向洋看世界，热风吹雨洒江天"。这首诗教育我们一定要用正确的世界观、方法论分析认识复杂多变的国际形势。当时中国正处在十分复杂严峻的国际条件下，美国全面遏制和包围中国，力图扼杀红色中国。赫鲁晓夫大搞社会帝国主义，企图控制中国。毛泽东同志提出"冷眼向洋看世界"，就是要求我们用马克思主义眼光沉着冷静地观察、分析世界形势。"冷眼"是什么？就是冷静严峻的眼光，表示对反华势力的藐视，沉着冷静地观察世界大势。马克思主义的眼光是什么？就是马克思主义分析问题、认识问题的立场、观点和方法。只有用马克思主义立场、观点、方法认识国际问题，才能科学判断国际形势，得出正确的判断，以指导我们开展国际斗争和实施对外政策。

每当在历史发展的关键时刻，马克思恩格斯总是能够站在辩证唯物主义和历史唯物主义世界观方法论的高度明察秋毫地洞察国际形势、科学判定国际态势的规律、特点和走势，为国际共产主义运动指明斗争的方向和策略。譬如，巴黎公社失败以后，马克思即刻撰写了《法兰西内战》，高度评价了巴黎公社的历史意义，把巴黎公社第一次工人运动失败的经验教训总结得淋漓尽致，为国际共产主义运动的未来发展指明了方向。列宁在《国家与革命》一书中反复强调马克思关于巴黎公社的科学总结。列宁认为，马克思总结巴黎公社失败时的教训，最根本的一条就是一定要砸碎旧的国家机器，建立无产阶级的政治统治，这就全面阐发了马克思主义关于无产阶级专政的原理。马克思的《路易·波拿巴的雾月十八日》也是运用唯物史观分析认识历史事变的典范。拿破仑三世搞反革命复辟，事变刚刚发生，马克思就写了这篇论文，站在唯物史观的高度上，对路易·波拿巴政变的阶级实质、背景、走向做了透彻的分析，得出正确的判断，后来法国形势的发展完全证实了马克思的预判。还有恩格斯的《德国农民战争》，是总结德国1848—1849年革命经验的马克思主义经典著作。对德国1848—1849年的资产阶级民主革命这个重要历史事件的分析科学精准，进一步丰富了唯物史观和科学社会主义理论。一俟历史重要关头，马克思、恩格斯总能站在辩证唯物主义和历史唯物主义的制高点上"冷眼向洋看世界"。马克思的《资本论》科学预测了资本主义必然灭亡，共产主义必然胜利的历史发展规律。列宁的《帝国主义论》正确指明了帝国主义的垄断性、腐朽性、垂死性和必然灭亡的趋势。毛泽东同志的《论持久战》从理论思维的高度预测到中国抗日战争的三个发展阶段和日本帝国主义必然失败的最后结局。这都是因为他们掌握了马克思主义的立场、观点和方法。马克思主义立场、观点和方法即辩证唯物主义和历史唯物主义，是迄今为止人类说明一切宇宙间包括社会历史问题的最高峰，是观察国际问题的最锐利的思想武器。理论上站位越高，看得就越远、越清、越透。站在马克思主义世界观、方法论的高峰就可以"一览众山小""一览无余"。即使马克思、恩格斯身后多少年过去了，实践还是充分证明他们关于国际问题、历史演变和社会主义、资本主义历史发展趋势的基本看法是多么正确。

我们这个研究团队，是基于共同志向走到一起的，我们也要按照毛泽东同志的要求，"冷眼向洋看世界"。我们研究定位定在什么上？定位在以马克思主义的立场、观点和方法来观察世界，提出看法、对策上。

观察国际问题首先有一个立场问题。站在马克思主义的立场上，就是站在人民的立场上，站在进步、正义、公正的立场上，而不是站在资本的立场上，站在少数人的立场上，站在落后、非正义、偏见的立场上看待国际问题。立场对了，才能拎得清国际问题上的大是大非。毛泽东同志关于"一切反动派都是纸老虎"的判断，首先就是站在人民的、正义的、公正的、进步的立场上，才得出这样的判断。对于美国以反恐名义，旨在推翻他国政权的战争，如叙利亚战争，不论他打着什么样的旗号，我们只要选择正确的立场，就会采取正确的态度。在国际斗争中，要讲国家利益。但是，我们讲的国家利益与特朗普讲的国家利益是站在不同立场上讲的，其实质就是根本不同的。站在人民的立场上看，国家利益实质就是人民的利益，人民的利益高于一切，维护国家利益就是维护人民的利益。而特朗普则站在少数资本家的立场上讲国家利益。他讲的国家利益不代表人民的利益。"美国优先"就是"美国垄断资本利益优先",而不是"美国人民优先"。当然,美国垄断资本利益集团在攫取巨大利益的同时,为了维护美国垄断资本的整体利益、长远利益,也会给美国普通人民分一杯"红豆汤"。

分析国际问题,还要运用正确的观点。马克思主义观点是唯物的、辩证的、历史的、阶级的观点,是讲长远、讲根本、讲发展、讲趋向的观点,用这样的观点看问题,从根本上来说,一切反动派都是腐朽落后的代表,即使再强大它终究是要灭亡的,人民最终会战胜它。毛泽东同志关于"一切反动派都是纸老虎"的论断,正是运用这样的观点分析问题而得出来的。列宁的"帝国主义就是战争"的观点,至今都是至理名言,都管用。因为这是列宁运用了马克思主义关于帝国主义本质的理论分析而得出的战略判断。当前世界一切饥饿、分化、动荡、流血、战争、死人的根源,都在于帝国主义国家所维持的垄断资本利益要控制世界资源、世界市场、世界金融,在于马克思主义经典作家所揭示的资本主义的基本矛盾。帝国主义需要用武力解决问题时,说动手就动手,说开打绝不手软。

分析国际问题还要运用正确的方法论。马克思主义既是世界观,同时又是方法论,运用马克思主义观察认识世界,就要发挥其世界观功能;运用马克思主义分析处理世界问题,就要发挥其方法论功能。马克思主义认为对立统一规律是宇宙根本规律,用对立统一观点分析处理问题,是马克思主义方法论的根本。问题就是矛盾,分析问题必须分析矛盾。新时代我国外交的首要问题,还是毛泽东同志所说的:"谁是我们的敌人?谁是我们的朋友?"① "中国

---

① 《毛泽东选集》第1卷,人民出版社1991年版,第3页。

过去一切革命斗争成效甚少，其基本原因就是因为不能团结真正的朋友，以攻击真正的敌人。"① 这对于我们判断国际斗争的主要问题和主要矛盾是非常具有指导意义的。

分析国际问题，要掌握科学的分析方法。矛盾分析方法是重要的方法。把矛盾分析法运用到阶级社会，就必然导致阶级分析方法。从国际上看，当今世界仍然是阶级对立的社会，对阶级社会的国际问题不做阶级分析，是分不清是非的。无是必生非，搞不清是非，就得不出正确的结论，就会把对国际问题的看法和处理搞错。运用矛盾分析方法分析当今世界的基本矛盾，就可以从一团乱麻、扑朔迷离的诸多矛盾中理出一条清晰的主线，抓住这条主线再作深入的阶级分析，就可以搞清楚"谁是我们的敌人，谁是我们的朋友"这个判断国际问题的首要的问题，就可以明确我们的主要对手是谁、主要依靠力量是谁、主要盟友是谁、主要团结对象是谁；就可以明确我们争取达到的最高目标是什么、最低底线是什么、当前我们的主要任务是什么、目前应该集中力量抓什么；就可以明确通过分步骤、分阶段的努力完成我们的主要任务，最终逐步达到最高目标……总而言之，就可以正确地制定我们的纲领、路线、方针与政策；就可以制定我们应当采取的正确的战略与策略；就可以明确在国际斗争中最终解决什么问题、近期解决什么问题，对于我们的对手、我们的朋友分别采取什么样的战略策略；等等。毛泽东同志说："世界上没有无缘无故的爱，也没有无缘无故的恨。"② 鲁迅说："贾府的焦大绝不会爱上林妹妹的。"③ 在阶级社会中，人首先是阶级的人，人的社会性首先是阶级性。每一个人都隶属于某个阶

---

① 《毛泽东选集》第 1 卷，人民出版社 1991 年版，第 3 页。
② 《毛泽东选集》第 3 卷，人民出版社 1991 年版，第 871 页。
③ 鲁迅：《二心集》，人民文学出版社 1973 年版，第 20 页。

级、某个阶层、某个利益集团，任何一个政治人物都代表一定的阶级利益。当然，运用阶级分析法也不能搞绝对化、简单化和庸俗化，乱贴标签、乱点鸳鸯谱。当今，特朗普就是美国垄断资本主义利益集团的政治代表，他背后必定代表垄断资本利益集团的利益，受垄断资本利益集团的支配与控制。当然，垄断资本主义国家内部也必然有矛盾，分为不同的垄断资本集团。特朗普作为美国总统，既要维护美国垄断资本的共同利益，同时又代表某个垄断资本集团的个别利益。

当然，搞清主要问题、主要矛盾及由此所决定的主要对手、主要盟友，这是路线问题、战略问题、全局问题。这与我们所采取的策略和手段既一致，又不完全是一码事。自己心中搞清楚的是非敌我，对外怎么说，采取什么样的具体策略，要服从总的斗争方向和当时的具体条件。譬如，在国际场合，我们不好公开讲谁是我们的敌人，要集中力量对付他，而是要多讲统一战线、讲团结、讲合作、讲共同体、讲和平，这是斗争策略问题。这里问题的关键，是我们必须心中有数、心里清楚，千万不要被面上自己讲的话把自己对实质问题的认识忽悠了。

二　运用马克思主义立场、观点和方法观察世界，要站在历史时代的最高点

马克思主义的眼光首先是时代的眼光，也就是站在历史唯物主义的高度，科学判断历史时代，从历史时代的基本矛盾、主要矛盾，以及其基本矛盾所决定的时代本质和特点出发来观察世界。马克思主义经典作家分析国际问题，总是站在时代的高度，用时代的眼光认识国际问题。

我们现在仍处在马克思主义经典作家所判断的历史时代。习近平总书记在 2017 年 9 月 29 日中共中央政治局集体学习时明确指出："时代在变化、社会在发展，但马克思主义基本原理依然是科学真理。尽管我们所处的时代同马克思所处的时代相比发生了巨大而深刻的变化，但从世界社会主义 500 年的大视野来看。我们依然处在马克思主义所指明的历史时代。这是我们对马克思主义保持坚定信心，对社会主义保持必胜信念的科学根据。"① 马克思所指明的历史时代是什么时代呢？马克思、恩格斯在《共产党宣言》中明确指出："我们的时代，资产阶级的时代。"② 马克思主义经典作家这里提出的"时代"概念，不是我们从党和国家发展角度所提出的"新时代"概念，而是唯物主义历史观所阐述的大的"历史时代"概念。唯物史观大的"历史时代"是指占统治地位的社会形态所历经的整个历史进程，该历史时代的进程从该社会形态取代前一社会形态在人类社会占据统治地位起，历经兴盛、衰落，直到为下一社会形态所取代而不再占据统治地位止。马克思、恩格斯按照唯物史观的社会形态演变理论，根据"经济的社会形态"的根本性质来划分历史时代，把历史时代划分为原始社会、奴隶社会、封建社会、资产阶级社会等历史时代，经过无产阶级专政的社会主义过渡，将进入共产主义社会时代。从时代的根本性质和大的历史进程来看，从全球范围来讲，现在仍然是资本主义社会形态占主导地位的历史时代，而这个时代又发展到经过社会主义过渡，最终取代资本主义而进入共产主义的历史阶段，该时代充满了社会主义与资本主义两种制度、两条道路、两种命运的斗争。

当然，我们当下所处的大的历史时代，在其发展进程中，又分

① 《习近平谈治国理政》第 2 卷，外文出版社 2017 年版，第 66 页。
② 《马克思恩格斯选集》第 1 卷，人民出版社 1995 年版，第 273 页。

为不同的发展阶段，每个发展阶段其基本矛盾和主要矛盾的具体表现又有所不同，时代的具体情况和特点又有所变化。现在我们所处的历史时代已经经历了两个阶段。可以简略地回顾一下，第一个阶段是自由竞争资本主义阶段，这就是马克思、恩格斯写作《资本论》时他们所看到的世界，工人阶级开展斗争和社会主义运动的兴起是该时代的主题。第二个阶段是垄断资本主义阶段，又可以称作帝国主义阶段。资本主义从竞争走向垄断，就是列宁写作《帝国主义论》时所看到的世界。资本主义以垄断代替竞争，进入资本主义发展进程中最高的、腐朽的、垂死的发展阶段。在该阶段，帝国主义把世界瓜分完毕，为争夺殖民地而"狗咬狗"地打了起来，爆发了两次世界大战。无产阶级革命兴起，社会主义从理论走向实践。列宁把这个阶段称作无产阶级革命和帝国主义时代。列宁这里讲的时代不是指的大的历史时代，而是指大的历史时代的不同历史阶段。该时代主题是革命与战争。爆发了十月革命、中国革命以及东方殖民地与半殖民地国家的民主革命，出现了一个社会主义阵营和一系列摆脱殖民统治的发展中国家。

现在处在什么样的阶段，有两种不同的看法。一种看法认为现在仍处在列宁所判定的无产阶级革命和帝国主义阶段，然而情况发生了巨大变化，时代主题由战争与革命转变为和平与发展；还有一种看法认为现在已经进入第三个阶段，有叫新帝国主义阶段，有叫国际垄断资本主义阶段，有叫金融垄断资本主义阶段，有叫现代资本主义阶段，等等。究竟是原来的阶段还是新阶段，还可以讨论。历史发展的每一个阶段和每一个阶段之间并不是截然分开，完全不同的，历史发展阶段是有连续性的，同时每个阶段又具有与其他阶段不同的特征。比如，整个资本主义时代是一个完整的、连续的、具有自己本质特征的历史进程，但它不能完全截断与前后阶段的连续性与同一性。垄断资本主义以垄断为主，但竞争依然存在。当今的垄断资本主义仍然保留着老帝国主义的特征，但又有新的变化；今天的资本主义仍然是帝国主义，列宁分析的帝国主义的特征它都有，同时又形成新的特征。

不管如何判断，马克思主义所指明的大的历史时代没有改变，资本主义的基本矛盾没有改变，垄断资本主义、帝国主义的基本特征没有改变，资本主义必然灭亡，社会主义必然胜利的历史必然趋势，没有改变。由于殖民地或半殖民地人民的斗争、工人阶级的斗争，争取独立和社会主义的斗争、争取和平与发展的斗争成为一波又一波的时代潮流。当今，垄断资本再用过去压迫剥削工人阶级的榨取办法，再用直接野蛮掠夺殖民地或半殖民地人民的盘剥办法已经过时了，形势迫使垄断资本改变了掠夺方式，采取了间接的盘剥办法，如金融掠夺。争取和平与发展成为时代主题。

总体上看，当下我们仍然处于资本主义生产关系占统治地位的历史时代，然而该历史时代已经前进到社会主义逐步取代资本主义的历史阶段，也就是说资本主义经过革命时期、兴盛时期以后，正处于衰落时期，当然其衰落期也是很漫长的。资本主义的替代物——社会主义以及将来的共产主义，已经从"一个幽灵"即弱小的新生儿时期走向现实实践时期，在资本主义社会体系内部形成了崭新的社会形态——社会主义制度，占世界人口不到1/4的中国，已经成功地走出了一条中国特色社会主义道路，世界社会主义力量不断壮大，进入一个新的发展时期。资本主义下降，社会主义上升。虽然在该阶段，社会主义相比资本主义来说仍然不占优势，但它却是不可忽视的社会进步力量，代表着人类的未来。辩证法告诉我们，一切新生事物都是不可战胜的，社会主义必胜。

在准确判断历史时代的基础上，就可以对当前国际社会基本矛盾、主要矛盾和主要态势作出判断。当今世界是资本主义生产方式占统治地位的世界，分析当今世界基本矛盾绕不开对资本主义社会基本矛盾的分析。马克思主义经典作家分析资本主义社会基本矛盾，认为是生产力的社会化和资本主义私人占有的矛盾，这个基本矛盾表现在阶级关系上就是工人阶级及广大劳动人民与资产阶级的矛盾，表现在社会制度上、发展走势和道路选择上，主要矛盾表现为社会主义与资本主义两条道路、两种制度、两个前途、两种命运、两股力量的矛盾与斗争。在今天的历史阶段，特别是社会主义代替资本主义的过渡阶段，这种博弈更为尖锐、更为激烈，也更为突出。这正像习近平总书记所指出的那样，科学社会主义创立至今，社会主义和资本主义两条道路、两种制度的斗争一刻也没有停止，决不是今天才有的。

当然，按照辩证法来看，社会主义的发展也是曲折地前进、波浪式发展、螺旋形上升的，绝不是一帆风顺、一马平川、一路凯歌的。放在大的历史时空跨度上观察，作为代表新的社会形态的社会主义，从空想主义到科学理论，从科学理论到实践运动，从实践运动到制度现实；从1848年《共产党宣言》问世，一个"在欧洲游荡"的"幽灵"，到十月革命胜利俄国社会主义成功，再到中国革命胜利和社会主义阵营的形成，一路向上发展，当然其中也有挫折和起伏。20世纪80年代末90年代初，苏联解体、东欧剧变，社会主义一下子跌入低谷。从那时到现在三十年过去了，"三十年河东，三十年河西"，中国高举社会主义旗帜，坚持改革开放，走出了一条中国特色社会主义道路，风景这边独好。而西方资本主义诸国经过2008年的国际金融危机的打击，走入下坡路。社会主义始出低谷，资本主义进入衰落期。这就是社会主义与资本主义两种社会形态斗争的历史与趋势。

资本主义已经发展到今天，资本主义社会基本矛盾没有改变，而是更为尖锐、更为激化。资本主义社会的基本矛盾，展开为社会主义与资本主义的矛盾、国际垄断资本主义国家与其他发展中国家的矛盾、国际垄断资本主义国家之间的矛盾。从矛盾上观察世界，就可以对国际问题、国际关系、国际局势以及其走向作出判定。资本主义的基本矛盾，国际金融垄断资本主义的矛盾，必然转为不断爆发的国际性金融危机，乃至全面性的经济危机。这种危机是国际社会的各类矛盾更加激化的集中表现。这是当前一切国际斗争激化、争端激烈、战争爆发的总根源、总原因。当前国际上各类热点、焦点问题，爆发各类争端，都是由这些矛盾引发的。

我们观察世界，必须从这一矛盾主线出发观察问题，用这样的观点来看中美关系问题就会看得很清楚。当今时代资本主义和社会主义两条道路、两种制度的根本矛盾决定了美国等西方国家必然会竭尽所能对中国以战略上围堵、发展上牵制、形象上丑化。这种斗争不是哪个人的心血来潮，也不是突发事件，而是两条道路、两种制度的历史时代的根本性矛盾所决定的，这是不以我们的意志为转移的，将伴随着我国全面建设社会主义现代化强国的全进程。必须深刻认识两条道路、两种制度斗争的长期性、复杂性、尖锐性。我们和美国之间的矛盾从根本上说是两种制度、两条道路的矛盾，这是不可调和的矛盾，我们一定要作长期斗争的准备。然而，由于社会主义力量的不断壮大，资本主义力量的下降，社会主义和一切爱好和平的力量寻求和平发展成为时代主流。由于中国特色社会主义的成功，中国的发展壮大、再加上俄罗斯等各国的牵制、美国国内爱好和平力量的牵制，美国垄断资本也是不可能为所欲为的。也就是说，由于各种力量的抗衡、制衡、平衡，现阶段国际形势仍处于可控的相对和平状态。虽然局部争端、战争不断，但打世界大战的可能性不大。和平发展是主流，我们仍然可以争取到和平发展的战略机遇。从这个现状出发判断，我们应尽最大努力创造并利用和平发展的机遇，发展自己，壮大社会主义生产力，把自己的事情办好，这是当前的主要任务。中美之间斗争是长期的、不可躲避的、绝对的，但又是相对的。存在合作的可能性和现实性，处于打打和和、和和打打的状态。我们应最大限度地争取和平发展、合作发展，这是我们当前的重要策略，只有这样才能发展壮大社会主义、发展壮大社会主义力量。一切都要从这个战略策略出发观察问题、分析问题、处理问题。

毛泽东"三个世界"理论的基本精神如今依然适用，是符合马克思主义对历史时代的总判断，符合对世界基本矛盾和主要矛盾的总判断，符合对当前国际形势、力量对比变化和我们当前任务的总判断，符合对我们当下采取的战略和策略的总判断的。

1963 年至 1964 年间，面对美苏"冷战"，同时美苏又都在反华的严峻国际环境，毛泽东同志提出了"两个中间地带"的战略判断："我看中间地带有两个，一个是亚、非、拉，一个是欧洲。日本、加拿大对美国是不满意的。"① 1974 年，也就是 10 年以后，他进一步提出了"三个世界"的战略判断："我看美国、苏联是第一世界；中间派，日本、欧洲、澳大利亚、加拿大，原子弹没有那么多，也没有那么富，但是比第三世界要富；亚洲第三世界很多，亚洲除了日本都是第三世界，整个非洲都是第三世界，拉丁美洲也是第三世界。"② "三个世界"理论的提出，是毛泽东同志运用辩证唯物主义和历史唯物主义分析当时的国际形势而得出的正确结论。在

---

① 《建国以来毛泽东文稿》下卷，军事科学出版社、中央文献出版社 2010 年版，第 196 页。

② 《毛泽东年谱（1949—1976）》第 6 卷，中央文献出版社 2013 年版，第 520 页。

"三个世界"理论指导下，我们党正确地领导了当时的国际斗争和对外工作，取得了新中国对外工作的成功。我们进入联合国是马克思主义、毛泽东思想的伟大胜利，也证明"三个世界"理论的判断正确。

毛泽东同志提出"三个世界"理论以来，世界已经发生了很大变化，要作出符合当前国际力量对比变化的调整。我以为，现在仍然可以把全世界划分为"三个世界"。毛泽东同志讲的第一世界原来是美苏。美国是全球霸主。而苏联在与美国争霸的冷战进程中，在推进大国沙文主义政策的进程中，在背离马克思主义正确路线的进程中，把自己逐步异化成为一个"社会帝国主义国家"，即列宁所批判的"口头上的社会主义者，实际上的帝国主义者"[①]。形成"两霸"争夺世界的态势。1974年2月25日，毛泽东同志在会见第三世界领导人时说："这个世界是有帝国主义存在，俄国也叫社会帝国主义，这种制度酝酿着战争。"[②] 帝国主义就是战争，包括社会帝国主义。现在世界格局一大变化就是两极变成了一极，变成了单极。美国成为单极主义或单边主义的第一世界。第二世界就是日本、欧洲、澳大利亚、加拿大等发达资本主义诸国，他们跟美国一样在对外剥夺发展中国家的重大问题上是一致的。但它们之间又充满了矛盾，"狗咬狗一嘴毛"。第一世界与第二世界由于各有各自的垄断资本利益，其矛盾是不可调和的，这就是马克思主义经典作家所讲的帝国主义国家之间的矛盾。这对矛盾曾经引发了第一次世界大战、第二次世界大战。第三世界就是我们中国等发展中国家，包括俄罗斯。当然第三世界也在变化。原来的俄罗斯，也是以俄罗斯为主的苏联，解体前堕落为社会帝国主义，成为第一世界，解体以

---

① 《列宁选集》第2卷，人民出版社1972年版，第82页。
② 《毛泽东年谱（1949—1976）》第6卷，中央文献出版社2013年版，第520页。

后沦为第三世界。当然，也有的把俄罗斯放在第二世界。无论如何，巩固与发展同俄罗斯的战略合作伙伴关系，是我们的战略选择，符合中国人民的利益。有些人不怀好意老想把中国推到第一世界，鼓吹"中国威胁论"。我们不能上当，我们仍然是发展中国家。说实在的，不能把自己宣传过了头，不能让别人担心害怕。我们还有很多落后的地方，就经济总量来讲我们是第二，但就人均来讲，我们还是很穷的。讲文明状态，我们也差远了，这是最大的软实力差距。

更重要的是我们仍处在社会主义初级阶段的基本国情没有改变，我们走社会主义道路的决心和信心也永远不会改变，这就决定了我们必须走和平发展的道路，永不追求霸权。"三个世界"的划分，基本理论仍然基于马克思主义关于历史时代问题的认识，关于资本主义基本矛盾和主要矛盾的认识。"三个世界"划分，有从经济规模、发展总量上的区分判断，但应当从世界观、方法论的高度来认识，从制度的高度来认识。第一世界、第二世界都是垄断资本主义国家，是传统的帝国主义国家，过去拥有大片殖民地。第一世界与第二世界之间，存在着不可调和的矛盾，这就是垄断资本主义国家之间的矛盾。美国是超级垄断资本主义国家，要独霸全世界，与其他垄断资本主义国家的矛盾不可调和、不可化解。第三世界绝大多数过去是殖民地或半殖民地国家，第二次世界大战以来纷纷独立，希望走独立自主的发展道路，独立自主地发展本国经济，搞好自己的建设。然而，"树欲静而风不止"，我们打算集中力量搞建设、搞好自己的事情，但垄断资本主义怕利益丢失，怕当不了老大，用各种各样的借口打击你、贬损你，让你发展不起来。譬如，经济制裁、"颜色革命"、金融打击、政治恫吓、军事围剿等，无所不用其极。当头号垄断资本主义国家与其他垄断资本主义国家利益一致时，它们就会联合起来打击、制裁第三世界国家；利益不一致时，就会"狗咬狗"。从社会制度上讲，俄罗斯搞的不是社会主义，是资本主义，但普京是反对美国单边主义的，希望民族独立富强，它与第一世界、第二世界的矛盾很尖锐，特别是与美国的矛盾相当尖锐。我们在做战略考量时，必须把发展同俄罗斯战略伙伴关系放在重要位置上。

三 运用马克思主义立场、观点、方法 观察世界，要具体问题具体分析

一切以时间、地点、条件为转移。运用马克思主义立场、观点、方法分析认识国际问题，一定要具体地分析具体问题，这是马克思主义的活的灵魂。

第一，要善于从利益上观察世界。

马克思说："人们奋斗所争取的一切，都同他们的利益有关。"① 经济利益是一切社会历史事变的总根源。任何社会历史活动都是人的活动，分析国际问题，就应当抓住人特别是代表性人物的言行，加以考察，善于发现并揭示代表性人物背后的真正经济利益本质，透过利益本质来看问题。

当今世界风云变幻，各类事件冲突纷至，各种矛盾错综复杂，各类政治人物纷纷在国际舞台上亮相，恩格斯指出："如果要去探究那些隐藏在——自觉地或不自觉地，而且往往是不自觉地——历史人物的动机背后并且构成历史的真正的最后动力的动力，那么问题涉及的，与其说是个别人物，即使是非常杰出的人物的动机，不

---

① 《马克思恩格斯全集》第1卷，人民出版社1956年版，第82页。

如说是使广大群众、使整个整个的民族，并且在每一民族中间又是使整个整个阶级行动起来的动机。"① 要研究每个历史人物的动机，就必然导引出整个民族乃至整个阶级的动机，这样才能最后找到"最后动力的动力"，即找到国际事变背后的真正根源，即经济利益的本质。研究当今世界形势，就要研究政治代表人物的动机，就要看该代表人物代表什么利益，代表什么阶级。察其言、观其行，看看他是为哪个阶级、哪个利益集团说话、办事，就会发现某个民族、某个阶级、某个利益集团的动机，会找到导致其言行的经济利益本质，就会从纷乱的国际问题中梳理出清楚的线索来。特朗普是美国政治舞台上的代表性人物；普京是俄罗斯政治舞台上的代表性人物；还有安倍是日本政治舞台上的代表性人物。还有一些国家的领导人，如朝鲜的金正恩、韩国的文在寅、伊朗的哈梅内伊、叙利亚的巴沙尔、以色列的内塔尼亚胡、土耳其的埃尔多安、英国的特蕾莎·梅、法国的马克龙、德国的默克尔，等等，各种政治人物纷纷登场亮相，极像《红楼梦》里说的"你方唱罢我登场，乱哄哄一片……"然而，表面上看是一团乱麻，实际上每个政治人物的背后，都受到一定阶级利益集团的支配，都代表着一定的阶级、阶层和利益集团的利益，他们都是一定利益的代言人，他们背后都有一条清晰的利益链条。知其背后的利益使然，就会把问题的实质看清楚，就会找到问题的真正原因，也就找到了解决问题的应对之策。

整个人类社会就是一个大历史舞台，每个历史人物都在这个大舞台上演绎着有声有色的历史活剧。每个历史人物的活动表现固然与该人物的水平、品质、经历有直接关系，但最终决定历史人物个人历史作为的是该历史时代的客观条件因素。在马克思唯物史观形

---

① 《马克思恩格斯文集》第 4 卷，人民出版社 2009 年版，第 304 页。

成之前，人们关于历史发展动因的认识是由唯心史观支配的。历史发展有没有规律？决定历史发展变化的根本原因是什么？有人提出了地理环境决定论，把一个国家、民族、阶级历史发展的原因归为地理原因、气候原因；还有人提出人的特质决定论，把历史发展原因归结为某个历史人物的个人脾气……最后把历史发展的第一动力归结为神灵、上帝、理念等。只有马克思创立了唯物史观，提出了物质经济的原因，物质生产力的发展是人类历史发展的根本动力，生产力决定生产关系，经济基础决定上层建筑，生产力与生产关系的矛盾运动推动历史发展。任何历史人物本事再大，都受这个根本规律制约。唯物史观告诉我们，观察国际问题，既要看到历史人物的历史作用，但又不能夸大历史人物的个人作用。任何历史人物都是历史活剧中的演员，而不是导演。马克思在《资本论》中有两句名言：“货币没有主人”① “资本家是人格化的资本”②。这说明资本家只是资本的人格化，他是受资本支配的，垄断资本没有真正的朋友，只有利润与利益。为了最大限度地获得利润、利益，一切都会成为它的利益对手，它眼里只有资本、金钱，它不过是资本金钱的奴隶。特朗普是美国垄断资本主义的典型代表，他的一切个人活动都是为了垄断资本主义的利益，只有从垄断资本主义利益出发，才能说明他的一切言行，而不是从他的特质出发来说明他的言行。2018 年 12 月 13 日美国华盛顿邮报网站报道：美国总统国家事务助理约翰·博尔顿代表特朗普政府宣布将大幅调整非洲战略，这完全体现了美国垄断资本的利益。美国新非洲战略打着“繁荣发展非洲”的旗号，实质是实行“美国优先”战略，首要目标是遏制中国在非洲的影响力。通过利益分析，对美国非洲战略的调整就会看

---

① 《资本论》第 1 卷，人民出版社 1975 年版，第 168 页。
② 同上书，第 782 页。

得很清楚。

第二，要善于从政治上观察世界。

世界的热点、难点、焦点问题纷呈、突发事变层出不穷，局部战争，越打越热闹。从 20 世纪苏联解体、东欧剧变以来，虽然没有打过世界大战，但局部战争就没有停息过。较大的战争就有 20 世纪 90 年代到 21 世纪以来的海湾战争、伊拉克战争、阿富汗战争、南斯拉夫战争、格鲁吉亚战争、利比亚战争，到目前打得不可开交的叙利亚战争，等等。叙利亚战争实际上是一场代理人战争。巴沙尔背后是俄罗斯、伊朗，反政府武装背后是美国和西方诸国以及沙特。恐怖主义也有美国的影子。叙利亚战争是世界矛盾的集中点和爆发点，各类矛盾在此显现并激化。由叙利亚战事引发的地中海地区的军事较量越发升级，已经成为新式武器试水和各种战争力量较量的最热闹海域和地区！大有战争一触即发的迹象，但是每一场可能要打起来的战争往往又会峰回路转、戛然而止。这是因为双方都在较力，找到利益平衡点，就可以取得暂时的妥协。

"政治是经济的集中表现"①。一切经济问题最终要通过政治问题反映出来，政治解决不了就会诉诸武力。战争是政治的继续，所有的战争背后终究是经济利益的矛盾与争端，经济利益问题集中反映为政治问题，然后白热化、上升为军事问题。经济斗争、政治斗争、军事斗争，都是为了实现某种经济利益而采取的斗争手段。世界上的战争都是由背后的经济利益引起的，而公开发动战争的一方不会赤裸裸地宣称是为了经济利益，必然打着某种政治旗号。政治是检测世界局势的"晴雨表"。列宁曾经指出："政治同经济相比不能不占首位。不肯定这一点，就是忘记了马克思主义的最起码的

---

① 《列宁选集》第 4 卷，人民出版社 2012 年版，第 381 页。

常识。"① 如果不从政治上来看国际问题，就容易出差错、看走眼，要从政治上看国际问题。

中美贸易战打的就是政治战，是两种制度、两条道路之争。只有从政治上看问题，才能看清症结、出对主意。譬如，这次美国指使加拿大逮捕华为孟晚舟的行为，表面上看是以美国为首的西方国家打压华为的经济战，实质上是对华政治战。其直接原因是华为领跑了5G互联网的关键技术。在5G关键技术方面占据优势，就会在自动驾驶、人工智能、通信、互联网运营、大数据、运用月球资源乃至军事等众多领域取得领跑地位，就会改变社会生活生产的运行方式，带来一场深刻的变革。而且，华为已同20多个国家签订了5G网络建设协议。对此，以美国为首的西方诸国，把经济战争上升为政治战争，开展了对华为，即对华的政治战争。澳大利亚《悉尼先驱晨报》网站2018年12月13日的报道，揭露了美国、澳大利亚、新西兰、加拿大和英国等西方五国发起"五眼联盟"的扼杀华为的政治行动。报道称，2018年7月一个温热的早上，加拿大总理特鲁多与来自"五眼联盟"即西方五国的情报机构负责人一起喝酒，策划了这次打击华为的政治行动。澳大利亚总理特斯布尔在下台前正式致电美国总统特朗普，告知澳大利亚已经开始行动。美国中央情报局局长吉娜·哈斯佩尔亲自策划了抓捕孟晚舟的政治行动。德国、法国等则改变了对华为的供货协议。经济斗争转变成了一场反华的政治斗争。

从政治上看问题，就要站在马克思主义、社会主义、无产阶级、广大劳动大众的立场上看问题。我认为余斌和小魏第一次会议上说得很好，我们要站在美国普通老百姓的立场上来看美国的政

---

① 《列宁全集》第40卷，人民出版社1986年版，第279页。

治。站在社会主义和资本主义两条道路、两种制度斗争的高度上看问题。政治问题必然是从思想上反映出来的、从意识形态上反映出来的。从政治高度看问题，要站在思想高度和意识形态高度看问题。美国扼杀我们、军事包围我们、恫吓我们是后手棋。他打的先手棋是政治仗、意识形态仗。在政治上把我们社会主义国家说成是一党制的专制国家，不讲民主。意识形态上用"普世价值""宪政民主""西方民主"等理论攻击我们，动用历史虚无主义往我们身上抹黑，这就是政治斗争。政治斗争的目的是为了推翻中国共产党的领导、社会主义制度，最终为了他们控制中国的资本利益服务。为什么会有战争？任何战争都不那么简单，是政治上的较量。列宁有句话，"帝国主义就是战争"，"既然实力对比发生了变化，那末在资本主义制度下，除了用实力来解决矛盾，还有什么别的办法呢？""在资本主义基础上，要消除生产力发展和资本积累同金融资本对殖民地和'势力范围'的分割这两者之间不相适应的状况，除了用战争以外，还能有什么其他办法呢？"① 哪一场战争是发展中国家发起的？全是西方挑拨的。把伊拉克搞乱了，他安然了，把利比亚搞乱了，他安然了。把南斯拉夫肢解了，他安然了。美国先是用"西方民主"，让你乱起来，然后搞"颜色革命"颠覆政权。如果发动"颜色革命"还乱不起来，他就直接诉诸武力打掉你，最终是为了实现垄断资本主义的利益。

美国发动的肢解南斯拉夫的战争，完全是一种政治考量，投入的军事装备从质量上和高科技含量上不亚于第二次世界大战，新型武器大量投入。因为南斯拉夫是西方与东方的中间地带，美国为打击俄罗斯，不让俄罗斯称霸，必须打掉南斯拉夫。不让一个强大

---

① 《列宁选集》第 2 卷，人民出版社 1972 年版，第 815、817 页。

的、完整的、社会主义的南斯拉夫存在，让它内乱，一个西方控制的四分五裂的、内部矛盾重重的巴尔干地区在俄罗斯"卧榻"前存在，是符合西方遏制俄罗斯的战略意图的，可以让俄罗斯软肋暴露出来，以达到压制俄罗斯的政治意图。我到塞尔维亚访问，塞尔维亚科学院院长说，他年轻的时候在大学里，觉得美国好，欧洲好，西方民主好，觉得铁托搞社会主义是搞独裁、搞专制，跟着美国人闹事把铁托搞倒、把南斯拉夫共产党搞垮、把南斯拉夫国家搞解体。最后老了，他才看清楚，塞尔维亚穷人过日子还是靠南斯拉夫社会主义联盟给留的那点社会保障、社会救济，住房也是那时福利分房分配的，尽管破败，但能住人，24 小时热水，供应保障虽然少，特别是食品少得可怜，但还不至于饿死。原来南斯拉夫人民积累下的财富，现在什么都没有了，凡是值钱的东西都让西方资本低价骗走了。市场完全都是西方的东西，人民只能用可怜的劳动力和农产品去换取温饱。幸亏铁托时期给留下了社会保障这点东西，还能勉强活着。他说，"我们什么都没有了！只剩下一个字叫'穷'，再想回去也不可能了！"他说，当年，南斯拉夫是第四大军事强国，能够生产现代化武器如飞机、大炮、坦克。从当时看，表面上西方是反对南斯拉夫独裁，从政治深处看，是要从社会制度上改变你，是两种制度之争，办法是经济上控制你、掠夺你，政治上分化你、搞掉你，军事上打击你、肢解你，意识形态上搞乱你、颠覆你。人们现在开始怀念铁托、怀念南斯拉夫，实质上是怀念社会主义、怀念共产党。

从政治上看问题，必须明确国际斗争的大是大非问题。有人说国际问题没有是非，只有利益，只有实力。这话不完全对。我们共产党人用马克思主义观点看待国际问题，必须讲是非，什么是正义的、什么是非正义的，要分清楚。否则我们的穷朋友会越来越少。

国际斗争有个实力问题，这话不错。弱国无外交，没有实力只能挨打，受人控制。然而，实力不等于是非。处理对外关系要看实力，但不完全取决于实力，要看是非。实力是暂时的，可以变化的。在20世纪50年代，面对"台独"势力的崛起，毛泽东同志当时讲了一句话："寄希望于台湾人民，寄希望于台湾年轻人。"当前，面对民进党的倒行逆施，反"台独"斗争已经发生了重大转折，很多当年支持"台独"的青年转过头来反对民进党的政策。美国纠集联军打利比亚，从道义上讲，用武力随意推翻一个国家政权，是非正义的。当然，卡扎菲对我们有伤害，与台湾有来往，但在大是大非上我们还是应当反对以美国为首的联军以武力干涉别国内政、颠覆他国政权。

第三，要善于从战略上观察世界。

运用马克思主义眼光看世界，就必须具备战略眼光。什么叫战略？战略就是全局、长远、根本、宏观、发展。什么叫战略眼光？就是从宏观上、长远上、根本上、全局上、发展上来看问题。毛泽东同志说，对帝国主义战略上藐视它，战术上重视它。毛泽东同志在延安窑洞里和美国女记者安娜·路易斯·斯特朗的谈话，提出了一个著名的论断："一切反动派都是纸老虎。"这是一句战略判断。他说，为什么说帝国主义是老虎？因为他武装到牙齿，吃人。但从长远看，从战略看，从全局看，从根本看，它是纸老虎。对策研究是必要的，但对策研究要建立在战略研究的基础上。美国人打贸易战，我们究竟怎么回应？我们首先要从战略上、从宏观上、从长远上、从根本上和全局上来看问题，研究要有提前量，要有理论性，要有学理性，要有战略性，要有超前性。当然，也需要从对策上、从具体战术上出主意。两个人打拳，计较哪一拳打对，哪一拳打错，这从战略上不好说。必须要算总账，是不是最后把对手打趴下了，而不去计较每一拳的对错，这才是战略家。

2018 年 4 月，我到日本访问。与日本共产党前总书记不破哲三有场理论对话。其中他对我党提出建立"人类命运共同体"有不同看法。我说，从目前国际态势来说，必须最大限度地孤立美国垄断资本集团，我们应最大限度地团结世界上一切可以团结的力量，建立最广泛的统一战线，包括美国人民、美国垄断资本主义内部的进步人士，我们都要团结。即使垄断资本集团内部，也有分化，也应尽可能地化敌为友，这才是最大的政治、最大的战略。我们的朋友遍天下，这就是我们的战略、我们的政治。严格地讲，我们的敌人不是美国，更不是美国人民，准确地讲是带有垄断特征的美国国际金融垄断资本，是美国帝国主义利益集团。

美国现在已经完成了其战略修补和调整。冷战时期，美国的主要战略对手是苏联，战略重点放在对付苏联上，放在欧洲方向上。苏联解体以来，特别是 21 世纪以来，美国开始将中国作为主要战略对手，奥巴马的亚太战略、特朗普的印太战略，都是如此盘算的。小布什时期已经开始调整美国的战略重点，只是中间发生了"9·11"恐怖袭击，美国开始反恐战争，延误了战略调整，客观上给我们提供了一个和平发展的机会。我们搞国际问题研究的，一定要把战略大局看清楚，"丢掉幻想、准备斗争"。

第四，要善于从本质上观察世界。

现在世界上的现象光怪陆离，让人眼花缭乱，如何透过现象看本质，这是我们的研究要解决的深层次问题。马克思主义哲学有一句话，要善于透过现象看本质。现象是表面的，而本质是藏在表面现象背后的，看不见、摸不着的，但它又是客观存在的。必须善于透过现象看本质。1961 年 10 月，绍兴市绍剧团《孙悟空三打白骨精》进京演出。郭沫若写了一首诗《看孙悟空三打白骨精》谈观感，其中写道："千刀当剐唐僧肉，一拔何亏大圣毛。"认为唐僧可恨，认错人，相信坏人白骨精，不相信好人孙悟空。毛泽东同志看后也写了一首诗："一从大地起风雷，便有精生白骨堆。僧是愚氓犹可训，妖为鬼域必成灾。金猴奋起千钧棒，玉宇澄清万里埃。今日欢呼孙大圣，只缘妖雾又重来。"对郭诗中敌视被白骨精欺骗的唐僧表达了不同看法，认为唐僧是糊涂，没有透过现象看本质，看清坏人，是可以教育争取的。而孙悟空是火眼金睛，不论白骨精是变美女，还是变老妇、老叟，都能透过现象看本质。《孙悟空三打白骨精》演绎了一段透过现象看本质的佳话。我们观察国际问题就要从扑朔迷离的各类现象中找出事物的本质，不能就事说事、就问题谈问题。比如最近发生的沙特阿拉伯记者在驻土大使馆失踪一事，已搅起了千层浪，实质是什么呢？还有法国最近爆发的"黄马甲"骚乱，爆发的实质原因到底是什么？说明了什么？同志们可以试着分析一下。

我们这个课题研究只有一个目的，就是要通过研究，构建一个当代国际问题研究的马克思主义学派，打造一支马克思主义国际问题研究队伍，形成一系列马克思主义研究成果。这是我总的想法。具体研究方式，可以采取循序渐进、以点带面的研究式的办法，围绕重大问题发表看法，充分争鸣、充分讨论，逐步聚焦。然后，形成思路分头做文章，把一些前瞻性的、战略性的、全局性的东西拎出来，推进整体研究。逐渐积小胜为大胜，逐步地透过现象，抓住本质性的东西，形成对中央决策有益的看法，对国内外都有影响的言论。我们深入作研究，首先，全面梳理马克思主义经典作家、党和国家领导人关于社会主义、资本主义和国际问题的论述，学习研究如何运用马克思主义立场、观点和方法观察认识国际问题。其次，全面梳理研究习近平新时代中国特色社会主义外交思想，学习掌握贯穿其中的马克思主义观察问题，分析问题的立场、观点和方法，学习掌握习近平新时代中国特色社会主义外交思想的精髓和主要观点。再次，全面梳理西方国家政治理论各个流派、各种观点，批判地吸收其有益的成分，着重分析研究一些重大问题。最后，向党和国家提出前瞻性、理论性、有说服力的研究报告。希望在座的各位树立信心和决心。

马克思　恩格斯　列宁
关于战争与和平的观点

余　斌

一　资产阶级的战争观

（一）资产阶级对战争的反对

恩格斯在《国民经济学批判大纲》中针对斯密颂扬商业是人道的问题指出："一个民族要是引起它的供应者和顾客的敌对情绪，就太不明智了。它表现得越友好，对它就越有利。这就是商业的人道。"他还批评伪君子："你们减少了战争次数，以便在和平时期赚更多的钱，以便使各个人之间的敌视、可耻的竞争战争达到登峰造极的地步！"①

马克思在《国际工人协会总委员会关于普法战争的第一篇宣言》中指出："路易·波拿巴利用法国的阶级斗争篡夺了政权，并且以不时进行的对外战争来延长了自己的统治，无怪他一开始就把国际看做危险的敌人。……1870 年 7 月的军事阴谋不过是 1851 年 12 月的 coup d'état〔政变〕的修正版。初看起来，事情是如此的荒

---

① 《马克思恩格斯文集》第 1 卷，人民出版社 2009 年版，第 62 页。

谬，以致法国不愿意相信战争传闻的真实性。它宁肯相信那个认为部长们的好战言论不过是交易所把戏的议员。当 7 月 15 日终于正式向立法团宣布了关于战争的消息时，全体反对派都拒绝批准初步用费，甚至梯也尔也申斥说战争是一种'很讨厌的'事情；巴黎所有一切独立的报纸都谴责了这个战争，并且，说也奇怪，外省的报纸也与它们几乎采取一致行动。"①

（二）资产阶级对战争的支持

恩格斯在《德国状况》中谈到反对拿破仑的战争时指出："就英国方面来说，战争是由惊惶失措的贵族发动的，并且得到了财阀的支持。这些财阀找到了取之不尽的利润泉源：接二连三的借款；国债的增长；以及他们有可能渗入南美市场，在那里倾销自己的工业品，夺取他们认为能使自己的腰包塞得更满的、原属于法国、西班牙和荷兰的殖民地。他们力图使不列颠威镇四海，以便能够打垮其他任何一个国家的贸易，如果这个国家的竞争能够成为他们发财致富的障碍的话。最后，他们竭力维护自己从供应欧洲市场取得巨额利润的权利，和拿破仑的大陆体系分庭抗礼。这就是当时英国统治阶级进行这次长期战争的真正原因。至于说法国革命威胁着英国宪法的基本原则这种口实，也只不过表明这种'人类理性的完美创造'无比优越而已。"②

恩格斯在《德国的对外政策》中指出："自古以来，一切统治者及其外交家玩弄手腕和进行活动的目的可以归结为一点：为了延长专制政权的寿命，唆使各民族互相残杀，利用一个民族压迫另一个民族。"③

---

① 《马克思恩格斯全集》第 17 卷，人民出版社 1963 年版，第 4 页。
② 《马克思恩格斯全集》第 2 卷，人民出版社 1957 年版，第 639—640 页。
③ 《马克思恩格斯全集》第 5 卷，人民出版社 1958 年版，第 117 页。

　　马克思在《法国和英国的最近前途》中指出："在法国和英国的资产阶级集团内，这场战争根本不受欢迎。在法国资产阶级中间，这场战争一开始就不受欢迎，因为从 12 月 2 日起，这个阶级对'社会救主'的政府采取了完全反对的立场。在英国，资产阶级内部意见有分歧。它的大部分将自己对法国人的民族仇恨转移到了俄国人身上。虽然约翰牛自己有时可以在印度实行某种兼并，但是他并不想让别的国家在离英国本土或它的领地非常近的一些地方去干同样的事情。俄国是在这方面早已引起约翰牛不安的国家。由于不列颠同东方地区的贸易以及通过特拉比曾德同亚洲内地的贸易日益大规模地扩大，船只自由通过达达尼尔海峡的问题对英国来说就具有特别重要的意义。英国不能容许俄国逐渐并吞多瑙河沿岸各国，因为这些国家作为谷仓的意义在日益增长；英国不能容许俄国封锁多瑙河上的航行。俄国的粮食现在已经是英国消费项目中一个十分重要的项目，要是这些与俄国毗邻的产粮国家归并于俄国，那就会使大不列颠处于完全依赖俄国和合众国的地位，而这两个国家就会变成世界粮食市场的调节者。此外，在英国常常流传着关于俄军向中亚细亚挺进这样一些捉摸不定的、使人惶惶不安的谣言；不熟悉地理的英国公众，很容易相信那些在印度事务上有利害关系的政客和吓破了胆的幻想家所大力散布的这种谣言。因此，当俄国开始侵略土耳其时，民族仇恨马上就很明显地暴露了出来；也许，从来没有一场战争像这场战争那样受人欢迎。主和派只好暂时保持缄默；甚至其中很大一部分成员已被大流所卷走。但是了解英国人性格的人都相信这种好战的热情不会持续很久，至少对资产阶级来说是如此。只要战争使资产阶级破费，它的唯利是图的天性就比它的民族自豪感占上风，对私人利益立即会遭到损失的恐惧心理比对全民族的巨大优势必然要逐渐遭到损失的恐惧心理更厉害。皮尔分子——战争的反对者，与其说由于真正爱好和平，不如说由于自己的局限性和胆怯（这种局限性和胆怯总是使他们在碰到任何一次大危机和果断行动的时候就害怕起来），采取了种种措施想使每个英国商人和工厂主都能精确地计算每一个法寻、他个人 per annum〔每年〕要为战争付出什么代价的伟大的时刻加快到来。格莱斯顿先生轻视发行公债这一通常的主意，一下子就把所得税提高了一倍，并且暂时中止了财政改革。后果很快就表现了出来。主和派又重新抬头了。约翰·布莱特以他固有的毅力和顽强精神大胆地起来反对国内盛行的情绪，结果他终于使得工业区倒向他这一边。在伦敦，情绪仍然有利于战争，但是主和派影响的增长甚至在这里也渐渐明显起来。顺便应当提到，和平协会以往在首都从未享有过任何重大的威信。然而它正在全国加紧鼓动工作，只要再经过一年的时间征收加倍的所得税并且发行公债（而发行公债现在被认为是不可避免的），就足以消灭工商业阶级中的好战精神的最后痕迹。"①

在《论所谓市场问题》中列宁指出："关于我国工业将因市场不够而毁灭的哀号，不过是我国资本家欲盖弥彰的骗人伎俩，他们借此对政治施加压力，把自己钱袋的利益和'国家'的利益等同起来（谦虚地认为自己'无力'），使自己能够推动政府走上实行侵略的殖民政策的道路，甚至为了保护这种'国家'利益而使政府卷入战争。"②

在《告俄国无产阶级书》中列宁指出："对俄国工人和农民来说，战争预示着新的灾难、无数人的死亡、大批家庭的破产和新的苛捐重税。在俄国军事长官和沙皇政府看来，战争可以带来军事荣誉。在俄国商人和拥有百万财富的企业主看来，战争之所以必要，

① 《马克思恩格斯全集》第 11 卷，人民出版社 1962 年版，第 204—206 页。
② 《列宁全集》第 1 卷，人民出版社 1984 年版，第 81 页。

是为了保住新的商品销售市场，保住新的自由的不冻港以发展俄国贸易。向本国挨饿的农民和失业的工人是卖不出多少商品的，要到别国去寻找销路！俄国资产阶级的财富是靠俄国工人的贫困和破产创造出来的；而现在，为了更多地增加这些财富，工人们又得去流血卖命，以便俄国资产阶级能够随心所欲地去征服和奴役中国和朝鲜的工人。正是贪得无厌的资产阶级的利益，正是为了追逐利润而准备出卖和毁灭自己祖国的资本的利益，引起了这场给劳动人民带来无穷灾难的罪恶战争。正是践踏一切人权和奴役本国人民的专制政府的政策，导致了用俄国公民的鲜血和财产进行的这场赌博。"①

在《资本家和扩充军备》中列宁指出："在各国议会中，各民族政党的领袖高喊'国家实力'和'爱国主义'（见立宪民主党人、进步党人、十月党人在第四届杜马中的程序提案！）。他们通过武装法国去打德国、武装德国去打英国诸如此类的方法来实现这种爱国主义。他们都是这样一些热诚的爱国主义者。他们都在如此操心，如此为'国家实力'即为本国实力操心，当然是为了对付敌人。但是他们却和这些'敌人'一起出席代那买特炸药托拉斯和其他托拉斯（辛迪加）的董事会和股东会议，目的是为了攫取数百万卢布的纯利润并且各自挑动'本国'人民去和别国人民作战。"②

（三）资产阶级对战争的干预

马克思和恩格斯在《神圣家族》中提到，"法国的商人策划了首次动摇拿破仑权势的事件。巴黎的证券投机商们人为地制造饥荒，迫使拿破仑把宣布出征俄国的时间推迟了近两个月，结果使这次征战延期到过晚的时节"③。

---

① 《列宁全集》第 8 卷，人民出版社 1986 年版，第 170 页。
② 《列宁全集》第 23 卷，人民出版社 1990 年版，第 309 页。
③ 《马克思恩格斯文集》第 1 卷，人民出版社 2009 年版，第 326 页。

　　马克思在《英中冲突》中指出："如果说第一次对华战争尽管借口并不体面，但由于它展示了打开对华贸易的前景，各列强也就耐心地观望着，那末，这第二次战争岂不是要无限期地阻碍这种贸易吗？这次战争的第一个后果，必定是把广州同绝大部分依然掌握在帝国臣民手中的产茶区隔断开来，——这种情况只能对俄国的陆路茶商有利。"①

（四）资产阶级的战争目的

　　马克思在《英中冲突》中指出："不耐烦辩驳的英国海军上将就用武力为自己铺平通向广州总督府的道路，同时摧毁停在江面的帝国舰队。这样，这出外交兼军事的活剧就截然分成两幕：在第一幕中，借口中国总督破坏 1842 年的条约，开始炮轰广州；而在第二幕中，则借口那位总督顽强地坚持 1849 年的协定，更猛烈地继续炮轰。起先广州遭到轰击是因为破坏条约，后来广州遭到轰击是因为遵守条约。同时，就是在第一种场合下，甚至也不是借口没有给予赔偿，而只是借口没有以应有的形式给予赔偿。"②

　　在《战争和俄国社会民主党》中列宁指出："各国的政府和资产阶级政党准备了几十年的欧洲大战终于爆发了。军备的扩张，在各先进国家资本主义发展的最新阶段即帝国主义阶段争夺市场斗争的极端尖锐化，以及最落后的各东欧君主国的王朝利益，都不可避免要导致而且已经导致了这场战争。强占别国领土，征服其他国家；打垮竞争的国家并掠夺其财富；转移劳动群众对俄、德、英等国国内政治危机的注意力；分裂工人，用民族主义愚弄工人，消灭他们的先锋队，以削弱无产阶级的革命运动——这就是当前这场战争唯一真实的内容、作用和意义。社会民主党的责任，首先是揭露

---

① 《马克思恩格斯全集》第 12 卷，人民出版社 1962 年版，第 117 页。
② 同上书，第 116 页。

这场战争的这种真实意义，无情地揭穿统治阶级即地主和资产阶级为了替战争辩护而散布的谎言、诡辩和'爱国主义的'花言巧语。"①

在《社会主义与战争》中列宁指出："资产阶级在这场战争中用来欺骗人民的一个最常见的手段，就是用'民族解放'的观念来掩盖战争的掠夺目的。英国人答应给比利时自由，德国人答应给波兰自由，等等。实际上，正如我们所看到的，这是一场世界大多数民族的压迫者为巩固和扩大这种压迫而进行的战争。"②

在《为了面包与和平》中列宁指出："当前有两个问题比其他一切政治问题更为重要，这就是面包问题与和平问题。这场帝国主义战争，是'英国'同'德国'这两家最大最富的银号为了称霸世界，为了进行分赃，为了掠夺弱小民族而进行的战争，这场恐怖的、罪恶的战争使所有国家破产、使各族人民受尽折磨，它迫使人类作出抉择：或者是毁灭全部文化从而毁灭人类自己；或者是用革命的办法摆脱资本的桎梏，推翻资产阶级统治，赢得社会主义和持久和平。如果社会主义不能取胜，那么资本主义国家之间的和平不过是暂时的停战，暂时的间歇，驱赶各国人民进行新的大厮杀的准备。和平与面包，这就是工人和被剥削者的基本要求。战争已经使这些要求变得十分迫切。战争使最文明的、文化最发达的国家陷于饥饿的境地。不过从另一方面来看，战争这一巨大的历史过程又空前地加速了社会的发展。发展成帝国主义即垄断资本主义的资本主义，在战争的影响下变成了国家垄断资本主义。我们现在达到了世界经济发展的这样一个阶段，

---

① 《列宁全集》第 26 卷，人民出版社 1990 年版，第 12 页。
② 同上书，第 340 页。

这个阶段已是贴近社会主义的前阶。"①

二 资产阶级的和平观

（一）资产阶级对和平的态度

恩格斯在《拿破仑的军事计划》中指出："英国是可能让自己去缔结没有好处的和约的。因为约翰牛只要一感到自己所担的风险和军费太大，就会尽一切努力摆脱困境而让自己那些尊敬的盟友去单独收拾残局。英国真正强盛的保证及其力量的源泉并不需要在这一方面寻找。而对路易·波拿巴来说，也会有那么一天，他将认为与其进行你死我活的战争，还不如缔结一个不光彩的和约，因为不应当忘记，当这样的冒险家陷入绝境时，他那种把自己的统治再延长半年的希望，就会压倒其余的一切想法。在决定性的时刻，土耳其和撒丁连同它们那些少得可怜的资源将被抛下不管。这是无须怀疑的。可是俄国却同古罗马一样，只要敌人还在它的领土上，就不可能缔结和约。近一百五十年以来，俄国从来没有缔结过一次割让领土的和约。甚至提尔西特和约都使俄国的领土扩大了，而这个和约是在连一个法国人都没有踏上俄国土地的时候缔结的。当俄国领土上有一支大军正严阵以待的时候，缔结一个割让领土或者至少使沙皇的权力限制在自己领地范围以内的和约，就会意味着根本违背最近一个半世纪以来的传统。刚刚即位不久的沙皇，对于民众说来是生疏的，有势力的民族派正怀着不安的心情注视着他的行动，因此他是不会走这一步的。在俄国的全部进攻力量尤其是全部防御力量尚未动用和尚未消耗殆尽以前，这种和约是不可能缔结的。然而

---

① 《列宁全集》第33卷，人民出版社1985年版，第171页。

这样的时刻必然会到来，那时俄国将被迫放弃对他国事务的干涉，但只有与路易·波拿巴和帕麦斯顿完全不同的敌人，而且经过比在俄国黑海沿岸领地上采用'局部性'讨伐手段坚决得多的斗争，才能使俄国做到这一点。"①

恩格斯在《皮蒙特军队的失败》中指出："君主国当然决不敢进行革命的战争、决不敢发动全民起义和实行革命恐怖。它宁可跟自己的最凶恶的但出身相同的敌人讲和，而不愿同人民联合。"②

马克思和恩格斯在《俄军的撤退》中谈到奥地利的和平干涉时指出："奥地利和任何其他强国一样，关心的只是自己的利益。一方面，它的利益要求俄国不占领多瑙河各公国，不控制多瑙河口和黑海，因为奥地利在这方面进行着大宗的、日益增多的贸易。此外，俄国并吞土耳其全部或一部分土地，都会在奥地利帝国内的斯拉夫人中间引起骚动，因为在他们中间已经有很多人拥护泛斯拉夫主义，主张同俄国结成同盟。因此很明显，要奥地利同意俄国并吞土耳其，只有使它有可能同时向另外某个方向扩张霸权和扩充版图，然而这是不可能的。但另一方面，奥地利的政策是完全同情沙皇而反对法国和英国的；它真正的方针将始终是同西方强国为敌。俄国在它发动的这一场不必要的战争中罪有应得地蒙受了耻辱，这在维也纳是不会感到难过的；然而奥地利永远不会听任俄国受到严重的削弱，因为这会使哈布斯堡王朝失去唯一能帮助它跳出最近的革命漩涡的朋友。我们认为，这些就是支配着维也纳内阁在战争今后各个阶段中的行动的全部动机。奥地利将出卖交战的任何一方，或者一下子把双方都出卖，这完全决定于它的利益和王朝的利益的

---

① 《马克思恩格斯全集》第 11 卷，人民出版社 1962 年版，第 328—329 页。
② 《马克思恩格斯全集》第 6 卷，人民出版社 1961 年版，第 463—464 页。

需要，——如此而已，再无其他。"①

在《扩充军备和资本主义》中列宁指出："现在英国报刊，尤其是工人报刊，引证了一些非常值得注意的材料来说明资本主义扩充军备的巧妙'把戏'。英国的海军装备特别强大。英国的造船厂（维克斯、阿姆斯特朗、布朗等等）是世界闻名的。英国和其他国家耗费数亿以至数十亿卢布来准备战争，——当然，这一切都完全是为了和平，为了保护文化，为了祖国和文明等等。但是，英国的海军将领和保守党、自由党这两个政党的最著名的国务活动家，都是造船、制造火药、代那买特炸药和大炮等等的企业的股东和经理。大量金钱直接流进资产阶级政客的腰包。这些人组成了一个关系紧密的国际匪帮，唆使各国人民进行军备竞赛，象剪羊毛似的剥削这些轻信、糊涂、迟钝和顺从的人民！扩充军备被认为是国民的事业，爱国的事业；原以为大家都会严守秘密。岂不知造船厂和大炮厂、代那买特炸药厂和造枪厂都是各国资本家共同欺骗和尽情掠夺各国'大众'的国际性企业，制造船只或大炮是为了英国能打意大利，同样也是为了意大利能打英国。真是资本主义的巧妙把戏！文明、秩序、文化、和平——结果却是数亿卢布被造船、制造代那买特炸药等等的企业的生意人和投机者所掠夺！"②

（二）资产阶级的和平红利

恩格斯在《德国状况》中谈到在战胜拿破仑之后，"英国用签订和约的方式比用战争的方式更加扩大了它的海上霸权，并在所有的大陆市场上占了优势，——这对英国人民来说毫无利益可言，但是对英国资产阶级来说却是大发横财的泉源"③。

---

① 《马克思恩格斯全集》第 10 卷，人民出版社 1962 年版，第 312—313 页。
② 《列宁全集》第 23 卷，人民出版社 1990 年版，第 176—177 页。
③ 《马克思恩格斯全集》第 2 卷，人民出版社 1957 年版，第 642 页。

恩格斯在《1847 年的运动》中指出：美国"因兼并加利福尼亚而获得太平洋的统治权，这是符合整个美洲发展的利益的。但我们仍旧要问，首先从战争中获利的是谁呢？只有资产阶级。美国人在加利福尼亚及新墨西哥得到了新的地区，他们在这些地区将得到新的资本，即培植出新的资产者并使现有的资产者大发其财，因为现代所获得的全部资本总是都落到资产阶级手中去的。而渴望从开凿特万特佩克地峡运河中获利的不是美国船主又是谁呢？从太平洋的统治中获利的不是这些船主又是谁呢？将来以工业品供应被征服的土地上新出现的消费者的不是美国厂主又是谁呢？因此，在美洲资产者也有了巨大的成绩；资产阶级的代表现在所以反对战争，那只是证明他们怕在某些方面为这些成绩所付的代价太高"①。

马克思在《英国议会中的辩论》中指出："曼彻斯特学派是真正愿意和平的，因为这样才有可能在国内和国外进行工业战争。它追求英国资产阶级在世界市场和英国本土的统治地位，在世界市场上，应当使用它的武器——棉花包来进行战争；在英国本土，作为现代生产的累赘的贵族应该被消灭，作为现代生产的简单工具的无产者应该被奴役，而它本身，作为生产的领导者，也应该领导国家和占据国家职位。"②

马克思在《东方战争》中指出："土耳其政府被迫接受 12 月 15 日的四强共同照会。这个照会对于土耳其政府因专制君主海盗式的行为所受的损失没有规定任何赔偿，而且坚持恢复过去的一切条约——凯纳吉条约、阿德里安堡条约、安吉阿尔－斯凯莱西条约和其他条约，所有这些条约在一个半世纪以来一直成为俄国取得欺骗、干涉、进犯和吞并的武器的武库。……直到 12 月 19 日，即里

---

① 《马克思恩格斯全集》第 4 卷，人民出版社 1983 年版，第 513 页。
② 《马克思恩格斯全集》第 11 卷，人民出版社 1962 年版，第 317—318 页。

扎－帕沙和哈利耳－帕沙进入内阁，因而保证了'主和'派或者说'亲俄'派的胜利以后，土耳其政府才接受了四强国的建议。"①

三 战争的影响因素及其后果

（一） 战争的影响因素

马克思在《缅甸战争。——俄国问题。——外交官的有趣信件》中指出："英国究竟为什么在欧洲要避免最必要的战争，即对俄国的战争，而在亚洲却年复一年地投入最没有道理的战争呢？英国在欧洲所以在采取胆怯的立场，是因为有国债逼着，而它在亚洲的战费却可以让印度居民来负担。"②

马克思在《关于占领塞瓦斯托波尔的消息。——巴黎交易所新闻。——上院关于汉格暴行的辩论》中指出："佩利西埃坚持对南区进行单方面攻击，使联军兵力继续不断地遭到毁灭，这种不可理解的固执做法显然不是出于军事上的原因，而是出于财政上的原因。大家知道，波拿巴已经发出了几十亿期票用来夺取塞瓦斯托波尔，而且强迫法兰西民族贴现这些期票。他还打算再发出 8 亿或接近这个数字的期票。因此，为偿清业已流通的期票而进行支付就显得很有必要了；如果说，越过黑河保证了实际的效果，那末进攻塞瓦斯托波尔南区就预示了表面上的辉煌成就。'塞瓦斯托波尔的陷落'会对发行新公债的前途产生有利的影响；既然为战争而发行公债，那末为什么不为公债而进行战争呢！在这样的论据面前，任何军事科学评论都必然不再发生作用了。一般说来，在克里木战争和巴黎交易所之间有着奥妙的联系。大家知道，正像条条大路通罗马

---

① 《马克思恩格斯全集》第 10 卷，人民出版社 1962 年版，第 28—29 页。
② 《马克思恩格斯全集》第 9 卷，人民出版社 1961 年版，第 229 页。

一样，条条电线都汇聚到土伊勒里，这些电线在这里都最后成了'内阁的秘密'。据了解，巴黎发表最重要的电讯要比伦敦迟几小时。据说，在这几小时内，一个名字叫奥尔西的科西嘉人就在巴黎交易所内大肆活动。这个奥尔西过去曾经是当时的被放逐者在伦敦交易所的'命中注定的'代理人，这在伦敦是众所周知的。"①

马克思在《欧洲的战争前景》中指出："没有一个接受忏悔的牧师对悔罪美女心中的隐痛的了解，能够像礼拜堂街、伦巴特街和针钱街的金融生意人对欧洲各国执政者的困难的了解那样清楚。他们知道：俄国需要大约 1000 万英镑的贷款；法国虽然可以指望预算的收入能够超过支出（人们谈起这种情况时总是用的将来时），但迫切需要钱用；奥地利为了偿付一部分债务，正竭力设法至少弄到 600—800 万英镑；小撒丁正渴望得到贷款，不仅是为了进行新的意大利战争，而且也是为了偿付它因克里木战争而背上的旧债；在军队出动，血洒沙场，大炮轰鸣以前，帝王们和武士们首先必须从英国的钱包中得到总数达 3000 万英镑的贷款。但是，要把这些金融业务全部办妥，起码还要拖上两个月；这样一来，不管从军事观点看来怎么样，如果仗非打不可，那也得推延到春天。可是，如果匆忙作出结论，认为由于好战的恶犬们要依赖爱好和平的资本家们的裁夺来行事，这种依赖性一定会妨碍它们挣脱锁链，那将是一个很大的错误。在利率勉强达到 2.5% 的情况下，在有 4000 万以上的黄金在英格兰银行和法兰西银行的金库中长期搁置不用的情况下，在对商业投机活动普遍失信的情况下，如果恶魔要发放新战争贷款的话，它是能够在几次假意推托和两三次虚伪劝说之后，以高于票面价值的价格售出自己的债券的。"②

---

① 《马克思恩格斯全集》第 11 卷，人民出版社 1962 年版，第 354 页。
② 《马克思恩格斯全集》第 13 卷，人民出版社 1962 年版，第 186—187 页。

马克思和恩格斯在《欧洲的金融恐慌》中指出："欧洲交易所中的恐慌情绪还没有安定下来，根据十分审慎的估计，国家有价证券的价值大约下降了 3 亿元。法国、撒丁和奥地利的国家证券下降5%，这几个国家的铁路股票下跌了 15—35%，而伦巴第—威尼斯铁路股票几乎下跌了 50%。除了伦敦交易所以外，所有的欧洲交易所现在都深信将会爆发战争。……波拿巴派的报刊以及卖身求荣的谣言收集家'比利时独立报'的大叫大嚷，对战争准备的吹嘘，都十分清楚地证明，问题不在于进行战争，而在于用战争来进行恫吓。现在连伦敦'泰晤士报'的记者也承认，债务缠身的朝廷奴仆们又可以利用行市的下跌来大肆投机，以前所未见的规模洗劫全法国的'可敬的'投机商和少量有价证券的持有者了。"①

（二）战争的格局

马克思和恩格斯在《国际述评（一）》中指出："对土耳其的战争必然会演成一场欧洲战争。这最合神圣俄罗斯的心意，这样一来，它就有可能在德国站得住脚，竭力使那里的反革命进行到底，帮助普鲁士占领纽沙特尔，最后向革命的中心巴黎挺进。英国在这场欧洲战争中不会是中立的。它必定要出面反对俄国。英国是俄国的最危险的对手。如果大陆的陆军深入俄国腹地，必然会在俄国领土上分散兵力，自行削弱，如果它们越过古波兰的东部边境向前挺进，几乎完全有重演 1812 年事件的危险，那末英国可能选中俄国最要害之处给以打击。何况，英国还可以驱使瑞典人夺回芬兰，为英国舰队打开彼得堡和敖德萨的大门。大家知道，俄国舰队是世界上最糟的舰队，占领喀琅施塔得和什吕谢尔堡要比占领圣让得阿克和圣万得拉来得容易。俄国一失去彼得堡和敖德萨，就成了一个被

---

①《马克思恩格斯全集》第 13 卷，人民出版社 1962 年版，第 189 页。

砍掉双手的巨人。这里还必须补充一点，俄国无论在出售原料和购买工业品方面如果离开英国哪怕是 6 个月也难以支持，这一点在拿破仑封锁大陆时就表现得很明显，而目前更加是如此。俄国一断绝与英国市场的联系，几个月后就会遭受严重的困难。英国则相反，它不仅可以在若干时期内不要俄国市场，而且可以从其他市场上获得各种俄国的原料。我们可以看到，令人望而生畏的俄国并不怎么可怕。但是，俄国在德国市民看来所以显得如此可怕，是因为俄国会直接制服他们的君主，是因为德国市民有一种完全正确的预感：野蛮的俄国大军很快就会遍布德国并在这里在某种程度上起着救世主的作用。"①

马克思在《俄国对土耳其的政策。——英国的工人运动》中指出："从 1815 年起，欧洲列强在世界上最害怕的事情，就是〔现状〕遭到破坏。但是列强中的任何两国发生任何战争都有打破〔现状〕的危险。因此，西方列强才以容忍的态度对待俄国在东方进行的掠夺，而且从来不向它要求任何代价，只要求它找出某种借口，哪怕是荒谬绝伦的借口也好，好使它们能够继续中立，不致于非去阻挡俄国侵略不可。"② 他还指出："有一个笑话，说有两位研究熊的波斯自然科学家，其中一位从未见过这种动物，就问道：这种动物是下崽呢还是产蛋呢？另一位比较熟悉些的回答说：'这种动物什么事都能做'。俄国熊无疑也是什么事都能做，特别是当它知道它要与之打交道的另一些野兽什么事也不能做的时候。"③

马克思在《意大利的紧张。——西班牙事件。——德意志各邦的立场。——英国法官》中指出："关于小国对英国采取中立或者

① 《马克思恩格斯全集》第 7 卷，人民出版社 1998 年版，第 257—258 页。
② 《马克思恩格斯全集》第 9 卷，人民出版社 1961 年版，第 184 页。
③ 同上书，第 189 页。

更正确地说是敌对的态度，任何人只要留意看一看英国目前对俄国采取的军事行动、英国波罗的海舰队的掠夺性远征以及为了使瓦尔那附近的军队不能进行任何战斗而采取的种种措施（要知道，不列颠军队在土耳其的机动卫生队直到现在才刚刚乘'喜马拉雅号'军舰离开南安普敦），他就不会感到奇怪。因此，瑞典宣布它最后决定保守中立，不同西方强国采取共同步骤；丹麦和荷兰作为德意志联邦的成员国表示可以同意奥地利 5 月 24 日的公报，不过有绝对的保留条件，即这个公报的唯一目的是保护最完全的中立和恢复和平。"①

恩格斯在《萨瓦、尼斯与莱茵》中指出："侵占君士坦丁堡是俄国对外政策一贯的目的，为了达到这个目的，它是不择手段的，如果现在还来论证这个事实，那就可笑了。我们在这里只准备提醒一点，就是俄国除非与法国或者英国结盟，否则永远不能实现瓜分土耳其的目的。1844 年，当俄国感到向英国直接提出建议是适时的时候，尼古拉皇帝曾去英国并亲自带去了俄国关于瓜分土耳其的备忘录，当时还把埃及许给了英国人。建议被拒绝了，但是阿伯丁勋爵把这份备忘录放在一个小匣内，加了封签传给了他外交部的继任者。……俄国在 1853 年对英国的许诺和在 1844 年是一样的，那末在 1859 年对法国的许诺难道会比 1829 年吝啬些吗？无论从所处的地位或个人的品格来看，路易－拿破仑都注定要替俄国计划服务。……从所处的地位对俄国的政策有利这一点来讲，俄国的政策从来没有找到过比路易－拿破仑更为适合的人了。居于法国王位的是这样一个统治者，他被迫进行战争，他仅仅为了保持自己的地位就得进行侵略，他需要同盟，并且只能和俄国缔结这个同盟，——

---

① 《马克思恩格斯全集》第 10 卷，人民出版社 1962 年版，第 382 页。

这样一种形势是俄国从来没有遇到过的。"①

（三）战争的后果

恩格斯在《在意大利和匈牙利的战争》中指出："意大利战争开始了。这场战争使哈布斯堡王朝背上了重担，这付重担大概会把它压垮。"②

恩格斯在《俄国军队》中指出："虽然俄国在形式上被赶出了欧洲的一切大交易所，但是它却毫不费力地得到了贷款；它虽然一再增发纸币，但是纸币并没有贬值；它的军队在行军期间，以那种只有在纯粹农业国里才可能采用的方式从居民方面得到了粮食和运输工具。尽管它的港口被封锁，但是到目前为止，它始终能够避开财政上的一切暗礁，而伦敦的聪明人曾断言它会碰上这些暗礁的。至于说到取之不尽的兵员，实际情形则完全不然。……我们从各方面听说，俄国已开始感觉到这样不断抽出男劳动力的影响，而法国却几乎还感觉不到这一点。据报道，在波兰尤其感到农业方面人手不足；这一事实的另一个证据，就是贵族对于不断抽走他们最强壮的农奴一事表示了很大的不满。"③

马克思在《帕麦斯顿内阁的失败》中指出："帕麦斯顿的统治，不是一个普通内阁的统治。这是一种独裁。自从对俄战争一开始，议会就已几乎放弃了它的宪法职权；甚至在缔和以后，它也不敢重新行使这种职权。它经过一种逐渐的、几乎是觉察不到的衰退过程，已经降到 Corps Législatif〔立法团〕的地位……战争没有使旧的议会矛盾的中和化有利于群众，而是使这一过程唯独对一个人有利。结果我们得到的不是英国人民的政治解放，而是帕麦斯顿的独

---

① 《马克思恩格斯全集》第 13 卷，人民出版社 1962 年版，第 675—676 页。
② 《马克思恩格斯全集》第 6 卷，人民出版社 1961 年版，第 453 页。
③ 《马克思恩格斯全集》第 11 卷，人民出版社 1962 年版，第 636—637 页。

裁。战争是形成这种结果的有力的动力，战争也是巩固这种结果的唯一手段。所以战争已变成帕麦斯顿独裁的生命攸关的条件。在英国人民中间，对俄战争比巴黎和平还要更受欢迎。那末为什么英国的阿基里斯（凸角堡的耻辱和卡尔斯的陷落就是在他的荫庇下发生的）没有利用这种有利的情况呢？很明显，这是因为选择权并不操在他的手中。于是就有他的由于他与美国的误解而签订的巴黎条约，于是就有他的远征那不勒斯，他和波拿巴的表面争吵，他对波斯的侵犯以及他在中国的大屠杀。"①

恩格斯在《今后怎样呢？》中指出："发动战争将不费吹灰之力。但是，一旦把战争发动起来，会有什么结果，却是不能预料的。如果克雷兹渡过加利斯河，或者威廉渡过莱茵河，就会毁灭一个大国。但是，是谁的国家呢？是自己的国家还是敌方的国家？要知道，目前之所以还能维持住和平，只是由于军事技术发生不断的革命，这种革命使任何人都不能认为自己已对战争做好准备，同时还由于对世界战争中的胜负完全无法估计普遍感到恐惧，而世界战争是现在唯一可能发生的战争。"②

在《意土战争的结局》中列宁指出："意大利人为这场战争耗费了8亿多里拉，合32000多万卢布。战争带来的后果是极为严重的失业现象和工业停滞。阿拉伯人将近有14800人被杀害。尽管签订了'和约'，战争实际上还将继续下去，因为居住在非洲内陆远离海岸的阿拉伯部落不会屈服。他们还将长期被人用刺刀、枪弹、绳索、奸淫、烧杀来'开化'。意大利同其他资本主义国家相比，当然谈不上更好，也谈不上更坏。所有这些国家都同样受资产阶级

① 《马克思恩格斯全集》第12卷，人民出版社1962年版，第154—155页。
② 《马克思恩格斯全集》第22卷，人民出版社1965年版，第10页。

所控制，而资产阶级为了取得新的利润来源，是不惜进行任何屠杀的。"①

在《社会民主党在1905—1907年俄国第一次革命中的土地纲领》中列宁指出："特别要着重指出一点，就是战争使各交战国遭到空前的灾祸，但同时它又大大地加速了资本主义的发展，使垄断资本主义向国家垄断资本主义转化，以致无论是无产阶级还是革命的小资产阶级民主派都不能把自己的活动局限于资本主义范围之内了。实际生活已经超出了这种范围，已经把在全国范围内调节生产和分配、实行普遍劳动义务制、强迫辛迪加化（合并成为联合组织）等等提到日程上来了。在这样的情况下，土地纲领中的土地国有化问题也必然要有另一种提法。这就是说，土地国有化不仅是资产阶级革命的'最高成就'，而且是走向社会主义的一个步骤。不采取这样的步骤，就不能消除战争的灾祸。"②

在《第二国际的破产》中列宁指出："至于说欧洲大战将无比残酷，这是大家都已经知道、看到和承认的。战争的经验愈来愈证实这一点。战争正在扩大。欧洲的政治基础日益动摇。群众处于极端的困苦之中，政府、资产阶级和机会主义者为隐瞒这种困苦状态而作的种种努力，愈来愈多地遭到失败。某些资本家集团从战争中获得了空前的惊人的高额利润。各种矛盾非常尖锐。群众内心忿忿不平，闭塞愚昧的阶层模糊地期待着友善的（'民主的'）和平，'下层'中开始发出怨声——这一切都已存在。而战争拖得愈久，打得愈激烈，各国政府本身就愈是会鼓励而且一定会鼓励群众的积极性，号召他们作出非凡的努力和自我牺牲。这次战争的经验，也和历史上任何一次危机、人们的生活中的任何一次大灾难和任何一

---

① 《列宁全集》第22卷，人民出版社1990年版，第126页。
② 《列宁全集》第16卷，人民出版社1988年版，第396页。

次转折的经验一样，使一些人茫然失措，意志消沉，却使另一些人受到教育和锻炼。而且大体说来，从整个世界历史来看，除某些国家衰落和灭亡的个别情况外，后者的数量和力量要比前者更大。缔结和约不仅不能'立刻'中止这一切灾难和各种矛盾的这种极度尖锐化，相反，在许多方面会使最落后的民众都能更加深切地感到和特别明显地看到这些灾难。总之，革命形势在欧洲大多数先进国家和列强中已经存在。"[1]

四　无产阶级的战争观

（一）无产阶级对战争的态度

马克思在《革命运动》中指出："旧英国只有世界大战才能摧毁，只有世界大战才能给宪章派这个英国工人的有组织的政党提供条件，来进行胜利起义以反对它的强大的压迫者。只有当宪章派成了英国政府的首脑的时候，社会革命才会由空想的领域进入现实的领域。但是，凡是有英国参与的欧洲战争都是世界战争。这场战争将在加拿大和意大利、东印度和普鲁士、非洲和多瑙河流域进行。而欧洲战争将是法国胜利的工人革命的第一个结果。像在拿破仑时代一样，英国将成为反革命大军的首领，但由于这场战争，英国本身将被投入革命运动，将成为革命运动的领袖并赔偿它对十八世纪革命所犯下的罪过。"[2]

马克思在《国际工人协会总委员会关于普法战争的第二篇宣言》中指出："德国工人阶级坚决支持了它所无力阻止的这场战争，把这看做是争取德国独立、争取法国和全欧洲从第二帝国这个可恶

---

① 《列宁全集》第 26 卷，人民出版社 1990 年版，第 232 页。
② 《马克思恩格斯全集》第 6 卷，人民出版社 1961 年版，第 175 页。

的梦魇的羁绊下解放出来的战争。正是德国的产业工人，和农村的劳动者一起，撇下了半饥半饱的家庭而组成了英勇的军队的骨干。他们在国外战场上历尽艰辛之后，还要在家里再熬受悲惨境遇的折磨。所以他们现在也要求得到'保证'，——保证使他们付出的无数牺牲不致虚掷，使他们获得自由，使他们对波拿巴军队的胜利不会像1815年那样变成德国人民的失败。而他们所要求的第一个这样的保证，就是使法国获得光荣的和平并承认法兰西共和国。"①

在《旅顺口的陷落》中列宁指出："革命的无产阶级应当不断地进行反对战争的宣传，同时要永远牢记，只要阶级统治还存在，战争就不会消除。饶勒斯之流的庸俗的和平辞藻，对被压迫阶级毫无用处，被压迫阶级对两个资产阶级国家间的资产阶级战争不负任何责任，它正在竭尽全力来推翻一切资产阶级，因为它知道，就是在'和平的'资产阶级剥削时期，人民的灾难也是无穷的。"②

在《欧洲资本和专制制度》中列宁指出："不久以前，专制政府曾打算仍旧向法国借款，但没有借成：这一方面是因为资本已经不信任专制制度；另一方面是因为资本害怕革命，想对专制制度施加压力，迫使它同日本签订和约，同俄国自由派资产阶级讲和。欧洲资本正在投和平之机。不仅俄国的资产阶级，而且欧洲的资产阶级也都开始懂得战争和革命的联系，开始害怕节节胜利的反对沙皇制度的真正人民的运动。资产阶级希望保持以剥削为基础的社会的'社会制度'，使它免遭过分的震动，希望通过立宪君主制或似乎是立宪君主制的形式把俄国的君主制保持下来，因此，资产阶级为了反无产阶级和反革命的利益正在投和平之机。这一无可争辩的事实清楚地告诉我们，如果忽略了现代社会的阶级对抗，如果忽略了资

---

① 《马克思恩格斯全集》第17卷，人民出版社1963年版，第290—291页。
② 《列宁全集》第9卷，人民出版社1987年版，第140页。

产阶级在其各种言论（不管这些言论看起来是多么民主和人道）中都首先而且主要是维护它本阶级的利益、'社会和平'的利益，即镇压一切被压迫阶级并解除它们的武装的利益，那么，对甚至象战争与和平这样'简单'明白的问题，也不可能有正确的提法。因此，无产阶级对和平问题的提法，也正如对自由贸易、反教权主义等问题的提法一样，必然有别于而且也应当有别于资产阶级民主派。无产阶级现在正在反对战争而且将来也要坚持不懈地反对战争。但它一分钟也没有忘记，只有完全消灭社会划分为阶级的现象，才可能消灭战争。在保存阶级统治的情况下，不能单用民主主义的感伤主义的观点来评价战争；在剥削者的国家之间发生战争时，必须区别各该国的进步资产阶级和反动资产阶级的作用。"①

在《革命军队和革命政府》中列宁指出："社会民主党过去和现在从来都不以感伤主义的观点看待战争。社会民主党坚决谴责战争，认为它是解决人类争端的野蛮方式，同时社会民主党也知道，只要社会分成阶级，只要人剥削人的现象存在，战争就是不可避免的。而要消灭这种剥削，我们就回避不了到处总是由剥削者、统治者和压迫者阶级自己挑起的战争。战争与战争不同。有一种战争是冒险，它满足王朝的利益、强盗的贪欲、大发资本主义横财的英雄们的目的。也有一种战争是资本主义社会唯一合法的战争，这就是反对人民的压迫者和奴役者的战争。"②

在《关于自己的政府在帝国主义战争中的失败》中列宁指出："觉悟的工人一方面懂得，战争是帝国主义'政治的继续'，所以要用自己对阶级敌人的仇恨的'继续'来回答战争。另一方面，他们懂得，离开反对自己的政府的革命，'以战争反对战争'就是一

---

① 《列宁全集》第9卷，人民出版社1987年版，第354—355页。
② 《列宁全集》第10卷，人民出版社1987年版，第321页。

句没有意义的空话。不希望自己的政府和自己的资产阶级失败，就不能激起对它们的仇恨，而不激起对它们的仇恨，也就不能成为'国内和平（＝阶级和平）'的不虚伪的反对者！！"①

在《社会主义与战争》中列宁指出："社会党人一向谴责各民族之间的战争，认为这是一种野蛮的和残暴的行为。但是我们对战争的态度，同资产阶级和平主义者（和平的拥护者和鼓吹者）和无政府主义者有原则的区别。我们和资产阶级和平主义者不同的是，我们懂得战争和国内阶级斗争有必然的联系，懂得不消灭阶级，不建立社会主义，就不可能消灭战争，再就是我们完全承认国内战争即被压迫阶级反对压迫阶级——奴隶反对奴隶主、农奴反对地主、雇佣工人反对资产阶级——的战争是合理的、进步的和必要的。我们马克思主义者既不同于和平主义者也不同于无政府主义者的是，我们认为必须历史地（从马克思的辩证唯物主义观点）分别地研究每次战争。历史上多次发生过这样的战争，它们虽然象任何战争一样不可避免地带来种种惨祸、暴行、灾难和痛苦，但是它们却是进步的战争，也就是说，它们由于帮助破坏了特别有害的和反动的制度（如专制制度或农奴制），破坏了欧洲最野蛮的专制政体（土耳其的和俄国的）而有利于人类的发展。"②

（二）无产阶级对战争的预言

恩格斯在《匈牙利的斗争》中指出："在即将来临的世界大战中，不仅那些反动阶级和王朝，而且那许多反动民族也要完全从地球上消失。这也将是一种进步。"③

马克思和恩格斯在《给社会民主工党委员会的信》中指出：

---

① 《列宁全集》第 26 卷，人民出版社 1990 年版，第 302 页。
② 同上书，第 322 页。
③ 《马克思恩格斯全集》第 6 卷，人民出版社 1961 年版，第 207 页。

"掌权的武人奸党、大学教授、市民阶级和啤酒店的小政客都说，这（指兼并亚尔萨斯和洛林）是永远防止德国同法国作战的办法。恰好相反，这是把这场战争变成欧洲的经常性事务的最可靠的办法。……谁没有完全被当前的叫嚣震聋耳朵或者不热中于震聋德国人民的耳朵，他就应该了解到，1870 年的战争必然孕育着德国和俄国之间的一场战争，正如 1866 年的战争孕育着 1870 年的战争一样。我说这是必然的，不可避免的，除非有一种不大可能的情况发生，即在这以前俄国爆发一次革命。如果这种不大可能的情况不出现的话，那末德国和俄国之间的战争现在就应该认为是一种 fait accompli（既成事实）。这场战争是有利还是有害，完全取决于德国胜利者当前的行动。如果他们夺去了亚尔萨斯和洛林，那末法国就会联合俄国共同对德国作战。这种战争的致命后果是没有必要加以说明的。如果他们同法国缔结光荣的和约，那末，这场战争就会把欧洲从俄国人的独裁下解放出来，就会使普鲁士溶于德国之中，就会使欧洲大陆的西部获得和平发展，最后，它还会促进俄国社会革命的爆发（这一革命的因素只有靠这样一种外来的推动才能得到发展），因而这对俄国人民也是非常有利的。"①

恩格斯在《俄国沙皇政府的对外政策》中指出："决定着欧洲当前的局势的是以下三个事实：（1）德国吞并亚尔萨斯—洛林；（2）沙皇俄国力图占领君士坦丁堡；（3）无产阶级和资产阶级之间的斗争在所有国家中更加炽烈地燃烧起来，社会主义运动的普遍高涨是这个斗争的标志。前两件事实使得欧洲分裂为现在的两大军事阵营。德国的吞并把法国变成俄国反对德国的同盟者，沙皇对君士坦丁堡的威胁把奥地利，甚至意大利，变成德国的同盟者。两个

---

① 《马克思恩格斯全集》第 17 卷，人民出版社 1963 年版，第 282—283 页。

阵营都在准备决战，准备一场世界上从未见过的战争，一场将有一千万到一千五百万武装的士兵互相对峙的战争。只有两个情况至今阻碍着这场可怕的战争爆发：第一，军事技术空前迅速地发展，在这种情况下，每一种新发明的武器甚至还没有来得及在一支军队中使用，就被另外的新发明所超过；第二，绝对没有可能预料胜负，完全不知道究竟谁将在这场大战中获得最后的胜利。"①

在《战争与革命》中列宁指出："关于美国参战一事，我的看法是这样的。有人常常争辩说，美国有民主，美国有白宫。我说，推翻奴隶制是半世纪以前的事情。解放奴隶的战争是在 1865 年结束的，从那时起美国的亿万富翁就成长起来了，他们把整个美国控制在自己的金融魔掌之中，他们准备扼杀墨西哥，而且必然会因瓜分太平洋而同日本开战。这场战争已经准备几十年了。各种出版物都在谈论这一点。美国参战的真正目的就是准备将来同日本作战。美国人民毕竟享有相当的自由，因此很难设想，他们能够忍受强制性的义务兵役，能够忍受建立一支以实行某种侵略为目的的军队，比如建立一支对日作战的军队。美国人从欧洲的例子看到这将造成什么后果。因此美国资本家就需要干预这场战争，以便找到借口，用保护弱小民族的权利这个崇高理想作幌子来建立强大的常备军。"②

五 无产阶级的和平观

（一）无产阶级对和平的期盼

马克思在《国际工人协会总委员会关于普法战争的第一篇宣

---

① 《马克思恩格斯全集》第 22 卷，人民出版社 1965 年版，第 53 页。
② 《列宁全集》第 30 卷，人民出版社 1985 年版，第 96 页。

言》中指出："英国工人阶级向法国工人和德国工人伸出了友谊的手。他们深信，不管当前这场可恶的战争怎样结束，全世界工人的联合终究会根绝一切战争。官方的法国和官方的德国彼此进行同室操戈的斗争，而法国的工人和德国的工人却互通和平与友谊的音讯。单是这一件史无前例的伟大事实，就使人们可以展望更加光明的未来。这个事实表明，同那个经济贫困和政治昏暗的旧社会相对立，正在诞生一个新社会，而这个新社会的国际原则将是和平，因为每一个民族都将有同一个统治者——劳动！"①

恩格斯于 1888 年 1 月 4 日在致若昂·纳杰日杰的信中指出："我希望，和平将继续维持下去，对于这类战争，绝不能同情交战的任何一方——相反，只能希望它们统统垮台，如果能够做到的话。这种战争是可怕的，但是无论发生什么情况，归根结底，都会有利于社会主义运动，都会使工人阶级早日执掌政权。"②

在《战争与革命》中列宁指出："战争是统治阶级挑起的，要结束它只有靠工人阶级革命。能否很快得到和平，完全取决于革命的发展。有人说得很好听，说让我们马上来结束战争吧，不管他们怎样说，没有革命的发展，战争是结束不了的。当政权转到工兵农代表苏维埃手里的时候，资本家们一定会反对我们：日本会反对，法国会反对，英国会反对，各国政府都会反对。反对我们的是资本家，拥护我们的是工人。那时，资本家发动的战争就会结束。这就是我对如何结束战争这一问题的答复。"③

（二）无产阶级对和平的拥护

恩格斯在《德国的社会主义》中指出："和平会保证德国社会

---

① 《马克思恩格斯全集》第 17 卷，人民出版社 1963 年版，第 7—8 页。
② 《马克思恩格斯全集》第 37 卷，人民出版社 1971 年版，第 6 页。
③ 《列宁全集》第 30 卷，人民出版社 1985 年版，第 100 页。

民主党在大约十年的时间里取得胜利。战争则会使社会民主党要么在两三年内取得胜利，要么就遭受彻底的失败，至少在十五年到二十年期间不能复原。在这种情况下，如果德国社会主义者宁肯选择孤注一掷的战争，而不要在保持和平的条件下确定可以获得的胜利，那他们必然是丧失了理智。不仅如此，任何一个社会主义者，不论他属于哪个民族，都不会希望现在的德国政府取得军事胜利，也不会希望法国资产阶级共和国取得胜利，尤其不会希望沙皇取得胜利，因为沙皇取得胜利就等于欧洲被奴役。因此，各国的社会主义者都拥护和平。如果战争毕竟还是发生了，那时无庸置疑的只有一点：这场有 1500 万到 2000 万武装人员互相残杀，并且会使欧洲遭到空前未有的浩劫的战争，必定要或者是导致社会主义的迅速胜利，或者是如此强烈地震撼旧的秩序，并留下如此大片的废墟，以致于旧的资本主义社会的存在比以前更加不可能，而社会革命尽管被推迟十年或十五年，以后必然会获得更迅速和更彻底的胜利。"①

在《社会主义与战争》中列宁指出："群众要求和平的情绪，往往反映他们已经开始对战争发出抗议，表示愤慨，开始认识到战争的反动性质。利用这种情绪，是一切社会民主党人的责任。他们应当最热情地参加在这个基础上产生的一切运动和一切游行示威。但是他们不能欺骗人民，不能传布这样一种思想：似乎不进行革命运动也可以实现没有兼并、没有民族压迫、没有掠夺、不含现在的各国政府和统治阶级之间的新战争萌芽的和平。这样欺骗人民，只会有利于各交战国政府的秘密外交和它们的反革命计划。谁希望得到持久的和民主的和平，谁就应该拥护反对政府和资产阶级的国内战争。"②

---

① 《马克思恩格斯全集》第 22 卷，人民出版社 1965 年版，第 298 页。
② 《列宁全集》第 26 卷，人民出版社 1990 年版，第 339—340 页。

（三）无产阶级对和平的保障

在《资产阶级与和平》中列宁指出："欧洲资产阶级出于对工人运动的恐惧，慌忙抓住军阀和反动派不放。为数极少的小资产阶级民主派无力坚决要求和平，更无力确保和平。政权掌握在银行、卡特尔和整个大资本的手中。和平的唯一保障是工人阶级有组织的自觉的运动。"①

在《告俄国全体公民书》中列宁指出："战争及其带来的全部灾难都是资本主义的产物。资本主义奴役千百万劳动者，加剧各国间的争斗，把资本的奴隶变为炮灰。唯有全世界革命无产阶级的社会主义大军才能终止这种压迫群众和奴役群众的现象，才能终止奴隶为奴隶主利益进行的大厮杀。"②

在《在彼得格勒党组织大会上关于俄国社会民主工党（布）第七次全国代表会议（四月代表会议）结果的报告》中列宁指出："沙皇尼古拉是和威廉一样的强盗，他同英法资本家签订了掠夺性的秘密条约；这些条约没有公布，因为一旦公布，全体人民就会识破骗局，战争就会很快结束。我们在关于战争的决议中直截了当地称这场战争为掠夺性的帝国主义战争，原因就在这里。怎样才能结束这场世界性的大厮杀？某一国家单独退出战争能结束这场大厮杀吗？不，不能，其所以不能，是因为这次交战的不是两个国家，而是很多国家；因为资本家只能暂时停止战争以准备新的战争。无论是工人还是农民，不管他们是德国人、法国人还是俄国人都不要这样的和平。到底谁能结束这场战争呢？只有工人和农民（但不是俄国一国的，而是全世界的工人和农民）才能结束战争。全世界的工人和农民有着一致的利益，这就是同资本家和地主进行斗争。因

---

① 《列宁全集》第23卷，人民出版社1990年版，第136页。
② 《列宁全集》第22卷，人民出版社1990年版，第149页。

此，全世界的工人和农民只有联合起来才能结束战争。这就是我们布尔什维克反对单独媾和，即反对只是俄德双方媾和的理由。单独媾和是愚蠢的行为，因为它不能解决同资本家和地主作斗争这个根本问题。"①

---

① 《列宁全集》第30卷，人民出版社1985年版，第47页。

马克思世界历史思想的时代内涵[*]

颜晓峰

马克思主义社会理想的重要内容是人类解放，即人从自然与社会关系的奴役中解放出来。当人的社会关系成为人自己的共同的关系时，人成为自己的社会关系的主人，人的社会性得到了最充分的发展，人才真正成为"社会化的人，联合起来的生产者"。

习近平总书记在纪念马克思诞辰 200 周年大会上的讲话中，要求学习和实践马克思主义关于世界历史的思想，这对于新时代坚持和发展中国特色社会主义，推动构建人类命运共同体，具有重要理论指导意义。马克思主义关于世界历史的思想，是科学社会主义的现实依据和理论基石。

在《德意志意识形态》中，马克思、恩格斯从资本主义生产方式的运动趋势，阐述了人类历史向世界历史转变的总体走向，指出"各民族的原始封闭状态由于日益完善的生产方式、交往以及因交往而自然形成的不同民族之间的分工消灭得越是彻底，历史也就越是成为世界历史"。在《共产党宣言》中，马克思、恩格斯进一步从资本主义产生和发展的过程，更为具体和深入地阐述了人类历史

* 该文发表于《中国社会科学报》2018 年 7 月 17 日。

成为世界历史的思想,从而指明了共产党人的时代方位和历史使命。《共产党宣言》是学习领会马克思主义关于世界历史思想的重要著作。

一 资本主义生产方式改变了世界历史进程

资本主义进入19世纪40年代,工业革命不仅把新的动力形式应用于机器,而且应用于交通运输工具,应用于轮船的行驶、铁路的通行。蒸汽机车使世界各国能够经常地、迅速地交往,把世界实际地联结在一起。交通的发展和便利促进了社会的互相交往、交流,促进了推动社会进步所必需的愿望和行动,这就把一切民族"都卷到文明中来了"。资本与市场的力量,不断破坏和摧毁那些阻碍商品流通、货币交换、市场扩张的限制,超越了一切宗教、政治、民族和语言的界限。正如马克思所说:"资本按其本性来说,力求超越一切空间界限。"世界市场形成,市场交换的空间不断扩展,从地区之间到国家之间,既发展了人类劳动的物质变换,又发展了人类的社会联系和社会化程度,造成了各民族的各方面的互相往来和互相依赖。

目睹了工业革命的兴起、世界市场的建立、社会关系的变革,见证了生产与交往活动逐步成为世界历史性的共同活动,经历了世界历史与社会形态的巨大变化,马克思、恩格斯的思想因而具有真实的、深厚的世界历史感,能够从整体上、根本上把握社会历史的客观规律与发展趋势,看到了生产力的普遍发展和与此相联系的人的普遍交往,必将为人的自由与解放创造条件。

生产力的不断变革,推动着全部社会关系不断地进行革命。历史成为世界历史,既是资本主义生产力发展的结果,也是社会生产力加速发展的条件。资本的再生产与增值，依靠生产力的全面发展，依靠自己的现有前提的不断变革，资本把这种不断变革作为自己生存的必要条件。正如《共产党宣言》中指出的，"资产阶级除非对生产工具，从而对生产关系，从而对全部社会关系不断地进行革命，否则就不能生存下去"。"生产的不断变革，一切社会状况不停的动荡，永远的不安定和变动，这就是资产阶级时代不同于过去一切时代的地方"。

因此，在人类历史向世界历史转变的过程中，第一次证明了人的对象性活动能够取得什么样的成就。世界市场的开拓，世界历史的扩张，这就"把一切封建的、宗法的和田园诗般的关系都破坏了"。随着财富新的力量和不断扩大的个人交往的发展，那些成为封建共同体基础的经济条件，那些与封建共同体相适应的政治关系与思想关系，也都解体了。而资产阶级打开世界市场，"摧毁一切万里长城"的重炮，就是它生产、技术创新的产物——商品的低廉价格。

二 物的世界的增值同人的世界的贬值成正比

精神生产的互相往来，各民族的精神产品成了公共的财产。在历史向世界历史转变的过程中，各民族的各方面的互相往来，包含着精神文化的交往，伴随着各民族文化的交流与交往。在商品输出、流通和交换的同时，也伴随着思想文化的输出、流通和交换。世界市场使一切国家的物质生产和消费都成为世界性的，也使精神生产和消费具有同样的性质。《共产党宣言》指出："各民族的精神产品成了公共的财产。民族的片面性和局限性日益成为不可能，于是由许多民族的和地方的文学形成了一种世界的文学。"世界市场不仅扩散着产品，也扩散着文化、塑造着文明。世界市场势力的不均等，使市场传播文化与文明的过程更多的是单向的，有主动态与被动态之分，是资产阶级"按照自己的面貌为自己创造出一个世界"。世界精神产品公共财产的积累和消费、全球文化的形成与发展，正是在这种不平衡、不平等的历史条件下实现的。

工业革命以来，资产阶级"使未开化和半开化的国家从属于文明的国家，使农民的民族从属于资产阶级的民族，使东方从属于西方"，由此导致了不同生产方式、不同历史形态、不同类型制度的文化冲突。文化的冲突表现为不同文化在交往界面上的对立，一方是扩张某种文化的企图，一方是抵制外来文化、保持自己文化的努力。

建立新社会的联合体，每个人的自由发展是一切人自由发展的条件。历史向世界历史转变的进程，造成了以物的联系为纽带的社会形态，形成了人的普遍的交换、全面的关系、多方面的需要以及全面的能力的体系，是人的社会能力成为从属于自己的社会财富的更高阶段的必要前提。同时也造成了"物的世界的增值同人的世界的贬值成正比"，人的一切发现和进步，似乎结果是使物质力量成为有智慧的生命，而人的生命则化为愚钝的物质力量。

马克思主义社会理想的重要内容是人类解放，即人从自然与社会关系的奴役中解放出来。当人的社会关系成为人自己的共同的关系时，人成为自己的社会关系的主人，人的社会性得到了最充分的发展，人才真正成为"社会化的人，联合起来的生产者"。在《共产党宣言》中，马克思、恩格斯论述了无产阶级作为真正革命的阶级，力量日益增长，越来越感觉到自己的力量，无产阶级运动是为绝大多数人谋利益的独立的运动。随着全部生产集中在联合起来的个人的手里，"代替那存在着阶级和阶级对立的资产阶级旧社会的，将是这样一个联合体，在那里，每个人的自由发展是一切人的自由发展的条件"。人的自由和解放依靠历史活动中的生产力发展与社会关系的进步，靠消耗最小的力量和在最适合人类本性的条件下进行物质变换的自由王国，只能建立在必然王国的基础上。

三　世界历史进入人类命运共同体时代

《共产党宣言》发表170周年了。今天，世界多极化、经济全球化深入发展，社会信息化、文化多样化持续推进，人类交往的世界性比过去任何时候都更深入、更广泛，各国相互联系和彼此依存比过去任何时候都更频繁、更紧密。人类生活在同一个地球村里，全球命运与共、休戚相关，生活在历史和现实交汇的同一个时空里，马克思主义关于世界历史的思想得到了新世纪的证明、赋予了新时代的内涵。在我国日益走近世界舞台中央、不断为人类作出更大贡献的历史进程中，中国特色社会主义进入了新时代。新时代新格局，中国在国际舞台的话语权显著增强，中国正在发挥世界和平建设者、全球发展贡献者、国际秩序维护者的重要作用，"中国象棋"和"国际象棋"相辅相成、相得益彰。

构建人类命运共同体，是习近平新时代中国特色社会主义思想对马克思主义关于世界历史思想的重大发展。在上海合作组织青岛峰会上，习近平总书记强调，尽管当今世界存在着多种矛盾以至冲突，但构建人类命运共同体已成为不可阻挡的时代潮流。构建人类命运共同体何以成为现实，基于人类能否掌握和控制自己的命运，创造最有利于人类发展的交往方式、合作机制和生存环境。构建人类命运共同体，是中国倡议，也是中国心声；是中国纲领，也是中国承诺；是中国理念，也是中国行动。习近平总书记提出的提倡创新、协调、绿色、开放、共享的发展观，践行共同、综合、合作、可持续的安全观，秉持开放、融通、互利、共赢的合作观，树立平等、互鉴、对话、包容的文明观，坚持共商共建共享的全球治理观，正是建设持久和平、普遍安全、共同繁荣、开放包容、清洁美丽世界的世界理念、国际共识和基本路径。

毛泽东"三个世界理论"是指导新时代国际关系的旗帜

洪　源　巫烈光

必须指出，毛泽东"三个世界理论"并不落后，它是我们的望远镜、显微镜、手术刀和工具箱，能够帮助我国正确处理现在和长远的国际关系，继续驾驭百年变局。

从功能上说，"三个世界理论"有助于认清敌我友，其性质是马克思主义最基本的阶级分析法在国际关系中的应用。"三个世界理论"促进构建人类命运共同体。金融霸权是建设人类命运共同体的最大敌人。"三个世界理论"提供了驾驭变局所需要的正确的世界观，尤其是高超的方法论，帮助中国占领道义制高点，进而建立国际反霸统一战线。

新时期的"一带一路"倡议和建设，正是"三个世界理论"在新时代的灵活应用。

另外，坚持"三个世界理论"有助于感召共同利益的友好国家，分化对手，甚至对手内部，找准打击对象和打击目标，在斗争和团结的运动当中，占据主动，逐渐打破目前的中美僵局。

面临百年变局需要分清敌我友

"谁是我们的敌人？谁是我们的朋友？这个问题是革命的首要问题。"毛泽东同志《中国社会各阶级的分析》第一句话，就提出了这个重要命题。这个命题具有颠扑不破的历史真理性。在新时代指导国际关系，应付百年变局，依然需要重温这个重要命题，分清敌我友，才能够使我们的事业少走弯路。所谓百年变局，是指从第一次世界大战以来形成的世界大格局发生了带有根本性的变化。这个变化比第二次世界大战造成的雅尔塔格局、美苏争霸和冷战结束造成的美国一家独大、多强崛起的变化都要更为重大而深远。

（一）作为基本分析工具的阶级分析方法

尽管世界出现了百年未有之变局，但是世界所处的大时代的性质依然没有变。美国霸权尽管相对衰落，但是其维护全球霸权的本能冲动会更加强烈，采取的措施会更加激烈。

美国霸权的实质就是美元霸权，就是金融霸权帝国主义。得出这个结论所依赖的分析工具就是阶级分析法和列宁的帝国主义论。阶级分析法依然是认识我们时代国际形势的基本工具，因为它提供了透过现象看本质的透视力，能够帮助我们分清敌我友，洞察国际形势的本质，不为变动不羁的表象所迷惑，采取正确的政策处理复杂的国际关系。

（二）"三个世界理论"是应用阶级分析法的正确结论

"三个世界理论"的内容，概括地说，是把霸权帝国主义国家列为第一世界，中间派，日本、欧洲和加拿大是第二世界，剩下的就是第三世界。第三世界的主体是前殖民地和半殖民地获得独立的国家，亚非拉三大洲基本都是第三世界。

苏联解体后，俄罗斯继承了苏联的衣钵，但是国力已经大为衰落，从第一世界跌入第二世界。第一世界只剩下独霸全球的美国一家。中间派，日本、欧洲、加拿大、俄罗斯构成第二世界。第三世界保持不变。"三个世界理论"在新时代的应用具有简明扼要，解释性、针对性和可操作性均强的优势，因而具有强大的生命力。

"三个世界理论"是运用阶级分析方法分析国际形势的正确结论，具有指导建立反帝反霸国际统一战线的可操作性。三个世界理论透过眼花缭乱的国与国之间的矛盾、民族矛盾以及国际组织与国家和民族之间的矛盾的表象，抓住了这些表象背后的本质，点出国际范围的阶级斗争。"三个世界理论"既是在世界范围进行反帝反霸斗争的地缘阶级斗争理论，又是在帝国主义国家内区分人民与帝国主义当局及其靠山阶级的国内阶级斗争理论。

"三个世界理论"进一步将奉行金融霸权帝国主义政策的美国当局与美国人民区分开来。早在1946年，美国支持蒋介石集团发动内战伊始，毛泽东同志就指出："美国反动派要掀动战争，首先必须进攻美国人民。他们已经在进攻美国人民了，他们从政治上、经济上压迫美国的工人和民主分子，准备在美国实行法西斯主义。美国人民应当起来抵抗美国反动派的进攻。我相信他们是会这样做的。"顺便说一句，2008年的次贷危机，某种程度上说就是伊拉克和阿富汗战争的后果。

毛泽东同志在与美国记者安娜·路易斯·斯特朗的谈话中指出："美国和苏联中间隔着极其辽阔的地带，这里有欧、亚、非三洲的许多资本主义国家和殖民地、半殖民地国家。美国反动派在没有压服这些国家之前，是谈不到进攻苏联的。"其实，我们的"一带一路"倡议初期阶段就是立足于这些欧亚大陆辽阔的政治和地理中间地带，即基辛格所说的欧亚大陆周边地缘破碎地带，通过合作共赢争取广大国家和人民支持的英明决策。

（三）金融霸权是建设人类命运共同体的最大敌人

世界进入了全球化公平公正生存的时代。然而，以美元霸权为代表的金融帝国主义不允许建设人类命运共同体。

金融霸权的实质是帝国主义，以其母国的金融优势地位为基础，利用其居高临下的巨大势能，不断冲击、渗透、控制各国及其产业，包括对其母国的其他产业，反复进行"剪羊毛"，以满足金融资本的欲望。因此，建设人类命运共同体的事业与金融霸权的根本利益相悖，必然遭到其严重的敌视和阻碍。

所以，建设人类命运共同体就必然要求反对金融霸权。人类命运共同体的逻辑和现实基础是建筑在全世界人民的共同利益之上，即人类命运共同体实质是全世界人民的共同利益。随着美元霸权的相对衰落，在国际上失道寡助，遭到欧元、人民币等世界重要货币的挑战，以及遭到欧盟及俄国、伊朗等国的抵制，其必然更加疯狂地维护其逐渐缩小的既得利益。

另外，需要指出的是，金融资本所支持的全球化，不过是支持其便于对世界进行掠夺的全球化，是支持奠基于"华盛顿共识"之上的全球化。"华盛顿共识"的本质是新自由主义，主张政府最小化、彻底私有化和自由化。

这种全球化在本质上是反对建设人类命运共同体的，是服务于美元霸权对世界人民的不断掠夺。在"华盛顿共识"的欺骗下，苏联、东欧国家推行快速私有化而崩溃、东南亚金融危机和墨西哥金融危机接连爆发。以金融大鳄索罗斯为代表的金融资本则制造、促使这些国家和地区的灾难性危机爆发，从中赚得盆满钵满。

二 新时代伟大斗争需要"三个世界"的制高点

习近平总书记提出"四个伟大"——伟大斗争、伟大工程、伟大事业、伟大梦想,将伟大斗争放在首位,它包括国际斗争,包含了强烈的马克思主义哲学基础,是人们对整个世界的根本观点的体系。作为共产党人,马克思主义哲学体系是当然的信仰,也是最重要的方法论。伟大斗争包括道义制高点、"一带一路"建设和国际反霸统一战线。

(一) 从占领道义制高点来说

金融帝国主义由来已久,大英帝国时代就发展出了精致的金融霸权及其理论和说辞。美国的金融霸权继承了大英帝国金融霸权的衣钵,进行了更加精致的包装,以自由主义的鲜艳外衣为装饰,以相互依赖理论、人权、自由等口号为幌子。

在这样的情况下,建设人类命运共同体更是人类之光。同时,需要对金融霸权的欺世盗名的"道义外衣"伪装,戳穿"皇帝的新衣"的本质。"三个世界理论"能同时满足上述这两个需要。"三个世界理论"集中到一点,就是团结第三世界国家,争取第二世界国家,孤立第一世界的金融帝国主义国家。这是理论和道义战略制高点。

(二)"一带一路"建设是"三个世界理论"在新时代的应用

"'一带一路'建设是我们推动构建人类命运共同体的重要实践平台。""一带一路"建设从陆路上将亚欧大陆联系在一起,从海路将拉丁美洲、非洲和大洋洲联系在一起。"一带一路"建设是新时代"三个世界理论"在国际经贸合作方面的具体化。将欧亚大陆中下部辽阔的地缘破碎地带整合起来,中国作为"三个世界理论"

的首倡者和实践者，是当仁不让的主力。

（三）建立国际反霸统一战线

金融帝国主义是当今世界最大的最凶恶的霸权主义。所以，反对国际霸权主义就必须反对金融帝国主义。虽然美国的实力相对衰落，但是依然是世界最强大的国家，拥有超级金融实力和超级军事实力。

要建设人类命运共同体，就必须建立包括美国人民在内的反对金融帝国主义及其金融霸权的最广泛的国际统一战线。自尼克松时代抛弃布雷顿森林体系，美元霸权诞生以来，美元霸权对世界人民的掠夺无休止，一次比一次严重，在中东富油区和几乎所有大量出口石油的国家制造动乱、颠覆和控制，不断输出通胀，包括用《广场协议》对准盟国日本，不断对第二、第三世界各国人民"剪羊毛"。可谓天下苦美元霸权久矣。

所以，"三个世界理论"是新时代建立国际反霸统一战线的有力武器。"三个世界理论"将第一世界的金融帝国主义列为孤家寡人和独夫民贼。其对第二世界和第三世界的掠夺与控制，以及第二世界和第三世界的反抗一目了然，也提供了第二世界与第三世界团结反霸的直观图景和工作对象。尤其是特朗普当局提出"美国优先"这种实质是白人种族主义的狭隘口号和战略，在此原则下美国对欧盟、北约、日本等盟友的持续压榨与敲打，以及对俄罗斯公开的敌对行动和战略威慑，使第一世界与第二世界之间的裂痕更加深刻。

所以，第二世界与第三世界结成国际反霸统一战线的前景是可以想象的，可以勾画的，也是可以实现的。

总之，"三个世界理论"为新时代的中国提供了处理国际政治关系、国际地缘关系的基本方法和基本架构，提供了进行国际经济合作的范式，还提供了地缘政治布局的指引，是反霸正当性和必要性的理论基础，同时具备原则性、灵活性和可操作性，是我们在国际国内必须坚持的伟大旗帜。坚持"三个世界理论"，正确应用于指导国际关系，也会使中国在对美关系中彻底占据主动和优势地位，中国长期以来在国际上的被动地位就会发生根本性的改变。

毛泽东"三个世界"战略思想的
时代意义与当代价值

任晶晶

毛泽东是中华人民共和国的主要缔造者，也是中国大国地位的主要奠基人。[①]"三个世界"战略思想[②]是毛泽东国际战略思想的巅峰之作，是毛泽东晚年根据国际战略格局的变化，在深入分析国际关系和世界形势发展动向的基础上，结合中国实际，提出的一项国际战略新思维，对于中国人民和世界人民反对霸权主义、维护世界和平、争取发展权益的斗争起到了重要的指导作用。21 世纪以来，虽然国际形势发生了许多新变化，但国际政治的本质并未改变；虽然学术界在"三个世界"战略思想的研究中出现了不同的声音[③]，

---

① 宫力：《"三个世界划分"理论对当代中国的深远影响》，《中国社会科学》2012 年第 8 期。

② 关于"三个世界"战略思想的称谓，学术界有不同的叫法。比较常见的有："三个世界划分"理论、"三个世界"理论、"三个世界"战略理论、"三个世界"战略思想、"三个世界"国际战略思想等。2012 年 9 月，经中共中央批准，由当代中国研究所编纂的《中华人民共和国史稿》正式出版，其中将毛泽东关于"三个世界"划分的思想定位为"战略思想"。本文采用这一称谓。参见程中原《风雨二十载，为共和国修史——解读〈中华人民共和国史稿〉的新材料、新提法》，《北京青年报》2013 年 3 月 22 日第 C5 版；刘云天《书写一部中华人民共和国的信史——访当代中国研究所原副所长程中原研究员》，《上海党史与党建》2013 年第 4 期。

③ 目前，关于"三个世界"战略思想的争鸣，学术界主要存在三类观点：1. 赞成或肯定说，强调"三个世界"战略思想是对马克思主义的重大理论贡献，为中国确立了重要外交原则，使中国赢得了战略上的主动权；2. 否定或质疑说，认为"三个世界"战略思想缺乏客观标准，且不符合国际事实，更多带有以我划线的主观随意性；3. 过渡论或过时论，认为"三个世界"战略思想只是在冷战特定的时空定下产生了一定影响，随着时代的变迁，该理论已经过时。参见姜安《毛泽东"三个世界划分"理论的政治考量与时代价值》，《中国社会科学》2012 年第 1 期。

但"三个世界"战略思想中所蕴含的基本原则和方法论，仍然是我们观察世界、制定国际战略和对外政策的指导性原则，对 21 世纪中国外交战略的擘画仍然具有重要的现实意义。

一　"三个世界"战略思想的提出

第二次世界大战结束后，美苏战时同盟关系终结，美国开始策划并实施全球霸权战略，与其西方盟友一道，拉开了冷战的"铁幕"。与此同时，由于战争使老帝国主义国家遭到严重削弱，全球民族解放运动风起云涌，一大批殖民地、半殖民地国家和地区相继获得民族独立，成为反对霸权主义、殖民主义和强权政治的一支重要力量。在此背景下，毛泽东从全球视角出发，对国际力量的分化组合进行了深入分析，提出了关于"中间地带"的思想。1946 年 8 月 6 日，毛泽东在同美国记者安娜·路易斯·斯特朗谈话时，科学地分析了战后国际格局，提醒人们注意在冷战对立的两极之间处于游离状态的广大"中间地带"。毛泽东指出："美国和苏联中间隔着极其辽阔的地带，这里有欧、亚、非三洲的许多资本主义国家和殖民地、半殖民地国家。美国反动派在没有压服这些国家之前，是谈不到进攻苏联的。"[①] "美国反动派说，他们在世界各地已经建立和准备建立的一切军事基地，都是为着反对苏联的。不错，这些军事基地是指向苏联。但是，在现时，首先受到美国侵略的不是苏联，而是这些被建立军事基地的国家。我相信，不要很久，这些国家将会认识到真正压迫它们的是谁，是苏联还是美国。美国反动派终有一天将会发现他们自己是处在全世界人民的反对中。"[②] 学术界

---

① 《毛泽东选集》第 4 卷，人民出版社 1991 年版，第 1193 页。
② 同上书，第 1194 页。

普遍认为，这次谈话是"中间地带"思想正式提出的标志。日后的事实证明，这确实是一个远见卓识的战略预见。对战后两极格局形成强有力冲击的，正是迅速崛起的广大"中间地带"。而美苏两国争夺的重点，也正是包括欧洲在内的广大"中间地带"。①

20世纪50—60年代，"中间地带"理论一直是毛泽东观察和分析国际问题、制定中国外交政策的基本出发点。中国政府依据这一思想制定了不仅联合和依靠以苏联为首的社会主义国家，而且还要争取和联合处于"中间地带"的殖民地、半殖民地国家，甚至英、法等资本主义国家，以反对美帝国主义的外交战略。同时，毛泽东又根据国际形势的新变化和新特点，发展了"中间地带"理论。从50年代中期开始，世界形势出现了两个新变化：一是亚非拉美民族独立和解放运动在万隆会议精神的鼓舞下，进入了新阶段，团结合作进一步增强，涌现出一大批新独立的国家；二是在两大阵营内部，开始出现离心和分化的倾向。毛泽东敏锐地捕捉到上述新变化，进一步发展了"中间地带"理论。1954年8月24日，毛泽东在会见英国工党代表团时指出："美国的目标是占领处在这个广大中间地带的国家。"② 1955年4月29日，毛泽东在同英国共产党主席波立特谈话时又说：在美国和社会主义阵营之间的"广大中间地带的人民中，亚非两大陆就有十四个亿，还有欧洲的人民，都是我们反对美国侵略的同盟者"③。1956年10月19日，毛泽东在会见巴基斯坦总理苏瓦拉底时指出：要注意中间地带的重要性问题。他认为，中间地带包括从英国一直到拉丁美洲。这个地区的一边是社会主义阵营，另一边是美国。这个地带有最多的人口和最多

---

① 李捷：《世界多极化趋势与毛泽东的三个世界划分理论》，《当代中国史研究》1997年第1期。

② 《毛泽东外交文选》，中央文献出版社、世界知识出版社1994年版，第159页。

③ 同上书，第205页。

的国家，包括有三种性质的国家。第一类是拥有殖民地的帝国主义国家，如英国、法国；第二类是亚洲、非洲、拉丁美洲的国家，有的已经取得民族解放，有的还在争取民族解放；第三类是在欧洲的不拥有殖民地的自由国家。他还认为，在这些中间地带国家之间，存在着一些内部纠纷。这些纠纷应该用和平方法来解决。① 在后来的一些谈话中，毛泽东又进一步指出，美苏双方都在争夺"中间地带"，并认为，帝国主义国家争夺的主要场所是亚洲和非洲。他提出："共产主义，民族主义，帝国主义，这三个主义中，共产主义和民族主义比较接近。而民族主义占领的地方相当宽，有三个洲：一个亚洲，一个非洲，一个拉丁美洲。"② 据此，毛泽东和周恩来共同确定了中国外交的重点是在亚非拉美国家中广交朋友，同时也积极争取同英、法等西方国家改善关系。③ 1957 年前后，毛泽东结合"中间地带"理论，又提出了关于"两类矛盾、三种力量"的观点。"两类矛盾，一类是帝国主义跟帝国主义之间的矛盾，即美国跟英国、美国跟法国之间的矛盾，一类是帝国主义跟被压迫民族之间的矛盾。三种力量，第一种是最大的帝国主义美国，第二种是二等帝国主义英、法，第三种就是被压迫民族。"④ 毛泽东关于"中间地带"的理论和"两类矛盾、三种力量"的观点，为中国在 20 世纪五六十年代开拓新的外交领域提供了确定的方位。⑤

　　20 世纪 60 年代，伴随着中苏关系的恶化，中国开始成为一支

---

　　① 李捷：《毛泽东与新中国的内政外交》，中国青年出版社 2003 年版，第 42 页。

　　② 《毛泽东外交文选》，中央文献出版社、世界知识出版社 1994 年版，第 342 页。

　　③ 李捷：《世界多极化趋势与毛泽东的三个世界划分理论》，《当代中国史研究》1997 年第 1 期。

　　④ 《毛泽东文集》第 7 卷，人民出版社 1999 年版，第 188 页。

　　⑤ 钱斌：《和平崛起观的柱石："三个世界"理论——论毛泽东外交理论的演变》，《求实》2010 年增刊，第 11 页。

独树一帜的国际力量。与此同时，以法国为代表的西方国家同美国的裂痕日益扩大，矛盾趋于表面化。世界形势出现了"大动荡、大分化、大改组"的局面。在此背景下，毛泽东在"中间地带"思想的基础上，提出了"两个中间地带"思想。1962 年 1 月 3 日，毛泽东在会见日本禁止原子弹氢弹协议会理事长安井郁时，提出了"中间地带国家的性质各不相同"的论断。他指出："西德垄断资本想勾结美国又想抗拒美国，这点同日本相像。我们把这些地方都称作中间地带。社会主义阵营算一个方面，美国算另一个方面，除此以外，都算中间地带。"① 1963 年 9 月 28 日，毛泽东在中共中央工作会议上指出："我看中间地带有两个，一个是亚、非、拉，一个是欧洲。日本、加拿大对美国是不满意的。以戴高乐为代表的，有六国共同市场，都是些强大的资本主义国家。东方的日本，是个强大的资本主义国家，对美国不满意，对苏联也不满意。东欧各国对苏联赫鲁晓夫就那么满意？我不相信。情况还在发展，矛盾还在暴露。过去几年法国人闹独立性，但没有闹到今天这样的程度。苏联与东欧各国的矛盾也有明显发展，关系紧张得很。"② 1964 年 1 月 5 日，毛泽东在同日共中央政治局委员听涛克己谈话时，再次阐述了关于"两个中间地带"的思想。他说："讲到中间地带有两部分：一部分是指亚洲、非洲和拉丁美洲的广大经济落后的国家，一部分是指以欧洲为代表的帝国主义国家和发达的资本主义国家。这两部分都反对美国的控制。在东欧各国则发生反对苏联控制的问题。这种情况看起来比较明显。"③ 在同年 7 月 10 日同日本社会党人士的谈话中，毛泽东明确表示：世界上有两个中间地带，即"亚

① 《毛泽东外交文选》，中央文献出版社、世界知识出版社 1994 年版，第 487 页。
② 同上书，第 506—507 页。
③ 同上书，第 508 页。

洲、非洲、拉丁美洲是第一个中间地带；欧洲、北美加拿大、大洋洲是第二个中间地带。"① "整个亚洲、非洲、拉丁美洲的人民都反对美帝国主义。欧洲、北美、大洋洲也有许多人反对美帝国主义。"② 在这一时期，毛泽东开始使用"第三世界"一词来指代他所说的"中间地带"。③ 1964 年 1 月 17 日，毛泽东在会见斯特朗、柯弗兰、爱德乐、爱泼斯坦、李敦白等外国友人时说："美国现在在两个'第三世界'都遇到抵抗。第一个'第三世界'是指亚、非、拉。第二个'第三世界'是指以西欧为主的一批资本主义高度发展的、有些还是帝国主义的国家，这些国家一方面压迫别人，另一方面又受美国压迫，同美国有矛盾。"④ 他还说："不能设想，美国只在两个'第三世界'遇到抵抗，而独独在苏联和东欧会不遇到抵抗。"⑤ 从"中间地带"思想到"两个中间地带"思想，深刻地反映了战后世界格局在 20 世纪 50 年代、60 年代发生的巨大变化：苏美控制各自盟国的能力大为削弱，两极体系正从内部开始瓦解；"中间地带"力量日益壮大，逐步成为抗衡苏美的国际力量；"中间地带"内部利益多元、矛盾交错。凡此种种，皆使整个世界呈现出多元化、多极化的发展趋势。⑥

进入 20 世纪 70 年代，世界格局发生了新的重大变化，整个冷战格局呈现出苏攻美守的战略态势，多极化趋势对两极格局的挑战

---

① 《毛泽东外交文选》，中央文献出版社、世界知识出版社 1994 年版，第 509 页。

② 同上书，第 508 页。

③ 参见王永魁《"第三世界"与"三个世界"的提法及涵义考证》，《北京党史》2011 年第 3 期。

④ 《毛泽东外交文选》，中央文献出版社、世界知识出版社 1994 年版，第 514 页。

⑤ 同上书，第 515 页。

⑥ 石斌：《毛泽东关于世界多极化的思想及其战略意义》，《中共党史研究》2003 年第 3 期。

和冲击日益显著。资本主义各国纷纷走上独立发展的道路，对美国的盟主地位提出了挑战。西欧国家的经济一体化进程进一步发展，并在政治、防务等方面加强合作。日本成长为"经济巨人"，同时积极扩大在东南亚等地的经济、政治影响。美国为摆脱越南战争的泥潭，不得不对这些挑战采取容忍和克制的态度，并开始调整其亚洲政策和欧洲政策。与此同时，东欧各国开始走上改革之路，并试图改变对苏联的依附关系，使苏联在同美国争霸的过程中，越来越强烈地感受到了来自东欧各国的不满和离心倾向。更为重要的是，由于"两弹一星"事业的成功，中国的综合国力和国际战略地位显著提高，对两极格局形成了强有力的冲击，世界多极化趋势已成定局。1974 年 2 月 22 日，毛泽东在会见赞比亚总统卡翁达时，第一次明确提出了关于"三个世界"划分的战略构想。他说："我看美国、苏联是第一世界。中间派，日本、欧洲、澳大利亚、加拿大，是第二世界。咱们是第三世界。"① "美国、苏联原子弹多，也比较富。第二世界，欧洲、日本、澳大利亚、加拿大，原子弹没有那么多，也没有那么富；但是比第三世界要富。"② "第三世界人口很多"，"亚洲除了日本，都是第三世界。整个非洲都是第三世界，拉丁美洲也是第三世界"③。同年 4 月 10 日，邓小平在联合国大会第六届特别会议上发言，代表中国政府全面系统地阐述了毛泽东关于"三个世界"划分的思想，使之在理论性上得到了提升。邓小平指出："从国际关系的变化看，现在的世界实际上存在着互相联系又互相矛盾着的三个方面、三个世界。美国、苏联是第一世界。亚非拉发展中国家和其他地区的发展中国家，是第三世界。处于这两者

---

① 《毛泽东外交文选》，中央文献出版社、世界知识出版社 1994 年版，第 600 页。
② 同上。
③ 同上书，第 601 页。

之间的发达国家是第二世界。"① 美苏两个超级大国，为了称霸世界，用不同方式想把亚非拉发展中国家置于它们各自的控制之下，同时还要欺负那些实力不如它们的发达国家。第二世界的发达国家中的一些国家，对一些第三世界国家仍保持着各种不同形态的殖民主义关系。这种情况应该结束。同时，所有这些发达国家都在不同程度上受着这个或那个超级大国的控制、威胁或欺负。因此，这些国家都在不同程度上具有摆脱超级大国的奴役或控制，维护国家独立和主权完整的要求。它们的斗争也对国际形势的发展产生重要影响。第三世界国家受压迫最深，反对压迫、谋求解放和发展的要求最为强烈。它们是反对殖民主义、帝国主义，特别是超级大国的主要力量。邓小平在讲话中郑重声明："中国属于第三世界。""中国现在不是，将来也不做超级大国。"② 1977 年 11 月 1 日，《人民日报》发表题为《毛主席关于三个世界划分的理论是对马克思列宁主义的重大贡献》的长篇文章，对"三个世界"战略思想进行了更加全面而详细的理论阐述。③

二　"三个世界"战略思想的时代意义

马克思主义历来主张在评价一个事件、一个人物时，必须把事

---

① 《中华人民共和国代表团团长邓小平在联大第六届特别会议上的发言》，《人民日报》1974 年 4 月 11 日第 1 版。

② 同上。

③ 文章从五个方面对"三个世界"战略思想进行了全面的分析和阐释：（一）三个世界的划分是对世界现状的马克思主义科学论断。（二）苏美两霸是全世界人民的共同敌人，苏联是最危险的世界战争策源地。（三）第三世界国家和人民是反帝、反殖、反霸的主力军。（四）第二世界是反霸斗争中可以联合的力量。（五）结成最广泛的国际统一战线，打败超级大国的霸权主义和战争政策。参见人民日报编辑部《毛主席关于三个世界划分的理论是对马克思列宁主义的重大贡献》，《人民日报》1977 年 11 月 1 日第 1 版。

件、人物放到具体的历史背景、历史条件下去认识、评价。①"三个世界"战略思想以马克思主义哲学为指导，以矛盾对立统一的辩证法原则为逻辑出发点，以反对霸权主义、强权政治、建立广泛的国际统一战线的方式否定了国际政治经济旧秩序，实现了新中国的国际制度安排和战略设计。② 这一战略思想的提出，改变了自20世纪50年代起单纯以社会制度、意识形态划分世界格局的标准，突出了以国家利益为中心的价值取向，捍卫了国家的独立、主权和民族尊严，为维护中国国家安全和发展权益找到了可行的路径，为中国外交打开了新的局面。正如邓小平后来所指出的那样："三个世界"战略思想，"对于团结世界人民反对霸权主义，改变世界政治力量对比，对于打破苏联霸权主义企图在国际上孤立我们的狂妄计划，改善我们的国际环境，提高我国的国际威望，起了不可估量的作用"③。

（一）结成最广泛的国际反霸统一战线，有效维护了中国国家安全与世界和平，改善了中国的国际环境

在毛泽东生活的那个时代，由于帝国主义、霸权主义、和平民主力量之间的实力不对等，导致中国安全环境面临种种严峻挑战。因此，构建权力制衡机制成为中国外交战略的主要目标。20世纪60年代后期，世界各种力量经过"大动荡、大分化、大改组"，逐渐形成了新的战略态势。这一时期，有两方面的重要因素促使毛泽东开始思考调整中国对外战略的问题。其一，中苏两党关系中断，国家关系恶化，苏联的全球性进攻战略态势对中国形成了越来越大

---

① 陈东林：《中国共产党的第二个〈历史决议〉与历史研究的理论和方法》，《当代中国史研究》2011年第4期。

② 宫力：《"三个世界划分"理论对当代中国的深远影响》，《中国社会科学》2012年第8期。

③ 《邓小平文选》第2卷，人民出版社1994年版，第160页。

的军事压力，引起了中国领导人对国家安全的严重关切。① 其二，美国深陷越战泥潭，全球扩张战略难以为继，收缩过度伸展的"霸权触角"成为美国决策层的共识，使中国有可能在"两霸"中争取"一霸"。中美苏三方关系及其力量消长的变化，改变了中美苏战略关系的基础。这样，缓和中美关系，成为集中力量对付苏联霸权扩张的现实战略选择。

毛泽东运用"三个世界"战略思想，坚持独立自主原则，依靠广大第三世界国家，利用西方国家之间的矛盾，谋求在大国博弈中缓和中美关系，寻求构建与苏联霸权主义相抗衡的权力制衡。首先，毛泽东虽然把美国划在第一世界，但确认其是一支可以利用乃至联合的政治力量。这对中美关系的改善具有重要意义。其次，对第二世界的积极评价，扩大了中国同西方国家的联系，为后来中国实行对外开放政策奠定了必要的基础。最后，毛泽东将中国置于第三世界，为发展中国同第三世界各国的友好合作关系开辟了更大的空间，由此确定了中国外交政策的立足点，也提高了中国在第三世界中的威信。② 这一切，都极大地改善了中国的国际环境。可以说，"三个世界"战略思想的实施使中国获得了远超出自己实力的国际地位，在国际政治格局中形成了影响全局的美苏中大三角关系，使

---

① 中国领导人认为，苏联在世界范围内已成为两个超级大国中更危险的一个。这是因为：第一，苏联是一个比美国后起的帝国主义大国，因而更富有侵略性和冒险性。第二，苏联由于经济力量相对不足，不能不主要依靠军事力量和战争威胁来进行扩张。第三，苏联的官僚垄断集团，把高度集中的社会主义国有经济变为比任何帝国主义国家更集中的国家垄断资本主义经济，把无产阶级专政的政权变为法西斯专政的政权，这就使得苏联更容易把整个国民经济军事化，把整个国家机器军国主义化。第四，苏联曾经是世界上第一个社会主义国家，它可以利用列宁的威望，打着"社会主义"的旗号，到处招摇撞骗。因此，苏联已成为比美国更危险的世界战争策源地。参见人民日报编辑部《毛主席关于三个世界划分的理论是对马克思列宁主义的重大贡献》，《人民日报》1977 年 11 月 1 日第 1 版。

② 宫力：《"一条线"构想和划分"三个世界"战略》，《中国社会科学报》2012 年 2 月 29 日第 B01 版。

中国外交迎来了一个前所未有的大发展时期，这就为中国作为独树一帜的重要力量全面参与国际事务扫清了前进道路上的障碍。①

毛泽东始终坚持用实事求是和矛盾论的观点观察、分析、处理国际事务。"三个世界"战略思想总体架构的实质在于，强调第三世界国家在国际格局中的地位和作用，其核心是要团结、依靠作为反对美帝国主义和苏联霸权主义主力军的第三世界，争取第二世界，使之成为反对美帝国主义和苏联霸权主义的同盟者。可以说，"三个世界"战略思想确保了中国外交的原则性与灵活性的与时俱进，极大地拓展了中国外交的国际空间，有助于中国在和平共处五项原则基础上，通过独立自主的和平外交努力，真正做到"决不依附于任何大国或者国家集团，决不屈服于任何大国的压力"②，从而最大限度地维护了民族利益和国家安全，并有力地支援了各国的民族解放运动。需要指出的是，中国反对美苏争霸世界，主要是反对它们推行的霸权主义政策。至于国家关系，中国主张按照和平共处五项原则来处理。正因为如此，中国并没有把霸权主义同推行霸权主义的国家完全等同起来，这才有了中美之间的接近和关系的改善。中国的政策是，无论谁搞霸权主义都一概反对，哪一家搞的霸权主义对中国和世界和平威胁更大，中国就着重反对哪一家。③

（二）推动了中国同西方关系的总体性改善，为对外开放战略的实施奠定了基础

毛泽东一贯重视在革命斗争中争取中间力量。他认为："无产

---

① 宫力：《"三个世界划分"理论对当代中国的深远影响》，《中国社会科学》2012 年第8 期。

② 中共中央文献研究室编：《十二大以来重要文献选编》上册，人民出版社 1986 年版，第39 页。

③ 宫力：《"三个世界划分"理论对当代中国的深远影响》，《中国社会科学》2012 年第8 期。

阶级在进行国际斗争的时候，必须按照不同历史时期的必要和可能，团结一切可以团结的人们，以利于发展进步势力，争取中间势力，孤立顽固势力。"① 在"三个世界"战略思想中，如何处理对美关系是一个关键性环节。毛泽东虽然把美苏同划在第一世界，但在他看来，在反对苏联霸权主义的斗争中，美国是一支可以加以利用乃至联合的力量。关于这一点，邓小平后来曾对美国总统卡特说："这一反霸统一战线，坦率地讲是包括美国在内的。对付苏联称霸世界，美国理所当然是一个主要力量。"② 这种观念上的转变引起了中美关系的结构性变化。1972 年 2 月，美国总统尼克松访华，开启了中美关系正常化的历史进程。以打开对美关系为突破口，中国扫除了同日本、西欧等西方国家发展关系的障碍。此后，中国外交迎来了一个同西方国家建交的高潮。此外，这一时期，中国同第三世界国家建交的数目大大增加，同东欧各社会主义国家的关系也有了一定程度的改善。

在三个世界的划分中，毛泽东强调要把处于美苏两个超级大国和发展中国家之间的资本主义发达国家看作是反霸斗争中可以争取和团结的力量。这种对西方国家的重新评估，消除了中国与西方国家发展关系的制度性障碍，扩大了中国同西方发达国家的联系，为中国的未来发展预留了空间。到 1978 年年底，党的十一届三中全会作出具有深远影响的改革开放决策时，中国已经同世界上几乎所有重要的发达国家都建立了全面的外交关系，并且开展了广泛的政治、经济、文化往来。从这个意义上说，毛泽东"三个世界"战略

---

① 参见人民日报编辑部《毛主席关于三个世界划分的理论是对马克思列宁主义的重大贡献》，《人民日报》1977 年 11 月 1 日第 1 版；《毛泽东选集》第 2 卷，人民出版社 1991 年版，第 745 页。

② 邓小平会见美国总统卡特的谈话（1979 年 1 月）。参见宫力《邓小平与美国》，中共党史出版社 2001 年版，第 257 页。

思想为新时期中国实行全方位的对外开放开辟了道路。[①] 对此，1979年3月30日，邓小平在党的理论工作务虚会上指出："毛泽东同志在他的晚年还提出了关于三个世界划分的战略思想，并且亲自开创了中美关系和中日关系的新阶段，从而为世界反霸斗争和世界政治前途创造了新的发展条件。我们能在今天的国际环境中着手进行四个现代化建设，不能不铭记毛泽东同志的功绩。"[②]

（三）为广大第三世界国家提供了一种基于国际格局和时代特征的国际战略新理论

任何重大理论建树和战略构想的形成，都是同当时的国际环境和时代特征分不开的。在"三个世界"战略思想提出之前，指导中国外交的理论基础是：世界上存在着资本主义、社会主义、民族主义三种力量，国际社会呈现出不同力量相互牵制的垂直权力关系，他们之间的关系互动和力量博弈构成了国际社会的基本存在方式。在20世纪50年代，这种理论反映了当时两极格局下的国际政治分野。但到70年代以后，国际政治中诸多新情况的出现，用这种理论便难以解释清楚了。[③] 相对于西方盛行的冷战理论而言，毛泽东"三个世界"战略思想是对当时国际格局的一种新界说。

"三个世界"战略思想的要素包括：划分世界政治格局的标准，是经济、军事力量和对外政策；其蕴含的世界主要矛盾，一是霸权主义内部的矛盾，它表现为第一世界争霸可能导致的战争，二是霸权主义和反霸权主义的矛盾，它表现为第三世界反对美苏霸权主义的革命。由此，三个世界不同的历史地位是：第一世界是人民的敌

---

① 宫力：《"三个世界划分"理论对当代中国的深远影响》，《中国社会科学》2012年第8期。

② 《邓小平文选》第2卷，人民出版社1994年版，第172页。

③ 参见李捷《正确理解"三个世界划分"理论的历史内涵》，《中国社会科学报》2012年2月29日第B01版。

人；第三世界不再是在社会主义和资本主义夹缝中生存的"中间地带"，而是历史前进的动力；第二世界则具有两重性，是可以在反霸斗争中联合的力量。中国的定位是：属于第三世界，永远不称霸。第三世界国家的任务是：反对超级大国的掠夺，制止它们发动战争。① 可见，社会主义和资本主义两大阵营对抗，无产阶级和资产阶级两大阶级斗争的传统意识形态及以此为依据的国际战略理论，均被"三个世界"战略思想超越了。

"三个世界"战略思想为广大发展中国家提供了一种理解国际格局的新框架。在以西方为中心的世界体系中，民族国家对强权势力的依附是一种"常态"，以西方或者强国话语为主导的垂直规范体系是一种"常式"。"三个世界"战略思想却以新的思维方式提出了一种反国际依附的新模式。这种新模式不再以西方为中心，而是以三种不同势力为政治博弈单位，以追求国际正义和民主为重要政治目的。它一方面代表了战后大多数落后国家的外交意志和国际诉求，为广大发展中国家自强和自立提供了极大的思想和信心支持，另一方面努力打破国际社会由少数霸权国家或国家集团垄断世界话语权的状况，使世界出现了另一种不同于第一世界和第二世界的新声音，一种迥异于西方的价值逻辑，从而形成了一种在既有国际体系中民族独立国家的新政治博弈理论。

三　"三个世界"战略思想的当代价值

"三个世界"战略思想诞生于战后国际社会动荡、分化、改组的深刻历史变革之中。它不仅科学揭示了时代特征，而且直接影响

---

① 陈锡喜：《毛泽东"三个世界"理论的意识形态底蕴及邓小平的超越——兼论"三个世界"理论的时代价值》，《上海交通大学学报》（哲学社会科学版）2012 年第 5 期。

了冷战时代的国际格局和国际秩序以及中国外交战略的基本价值取
向。① 进入 21 世纪以来，国际形势发生了许多新的重大变化，中国
的国家利益和国家安全在新的国际环境中面临新的定位和新的考
验。用什么样的理论范式和价值观论证和回答一系列新的国际问
题，成为当代中国国际关系理论研究的新使命。笔者认为，毛泽东
的外交思想资源，特别是"三个世界"战略思想，对于我们理解当
今国际社会的本质，构建新时代条件下的中国国家安全战略，仍然
具有十分重要的理论意义和实践价值，渗透在其中的方法论更是给
我们以颇多教益和启示。

（一）坚决捍卫国家主权、安全和领土完整，毫不动摇地维护国家核心利益

作为中华人民共和国的开国领袖，毛泽东一生都对独立自主和
国家主权格外珍视。从这个意义上说，国家利益与主权诉求成为
"三个世界"战略思想的逻辑原点。在新的历史时期，邓小平强调：
"国家的主权、国家的安全要始终放在第一位。"② 中国坚持独立自
主的和平外交政策，始终强调维护国家的核心利益，确保国家主
权、安全和发展利益不受侵犯。中国的核心利益包括：国家主权，
国家安全，领土完整，国家统一，中国宪法确立的国家政治制度和
社会大局稳定，经济社会可持续发展的基本保障。③ 其中，最为重
要的就是国家主权和国家安全。中国的和平发展不能以牺牲国家核
心利益为代价。中国坚决反对霸权主义和强权政治，反对任何国家
以任何借口随意干涉别国内政。中国认为，一切国家都应遵守《联

---

① 姜安：《毛泽东"三个世界划分"理论的政治考量与时代价值》，《中国社会科学》2012
年第 1 期。

② 《邓小平文选》第 3 卷，人民出版社 1993 年版，第 348 页。

③ 中华人民共和国国务院新闻办公室编：《中国的和平发展》，人民出版社 2011 年版，第
21 页。

合国宪章》和公认的国际关系准则，尊重和维护每个国家的独立、主权和领土完整。

进入 21 世纪后，国际社会日趋多元化，确保国家安全已经不再是一维向度的战略绸缪，而是基于多维向度价值选择的系统工程。尽管目前国际安全形势的内涵比照 20 世纪 70 年代发生了一些变化，但是，国际政治的本质并没有发生根本性变化，国家利益与国家安全的矛盾冲突依然是国际政治的主题。"三个世界"战略思想从根本上质疑帝国主义和霸权主义的政治野心，警惕国际战争和局部战争，忧患中国的国家命运和民族命运，这对于今天我们理性审视当代国际社会的安全环境，树立正确的国家安全观仍然是富有教益的。当前，尽管国际力量体制和制度安排有新的变化，但是强权的存在和霸权的实质，从根本上决定了构建新的国际安全和国家安全机制，推进世界多极化和国际关系民主化，仍然是中国外交战略所要面对的长期课题。

坚持独立自主原则是中国外交的根本立场和出发点。在新的历史时期，中国要在国际社会中有所作为，必须继续坚持独立自主的根本立场，并以此为出发点，坚决捍卫国家主权和民族利益，规划自己的和平发展战略。决不允许任何国家干涉中国内政，决不依附于任何大国或国家集团，严格遵守《联合国宪章》和公认的国际关系准则，根据国际事务本身的是非曲直，独立自主地决定和调整自己的立场和政策。面对新的安全形势，应对国家安全战略进行新的政治计算：积极采取自主合作型外交战略，建立新型战略伙伴关系，赋予外交更大的自主弹性；坚持国家核心利益，坚持主权安全与平等；在以互信、互利、平等、协作为核心的新安全观指导下，努力推动国际安全合作机制建设，以斗争促合作，以合作促和平，以和平促发展。

（二）将发展中国家作为中国对外政策的基本依靠力量不动摇，继续加强同广大发展中国家的团结与合作

毛泽东始终从广大发展中国家的立场、视角、国际处境和发展需求出发来观察和思考国际问题。"三个世界"战略思想将第三世界广大发展中国家列为中国在国际斗争中第一可以联合和依靠的力量，极大地提升了广大发展中国家的国际地位，为南南合作事业开辟了新的空间。毛泽东在划分三个世界时，突出强调了第三世界的重要地位和作用，并且表明了中国与第三世界国家同呼吸共命运的基本立场。实际上，从"中间地带"理论到"两个中间地带"理论，再到"三种力量、两类矛盾"以及"三个世界"的战略划分，直至今天中国政府强调多样性、推动多极化的基本战略主张，都是一脉相承、一以贯之的，既反映了大多数发展中国家基本的对外关系诉求，也反映了世界格局日趋多极化的客观趋势，同时也从一个侧面反映了中国国际地位和作用不断提高的历程。这一特征，是理解新中国领导人国际战略思想的一个重要线索。[1]

在新的历史时期，发展中国家仍然是维护世界和平和促进人类进步事业的重要力量，加强同发展中国家的友好与合作仍然是中国外交的基本立足点。1984年5月29日，邓小平在阐述中国对外政策的基本点时，强调指出："中国的对外政策，在八十年代，实际上到九十年代，甚至到二十一世纪，主要是两句话。一句话是反对霸权主义，维护世界和平。另一句话是中国永远属于第三世界，这是我们对外政策的一个基础。我们讲永远属于第三世界，就是说，现在中国穷，理所当然属于第三世界，中国和所有第三世界国家的命运是共同的，即使中国将来发展富强起来，仍然属于第三世界，

---

[1] 石斌：《毛泽东关于世界多极化的思想及其战略意义》，《中共党史研究》2003年第3期。

中国永远不会称霸，永远不会欺负别人，永远站在第三世界一边。"① 邓小平的论断充分揭示了毛泽东"三个世界"战略思想对于当代中国的重要意义和深远影响。它表明，在新的历史时期，中国将一如既往地反对霸权主义，维护世界和平，继续奉行独立自主的和平外交政策，坚定地站在世界和平力量一边，站在第三世界一边，永远不做霸权国。中国将继续支持发展中国家人民争取和维护国家主权独立、发展民族经济的正义事业，重视发展同发展中国家的互利合作，并向发展中国家提供力所能及的经济技术援助。与此同时，中国积极促进南北对话，参与南南合作，推动联合自强和地区经济一体化的发展，为维护发展中国家间的团结与合作，继续作出不懈的努力。

（三）坚持以马克思主义为指导，不断推进中国特色社会主义外交和国际战略思想的理论创新

中华人民共和国成立后，中国共产党在不同时期提出了一系列国际战略思想和外交政策主张。这些思想和理论的创新，体现了中国共产党与时俱进的时代定位观和国际秩序观，并始终贯穿着一条鲜明的主线，这就是：维护国家的主权与安全，尊重各国的生存与发展权益，倡导国际伦理与正义原则。随着中国综合国力的提升，"三个世界"战略思想奠定了"和平发展""和谐世界""人类命运共同体"理论演进的思想基石，从而成为中国和平外交整体链条中的有机组成部分。在 21 世纪国际力量重新组合和世界秩序重新塑造的历史变革中，"三个世界"战略思想中蕴含的诸多政治价值和外交范式，仍然会支撑并影响中国外交方略的基本价值取向。

---

① 邓小平：《建设有中国特色的社会主义》（增订本），人民出版社 1987 年版，第 43 页。

"三个世界"战略思想蕴含着超越社会制度差异和意识形态分歧的鲜明理念。在"三个世界"战略思想指导下,中国实现了国际战略的调整,扭转了两面受敌的不利局面,并使中国获得了远超出自己实力的国际地位,形成了影响世界格局的美苏中大三角关系,为中国改革开放前破解外交实践难题确立了实事求是的理论前提,更为改革开放时期中国全面参与国际事务、展开全方位独立自主的和平外交开辟了道路。可以说,改革开放40年来,中国外交所形成的与时俱进的国际合作观、义利均衡的国家利益观、积极主动的国际体系观、全局视野的内外统筹观、以人为本的外交价值观等,无不源于毛泽东"三个世界"战略思想的独创性和开拓性。

更为重要的是,在"三个世界"战略思想中,意识形态视角由两大阶级、两大制度的对抗,转向区分"敌、我、友"三个层面,在划"我"时,尽可能找到"我"与最大多数力量的共同点,以扩大"我"的范围(第三世界的反霸力量),同时,尽可能缩小"敌"的范围(第一世界的霸权主义),而将与"我"有矛盾冲突,但与最危险的敌人存在可供"我"利用的矛盾的力量,划为"友"的范畴。可以说,这是"三个世界"战略思想留给今天最重要的思想价值。①

结　语

作为毛泽东国际战略思想的理论总结,"三个世界"战略思想有力地推动了中美关系正常化进程、中国国际战略地位的提高

———————

① 陈锡喜:《毛泽东"三个世界"理论的意识形态底蕴及邓小平的超越——兼论"三个世界"理论的时代价值》,《上海交通大学学报》(哲学社会科学版)2012年第5期。

以及新时期中国外交新格局的出现，使当代中国在国际战略博弈中获得了最大的战略利益。① 当然，作为战争与革命时代的产物，"三个世界"战略思想难免具有某些历史局限性，但是，如果不从冷战时代两极格局背景下国际斗争的历史事实出发，不联系一定时间、地点和条件，对具体问题作具体分析，而是用唯心主义的、形而上学的方法，抽象地、孤立地去观察，那么，我们对国际政治现象就很难作出正确的判断，对世界政治力量也就很难作出正确的划分。②

党的十一届三中全会后，邓小平在 20 世纪 80 年代指导中国外交实现了两大重要转变。一是改变了原来认为战争的危险很迫近的看法，得出在较长时间内不发生大规模的世界战争是有可能的结论；二是改变了针对苏联霸权主义的"一条线"战略，奉行维护世界和平与发展的、真正不结盟的、独立自主的和平外交政策。中国外交的这些重大变化，来自于辩证地扬弃了毛泽东"三个世界"战略思想中的局限性和不足，使中国外交进入了一个更加活跃的、全方位开放的新时期。③ 从这个意义上说，尽管"三个世界"战略思想不可避免地带有时代的烙印，但却能够随着形势的变化而不断发展、完善、升华和自我超越，因而从根本上体现了马克思主义与时俱进的理论品格，在理论与实践的互动中凸显了马克思主义的创新底蕴。

在 21 世纪新的国际环境下，中国外交在着重处理好与各主要大国关系的同时，仍然必须致力于团结一切可以团结的力量，在全

---

① 李捷：《国史静思录》，中国社会科学出版社 2009 年版，第 395 页。

② 人民日报编辑部：《毛主席关于三个世界划分的理论是对马克思列宁主义的重大贡献》，《人民日报》1977 年 11 月 1 日第 1 版。

③ 李捷：《正确理解"三个世界划分"理论的历史内涵》，《中国社会科学报》2012 年 2 月 29 日第 B01 版。

世界广交朋友、广结善缘，在处理各种矛盾时争取尽可能广泛的新的"中间地带"的支持，推动世界格局多极化，促进国际关系民主化，为实现中华民族伟大复兴的中国梦创造一个有利的外部环境，为人类的进步和正义事业不断贡献正能量。

延安时期的国际问题研究：方法与经验

陈建波

延安时期，毛泽东和中共中央为了推动中国革命不断发展，促进抗日战争早日胜利，在国际问题研究上采取了一些有效做法，取得了一些重要经验。中华人民共和国成立后，毛泽东在接见一位民主人士时说："在延安，书读了不少，也写了几篇像点样子的文章，许多事情搞清楚了。"① 这些"搞清楚"的事情，也包括对国际问题的认识。

一 研究国际问题要坚持马克思列宁主义的立场观点方法

要把国际问题研究清楚，就不能没有正确的方法，这个正确的方法就是马克思列宁主义的立场观点方法。1940 年，毛泽东在延安新哲学年会上讲："中国革命有了许多年，但理论活动仍很落后，这是大缺憾。要知道革命如不提高革命理论，革命胜利是不可能的……必须承认现在我们的理论水平还是很低，全国的理论水平还

---

① 叶子龙口述，温卫东整理：《叶子龙回忆录》，中央文献出版社 2000 年版，第 41 页。

是很低，大家才能负起克服这种现象的责任。"① 9 月 10 日，毛泽东为中共中央起草关于时局趋向的指示强调：目前国际国内的政治情况，正处在剧烈变化的前夜，我党对于这种变化，必须在精神上有所准备。1941 年 5 月 19 日，毛泽东在延安高级干部会议上作《改造我们的学习》报告指出：我们要应用马克思列宁主义的理论和方法，"从国内外、省内外、县内外、区内外的实际情况出发，从其中引出其固有的而不是臆造的规律性，即找出周围事变的内部联系，作为我们行动的向导。而要这样做，就须不凭主观想象，不凭一时的热情，不凭死的书本，而凭客观存在的事实，详细地占有材料，在马克思列宁主义一般原理的指导下，从这些材料中引出正确的结论"②。1942 年 2 月，毛泽东在中央政治局会议上要求全党"要造成一河大水，马克思列宁主义的革命的水，实行思想革命，用马克思列宁主义的水，彻底改革各部门的工作"③。3 月 30 日，毛泽东在中央学习组的讲话中，提出了研究中共党史的"古今中外法"。他指出："弄清楚所研究的问题发生的一定的时间和一定的空间，把问题当作一定历史条件下的历史过程去研究。所谓'古今'就是历史的发展，所谓'中外'就是中国和外国，就是己方和彼方。""为了有系统地研究中共党史，将来需要编两种材料，一种是党内的，包括国际共产主义运动；一种是党外的，包括帝国主义、地主、资产阶级等。两种材料都按照年月先后编排。两种材料对照起来研究。"毛泽东特别强调，"我们研究中国就要拿中国做中心，要坐在中国的身上研究世界的东西。我们有些同志有一个毛病，就

---

① 刘益涛：《十年纪事——1937—1947 年毛泽东在延安》，中共党史出版社 2007 年版，第 144 页。

② 《毛泽东选集》第 3 卷，人民出版社 1991 年版，第 801 页。

③ 刘益涛：《十年纪事——1937—1947 年毛泽东在延安》，中共党史出版社 2007 年版，第 217 页。

是一切以外国为中心，作留声机，机械地生吞活剥地把外国的东西搬到中国来，不研究中国的特点。不研究中国的特点，而去搬外国的东西，就不能解决中国的问题"①。在 1942 年的延安文艺座谈会上，毛泽东在讲到必须继承中外一切优秀文化的时候也提出了"古今中外法"，并打比方说：屁股坐在中国的现在，一手伸向古代，一手伸向外国。1944 年 7 月 14 日，毛泽东在与英国记者斯坦因谈话时指出："各国共产党只有一件共同的东西，那就是马克思主义的政治思想方法。……特别是在中国，我们必须严格地将观察、研究和解决社会问题的共产主义方法，同我们实际采用的新民主主义政策加以区别。"② 1945 年 4 月 24 日，毛泽东在党的七大口头政治报告中指出："我们党内能直接看外国书的人很少，凡能直接看外国书的人，首先要翻译马、恩、列、斯的著作，翻译苏联先进的东西和各国马克思主义者的东西。……我们要重视理论工作者，看得起他们，把他们看成我们队伍中很有学问的人，有修养的人，要尊敬他们。"③ 8 月 13 日，毛泽东在延安干部会议上的讲演中，针对一些人迷信美国的原子弹指出："这些同志把原子弹看得神乎其神，是受了什么影响呢？是资产阶级的影响。这种影响是从哪里来的呢？是从资产阶级的学校教育中来的，是从资产阶级的报纸、通讯社来的。有两种世界观、方法论：无产阶级的世界观、方法论和资产阶级的世界观、方法论。这些同志把资产阶级的世界观、方法论，经常拿在手里；无产阶级的世界观、方法论，却经常丢在脑后。我们队伍中的唯武器论，单纯军事观点，官僚主义、脱离群众的作风，个人主义思想，等等，都是资产阶级的影响。对于我们队

① 《毛泽东文集》第 2 卷，人民出版社 1993 年版，第 400、406、407 页。
② 《毛泽东文集》第 3 卷，人民出版社 1996 年版，第 182 页。
③ 同上书，第 342 页。

伍中的这些资产阶级的东西，也要像打扫灰尘一样，常常扫除。"①
在马克思列宁主义指导下，立足中国认识世界，把研究和解决中国
问题与认清国际形势联系起来，这是科学研究国际问题的重要
基础。

延安时期，中国共产党坚持马克思列宁主义理论指导，制定正
确的战略、方针、政策，坚持抵抗日本帝国主义侵略，用铁的事实
征服了全世界追求进步的人们。1938年，《星洲日报》的记者黄薇
到延安采访。她后来回忆："窑洞里马列主义，窑洞里出人才。延
安的土窑洞是指挥抗日战争的司令部、是全国人民心中的灯
塔。……延安是一个新型社会，是一个很有吸引力的地方。从物质
条件看，它很土，很落后；但从精神上看，它最先进、最文明。"②
美国记者斯特朗回忆："在延安，党的官员们工作时间很长，……
即使在敌人即将入侵的情况下，他们工作起来似乎也不怎么紧张。
这部分是由于他们过着一种接近自然的宁静而简朴的生活；部分是
由于互相之间有着同志般的社交生活。……社交生活既友好，又不
拘礼节。通常的娱乐是聚餐、跳舞、打牌、看戏，但却带有一种延
安特色。"③ 美国驻华武官卡尔逊见到毛泽东："他留给我的难忘的
印象是：这是一位谦虚的，和善的，寂寞的天才，在黑沉沉的夜里
在这里奋斗着，为他的人民寻求和平的公正的生活。"④ 卡尔逊还观
察到：在延安，"到处是和蔼可亲，无拘无束，其诚实和坦率很吸
引人，使人耳目一新。……生活是艰苦的，但是大家都平等，人们

---

① 《毛泽东选集》第4卷，人民出版社1991年版，第1134页。
② 黄薇：《回到抗战中的祖国》，新华出版社1987年版，第237页。
③ 李寿葆、施如璋主编：《斯特朗在中国》，生活·读书·新知三联书店1985年版，第177页。
④ ［美］埃文斯·福代斯·卡尔逊：《中国的双星》，祁国明、汪杉译，汪溪校，新华出版社1987年版，第153页。

很快乐很满意"①。尼姆·韦尔斯在《红都延安秘录——西行访问记》中说："在和这些历史的人物晤谈四个月以后，我对于中国共产党领导人物的品质，无论集体的及个人的均获得了许多明确的——与无限量的——印象。"② 美国记者白修德认为："在延安，政治是至高无上的。延安主要是一个思想工厂。"③ 他写道："延安学校林立，有培训医生、护士、指挥员、政治委员和党的机关工作人员的各种学校。政治局委员们每天各自负责某一方面的思想教育工作。"④ 通过广泛的马克思主义理论学习教育活动，在延安的很多人甚至包括一些日军战俘也受到了很大的教育。当时在延安日本工农学校的中小路静夫后来回忆："通过在延安的学习和生活，我们的人生观发生了根本的转变。我们在学习中国共产党理论联系实际的作风，运用于我们的实践过程中，初步改变了过去的唯心主义人生观，初步掌握了马列主义的立场、观点和方法。我们置身于中国人民的革命斗争，同时对日本人民革命斗争的胜利充满信心。我们懂得我国人民要想取得革命的胜利，必须在马列主义的指导下进行不屈不挠的斗争。"⑤ 而日本工农学校的教育宗旨就是："坚持理论联系实际的原则，贯彻党的俘虏政策的精神，通过在政治上、物质上的优待和思想上的教育转化工作，达到学员立场世界观根本转变的目的。"⑥ 马克思列宁主义是中国共产党的理论旗帜，是科学认识

---

① ［美］埃文斯·福代斯·卡尔逊：《中国的双星》，祁国明、汪杉译，汪溪校，新华出版社1987年版，第147页。

② ［美］尼姆·韦尔斯：《红都延安秘录——西行访问记》，中国青年出版社1994年版，第13页。

③ ［美］白修德：《探索历史——白修德笔下的中国抗日战争》，马清槐、方生译，生活·读书·新知三联书店1987年版，第168页。

④ 同上书，第169页。

⑤ ［日］中小路静夫：《延安的生活》，《从帝国军人到反战勇士》，张惠才、韩凤琴译，中国文史出版社1987年版，第133页。

⑥ ［日］小林清：《在华日人反战组织史话》，社会科学文献出版社1989年版，第53页。

国际形势、解决国际问题的思想武器，同时也是不断扩大中国革命国际影响的战斗旗帜。

还有一点值得注意，在毛泽东看来，那些外国记者写的关于中国共产党的文章报道等，只要在主流上对宣传我们党的路线方针政策有利，即使有一些非马克思主义的观点也是允许的。1938年春夏之交的一天，毛泽东会见了德共党员、作家兼记者汉斯·希伯。当时，希伯已经给《太平洋事务》杂志写了文章，批评斯诺的《西行漫记》。他认为书中有许多观点不正确，是要批的。但是，毛泽东认为斯诺的《西行漫记》是外国人报道中国人民的最成功的著作之一。毛泽东知道希伯对这本书进行批评，会见一开始就责问希伯，为什么要批判斯诺写的这本书。毛泽东说：斯诺不是一个共产党人，当然不能要求他的观点都是无产阶级的，但他将中国共产党的斗争史，特别是十年的斗争史，及时介绍给了世界。国民党和外国反动派一致辱骂中国共产党和革命人民是"匪"，只有斯诺到了延安，比较真实地报道了我们的斗争情况。这不是中国人报道的，是通过外国人报道出去的，在国际上发生了极大影响，你为什么还要批评他呢？希伯当时并没有辩解，事后他说：毛主席站得高，看得远，从国际统一战线的高度来看待和处理问题。从这件事上，也体现出了辩证唯物主义者的广阔胸怀，这对他教育极大。[1] 谈话继续进行，此时毛泽东也冷静下来了，一一回答了希伯准备好的问题。最后，两人都很高兴，谈得很好。[2] 对于国际友人，我们可以坦诚地表达我们的观点，对他们的言行要区分主流和支流，不强求

---

[1] 后来，希伯受到这件事的启发，冒险到达山东敌后，意图报道山东敌后八路军及共产党领导下的民主政权及抗日斗争的第一手材料。可惜他的愿望没能实现。1941年11月30日，希伯在山东沂蒙山区英勇牺牲。

[2] 刘益涛：《十年纪事——1937—1947年毛泽东在延安》，中共党史出版社2007年版，第71—72页。

他们与我们一致。

二　研究国际问题要以我们正在做的事情为中心

研究国际问题，一定要实事求是地围绕我们党的中心工作、中心任务展开，避免空泛研究。1941 年 7 月，延安马列学院改组为马列研究院（9 月 8 日又改名中央研究院），毛泽东出席成立大会，并作题为《实事求是》的报告，要求大家一定要以马列主义基本原理为指导，以研究中国革命实际问题为中心，调查研究敌我友三方面的历史和现状。8 月 1 日，毛泽东为中共中央起草《关于调查研究的决定》指出："我党现在已是一个担负着伟大革命任务的大政党，必须力戒空疏，力戒肤浅，扫除主观主义作风，采取具体办法，加重对于历史，对于环境，对于国内外、省内外、县内外具体情况的调查与研究，方能有效地组织革命力量，推翻日本帝国主义及其走狗的统治。……中央设置调查研究机关，收集国内外政治、军事、经济、文化及社会阶级关系各方面材料，加以研究，以为中央工作的直接助手。……收集敌、友、我三方关于政治、军事、经济、文化及社会阶级关系的各种报纸、刊物、书籍，加以采录、编辑与研究。……要供给干部与学生关于国内外、省内外、县内外各种情况的实际材料，把讲授与研究这些材料及其结论当作正式课程，给与必要时间，并实行考绩。"① 10 月 30 日，毛泽东在中共中央西北局高级干部会议上作《思想方法问题》的报告。报告指出：理论、观念、概念、原理、原则，都是从实际中得来的，这叫作唯物论，这是马克思主义起码的一条。调查分析与研究了客观情况之

---

① 《毛泽东文集》第 2 卷，人民出版社 1993 年版，第 361—363 页。

后，所得出的结论、原理，那还不一定就是真理，要拿到实践中去，"实践是真理标准"。只从书本出发，从主观幻想出发，不从实际出发，不顾现实，这就是教条主义、主观主义。一件事情没有一定的条件是做不到的，一切都要从客观实际情况出发。矛盾和统一，分析和综合，这叫作方法论，也叫作辩证法。理论还是要学的，而且要把理论与实践统一起来，不要做书面上的马克思主义者，而是要用马克思主义的立场与方法去分析新的事件，解决新的问题。1942 年 2 月 11 日，毛泽东主持中央政治局会议，在讨论到《解放日报》工作时指出：报纸要以自己国家的事为中心。

战争与革命的问题，是延安时期的中心问题。毛泽东研究国际问题，也是把战争与革命作为重点对象的。为此，他反复地精读马克思主义的军事著作，认真研究德国克劳塞维茨的《战争论》，日本人写的关于外线作战的书籍等，还研读了中国古代的《孙子兵法》。1937 年 12 月 28 日，毛泽东致信郭化若让他找一些战略研究参考书："黄埔的战略讲义，日本人的论内外线作战，德国克劳塞维茨的《战争论》，鲁登道夫的《全体性战争论》，蒋百里的《国防论》，苏联的野战条令等，其他可能找到的战略书，报纸上发表的抗战以来论战争的文章通讯"等，都找来阅读。[①] 1938 年 4 月，毛泽东在延安主持克劳塞维茨《战争论》的研究会，组织了不少高级军事干部参加，让何思敬主讲。据当时参加学习讨论的抗大教员徐懋庸回忆，何思敬讲得不是很高明。但是毛泽东却听得很认真，一支红铅笔不时在一个本子上做记录。"我对这种态度和精神觉得非常惊奇，原来不管何思敬讲得怎么糟，他是能从何思敬传达的原著的话里，吸收到我们所不能理解的意义的。"[②] 这期间，毛泽东还

① 《郭化若回忆录》，军事科学出版社 1995 年版，第 134 页。
② 《徐懋庸回忆录》，人民文学出版社 1982 年版，第 107 页。

撰写了《抗日游击战争的战略问题》《论持久战》等。《论持久战》《抗日游击战争的战略问题》，科学分析国内外形势，全面阐述持久抗战的总方针、抗日游击战争的战略地位以及人民战争的战略战术，对抗日战争的发展过程作出科学预测。1939 年 1 月 20 日，毛泽东还专门为《论持久战》英译本写了序言，向外国读者介绍抗日战争的世界意义。他指出："伟大的中国抗战，不但是中国的事，东方的事，也是世界的事。……我们的敌人是世界性的敌人，中国的抗战是世界性的抗战，孤立战争的观点历史已指明其不正确了。"① 习近平指出："毛泽东同志在《论持久战》中运用唯物辩证法系统分析了当时国际国内经济、政治、军事形势，批驳了'亡国论'和'速胜论'，确定了我们党在抗日战争中的战略总方针，是战略思维的典范。"② 1965 年 10 月 10 日，毛泽东在有各中央局第一书记参加的会议上的讲话中指出：抗日战争时期，"我写了《抗日游击战争的战略问题》，所以我提出游击战争是战略问题，改变了战争形式嘛"③。日本学者柳田谦十郎认为，《论持久战》给了中国人民"争取胜利的信心和勇气"，"这篇论文在中国革命史上具有非常大的历史意义"。④ 邓力群也指出："《论持久战》这部卓越的军事著作，同时是一部卓越的哲学著作，成为毛泽东同志辩证法思想最高成果的标志，成为马克思主义辩证法同中国革命实际相结

---

① 《毛泽东军事文集》第 2 卷，军事科学出版社、中央文献出版社 1993 年版，第 448—449 页。

② 中共中央党校校务委员会编：《习近平党校十九讲》，中共中央党校出版社 2014 年版，第 260 页。

③ 中共中央文献研究室、中国人民解放军军事科学院编：《建国以来毛泽东军事文稿》下卷，军事科学出版社、中央文献出版社 2010 年版，第 326 页。

④ ［日］柳田谦十郎：《作为科学社会主义的毛泽东思想》，中共中央文献研究室《国外研究毛泽东思想资料选辑》编辑组编译《日本学者视野中的毛泽东思想》，中央文献出版社 1988 年版，第 109 页。

合的范例。"① 基辛格在其 1957 年出版的《核武器与对外政策》一书中，专门论述了毛泽东的持久战理论。他认为，"共产主义军事思想的最完善的理论性言论不是在苏联的著作中，而是在中国的著作中。……毛泽东的'论持久战'和'中国革命的战略问题'……是很出色的"②。基辛格认为，共产党的一个最大优点，就是它的持久战的思想。曾担任美国陆军军事学院院长的罗伯特·斯格尔思认为，"毛泽东和他的将领们从他们成功的游击战中发展了一系列原则并修改了他们的概念，使之适合打常规战争的需要，并用它们来和技术上、物质上都比自己优越的敌人作战"③。总之，毛泽东的《论持久战》和《抗日游击战争的战略问题》，是运用辩证唯物主义和历史唯物主义解决战争问题包括国际问题的光辉范例。

抗日战争时期，毛泽东和党中央十分关注苏德战争的形势变化。在莫斯科保卫战期间，中共中央书记处在延安枣园讨论战局情况。毛泽东让警卫员去拿地图，警卫员拿来了中国地图。毛泽东很生气，说他要的是世界地图。胡乔木回忆："当时毛主席很着急，要研究希特勒打到什么地方了。……苏德战争是毛主席最关心的。它对国内抗战有很大的影响。"④ 1962 年 1 月 30 日，毛泽东在扩大的中央工作会议上的讲话中指出："在抗日战争前夜和抗日战争时期，我写了一些论文，例如《中国革命战争的战略问题》、《论持久战》、《新民主主义论》、《〈共产党人〉发刊词》，替中央起草过

---

① 邓力群：《学习〈论持久战〉哲学笔记》，人民出版社 1990 年版，第 261 页。
② 参见［美］亨利·基辛格《核武器与对外政策》，北京编译社译，世界知识出版社 1959 年版，第 317 页。
③ ［美］罗伯特·斯格尔思：《未来战争——美国陆军军事学院最新理论》，薛国安、张金度译，国防大学出版社 2000 年版，第 51 页。
④ 《胡乔木回忆毛泽东》，人民出版社 1994 年版，第 40 页。

一些关于政策、策略的文件，都是革命经验的总结。那些论文和文件，只有在那个时候才能产生，在以前不可能，因为没有经过大风大浪，……还没有充分的经验，还不能充分认识中国革命的规律。"① 因此，把中国抗日战争和世界形势联系起来研究，才可能把握规律性的东西，才能得出正确的结论，才能制定正确的战略和策略，最终取得胜利。

三　研究国际问题要注意发挥党报、研究单位以及情报机构的作用

1941 年 5 月 15 日，毛泽东为中共中央起草了关于出版《解放日报》等问题的通知指出：一切党的政策，将经过《解放日报》与新华社向全国宣达。《解放日报》的社论，将由中央同志及重要干部执笔。毛泽东十分关注《解放日报》的发展，他不仅经常为报纸写稿，还深入报社了解和解决了很多实际问题。5 月 18 日，毛泽东为《解放日报》撰写了长篇社论《请看今日之域中竟是谁家之天下》。接着毛泽东又起草了《揭破远东慕尼黑的阴谋》《关于反法西斯的国际统一战线》等社论。博古也撰写了《谣言与烟幕》等社论和时评。报纸把党的主张和见解迅速向全中国、全世界传播。有的兄弟党感到十分惊奇："中国共产党在中国西北偏僻的贫穷山沟里怎么能对世界形势作出如此深刻观察与正确判断？"② 1944年 10 月 4 日，毛泽东到清凉山看望《解放日报》和新华社全体工作人员时说："党中央对于各地的领导和指示，除了一些日常性的

---

① 《毛泽东文集》第 8 卷，人民出版社 1999 年版，第 299 页。
② 参见陈家鹦、周立军《毛泽东与延安时期的〈解放日报〉》，《人民政协报》2008 年 4 月 17 日。

指示活动外，大政方针很多是通过《解放日报》和新华社传达下去的。党中央了解国内外情况有许多来源，你们是一个重要渠道。大家要全心全意地为人民服务，把《解放日报》和新华社办好。"①据曾任延安新华通讯社通讯科长的缪海稜回忆："毛主席对新华社的工作是十分关心的，每当重大事件发生时，毛主席总是特别关照新华社要尽一切可能抄收各外国通讯社的新闻电讯，而且把美联社、合众社、路透社、同盟社发的英文译稿和塔斯社、国民党中央社的消息比较查看，找出共同之处和差异之处，由于当时新闻电台用莫尔斯抄收，电力弱，信号不强，抄收电稿不清楚，有时只能猜译；翻译员称之为认'天书'。1939年、1940年间毛主席住在杨家岭，新华社译出的电讯稿重要的要及时送给他看。毛主席在夜间工作，第二天清晨毛主席派通讯员把他看过的电讯稿退回新华社刻印。最引人注意的，大家都争着看毛主席在译电稿上作的标点、记号和批示，有时指出译文的脱漏和疑问，或指示要把几个通讯社发的同类消息报道加以比较，把说得不一致的段落标出来，有时对国际上某一重大事件的认识及其可能发展的趋势，不仅批示要特别注意抄译，而且提出处理的意见。毛主席还亲自动手为新华社撰写消息和评论，有时在电讯稿上加眉批或旁注。同志们每天抢着看毛主席圈阅过的电讯稿，关心看他批示的话，把这看成是一件快事，成为议论的话题，也以此作为对自己难得的教育。的确，同志们从毛主席批示的电稿中得到不少的教益和启示，看出他观察事物的敏锐和深刻，看出他严肃认真，一丝不苟的作风，看出他从零散纷繁的国际电讯的蛛丝马迹中寻找事物的本质和发展动向。在那个时期，在被封锁的延安山沟里，毛主席主要从新华社日常抄收的电讯中来

① 中共中央文献研究室编：《毛泽东思想年编（1921—1975）》，中央文献出版社2011年版，第397—398页。

了解天下大势，有时派他的秘书来到译电室探问最新的消息。毛主席在参观清凉山千佛洞印刷厂的一次讲话中曾经说过：党中央了解国内外情况，有多种渠道，但主要是靠新华社靠你们的。我们知道毛主席每天忙于党务军机大事，忙于对敌斗争，但是不管怎样忙，每天必读新华社的电讯。他多次指出新华社要重视搜集国内国际各方面的重要情况。"① 延安时期，《解放日报》和新华社等媒体，在国际问题研究方面确实也发挥了重要作用。

为了加强调查研究工作，1941年7月7日，中共中央发出关于设立调查研究局的通知：毛泽东担任主任，任弼时为副主任。调查研究局下设情报部、政治研究室、党务研究室，毛泽东兼政治研究室主任。8月29日，中共中央书记处工作会议决定由中央同志组成思想方法学习小组，毛泽东担任组长。12月17日，中共中央通过了《关于延安干部学校的决定》，明确规定中央研究院为培养党的理论干部的高级研究机关，直属中共中央宣传部。中央研究院下设研究指导处、总务处以及9个研究室：中国政治研究室、中国经济研究室、中国文化思想研究室、中国教育研究室、中国文艺研究室、中国新闻研究室、中国历史研究室、俄语研究室、国际问题研究室。在国际问题研究室，苏德战争也是研究讨论的重点。"大家认真读书看报，研究有关资料。讨论会上，这有的同志先分析资料，后作结论；有的则先说结论，然后申述论据，各抒己见，殊途同归。最后是一样的回答：苏德战争是持久战，最后的胜利者是苏联。"② 国际问题研究室还制定了工作学习计划，其中就有关于研究方法的内容：

---

① 缪海稜：《记延安时期毛主席几次难忘的教诲》，《缅怀毛泽东》，中央文献出版社1993年版，第400—401页。

② 郭靖、聂耶：《在国际问题研究室的两年》，温济泽等编《延安中央研究院回忆录》，中国社会科学出版社、湖南人民出版社1984年版，第78页。

1. 个人分工研究，而又集体共同讨论——"历史研究"与"现状研究"由某人负责搜集关于某一问题的材料，在开会前二天应将材料整理好写成报告给别的同志事先看，然后讨论。

2. 不只要耐心搜集将尽可能丰富的具体材料，正确地选择材料，系统地整理材料，而且要给这些具体的材料抽象得出理论的法则来。讨论中所着重的不是背诵材料，而是讨论由具体材料所得出的结论。

3. 经过集体讨论之后，各人须将其所提出的报告加以正确修改写成论文，最迟须在讨论会开过一星期内交出。

4. 时事讨论会不只是背诵事实，而是着重于解释现状与把握动向，每次讨论后由主席将讨论结果写成"半月动向"，最迟须在讨论会开过后一星期内交出。

5. 个人在研究过程如有什么心得或发现什么问题要随时随地与其他同志交换意见，互相帮助，务使在开讨论会之前许多问题事先交换意见，小问题已得到解决，这样讨论会会更活跃更深刻，同时开会时间又可更经济。

6. 个人自由地自动地学习写作国际问题的论文小册子。①

研究国际问题必须广泛收集和占有相关情报资料。1941年3月，毛泽东三次致电周恩来、董必武，要他们在重庆订购所需书报。其中报纸有：《中央日报》《扫荡报》《大公报》《新蜀报》《新民报》《时事新报》《新中国日报》《华光日报》《国家社会报》等；重庆各党派集团及昆明、桂林等地的报纸杂志；向中国文化服务社订购各种政府公报、杂志、报纸；向中国经济研究所订购《四川经济参考资料》《贵州经济》《日本对支经济工作》《列强军事实

---

① 温济泽等编：《延安中央研究院回忆录》，中国社会科学出版社、湖南人民出版社1984年版，第286—287页。

力》《中外经济年报》《中外经济拔萃》（创刊起全要）等书刊。5
月5日，毛泽东再致电周恩来，急切需要购买以下各种书报：中国
国民经济研究所出版的《四川经济参考资料》《贵州经济》《列强
军事实力》《日本对支经济工作》以及该所出版的各期《中外经济
年报》《中外经济拔萃》等。还指出："关于各种统计公报及经济
书籍，这里很需要，此后请指定专人多为购买，重庆运来的书籍以
此类较多为好。"① 可见，当时毛泽东和党中央对研究资料收集的重
视程度。另外，在情报资料收集方面，我们党还十分重视国际合
作。"1944年上半年，中共代表和史迪威将军司令部的代表私下讨
论过设立无线电台与交换情报的问题。美军观察组到达延安使这些
工作更加正常地开展起来。为了帮助汇总情报，美军向中共提供了
近千台无线电发报机，并建立起一个通讯联络网。中国共产党中央
军事委员会为了进一步加强情报工作，曾于9月份向下属机构发出
通知，要求他们加快收集战略情报，包括日本的陆、海、空三军的
情报，及时报告中央军委以便通知盟军，最大程度地利用这些情报
来打击日本，为中共与盟军部队的进一步军事合作奠定基础。"② 根
据海伦·斯诺的采访笔记：在延安，报务员"每天收录的是东京、
南京、西贡（今越南胡志明市）、柏林、罗马、巴黎、莫斯科等地
的无线广播"③。看到延安收集到的日本资料，参加七大的日本共产
党人野坂参三惊叹："延安这个地方虽然是在山沟里，但是却比在
莫斯科和洛杉矶时还靠近日本，这使我很惊讶。"④ 美军观察组的一

---

① 刘益涛：《十年纪事——1937—1947年毛泽东在延安》，中共党史出版社2007年版，第
172页。

② 何迪：《1944—1949年中国共产党对美政策的演变》，袁明、[美] 哈里·哈丁主编《中
美关系史上沉重的一页》，北京大学出版社1989年版，第80页。

③ [美] 海伦·斯诺：《延安采访录》，安危译，北京出版社2015年版，第251页。

④ [日] 野坂参三：《去延安》，中共中央党史研究室第一研究部编《七大代表忆七大》
（下），上海人民出版社2006年版，第1348页。

个对敌人情报感兴趣的军官，在延安"看到八路军参谋部完整保存着东京出版的一切重要报刊，直到三四个星期前的那些期数，感到十分兴奋，因为在重庆这些情报都是支离破碎的"①。抗日战争期间，延安虽然地处偏远，但是在情报资料收集方面却十分超前和完备，这为我们党作出及时而正确的决策包括国际问题研究提供了坚实的基础。

此外，延安时期，中共中央、中央军委和边区政府根据革命形势发展和抗战的需要，先后在延安创办了中央党校、中国人民抗日军事政治大学、陕北公学、鲁迅艺术学院（1940 年后更名为"鲁迅艺术文学院"）、马列主义学院、中国女子大学、中国医科大学、民族学院、泽东青年干部学校等 30 余所干部学校。一些党政领导身兼多职，不仅担任学校的领导工作，还在学校承担课程讲授。在这些机构的授课和讨论中，国际形势也是一个重要内容，这在一定程度上也促进了对国际问题的研究。

四　要及时将我方关于国际问题的观点传播出去、扩大影响、争取支持

"中国的革命应该而且必须为世人所了解。"延安时期，以毛泽东为代表的中国共产党人运用谈话、出版、广播等多种形式向世界讲述中国共产党的奋斗故事，阐述中国共产党对世界形势的看法，赢得了世界爱好和平进步人们的友谊和支持。

1936 年 6 月，美国记者斯诺在中国共产党的精心安排下，在陕北苏区进行了长达 4 个月的采访，他被毛泽东誉为"第一个冲破艰

---

① 伊斯雷尔·爱泼斯坦：《我访问延安：1944 年的通讯和家书》，张扬、张水澄、沈苏儒译，新星出版社 2015 年版，第 80—81 页。

难险阻到苏区调查了解我们情况，并将把事实公诸于世界的外国记者"。7 月 13 日，童小鹏见到斯诺和马海德。他在日记中写道："听说洋人今天要来，大家又是眼巴巴的等着要看。……据说这两位都是美籍，一个是医生，一个是新闻记者，在瓦窑堡时曾听说要来，因当时未取得护照故未成。现在经过了许多困难，才到此地，他这种对中国红军和苏维埃的热心与国际主义的精神，可谓至极了，是够得上我们虚心的学习，无限的钦佩，热烈的欢迎的。新闻记者年约三十上下，皮肤呈红色，似红种人，鼻子略高，鬓发棕黄，穿黄色衬衣，背照相机，煞是新闻记者的模样。医生也是三十岁上下，面色似中国人，唯满面胡髭，戴眼镜，也穿黄色衣服，均表现很亲热。苏维埃区到这样的人真是破天荒的第一次，而在帝国主义国家内的这些人，踏进中国的自由领土上也真是第一遭。相信在革命胜利的发展中，有更多的这样的事情。"① 7 月 15 日，毛泽东邀请斯诺到自己的窑洞做客，并接连几十天同其谈话，给他留下难忘印象。自 1936 年年底至 1937 年年初，斯诺先后发表了 30 余篇报道，1937 年 10 月英国戈兰茨公司出版了《红星照耀中国》，该书先后被译为 20 多种文字传遍世界，美国历史学家欧文·拉铁摩尔称赞它"具有世界历史意义的重要作用"。在斯诺之后，不断有外国记者冲破国民党的重重封锁，到延安和敌后根据地采访。1937 年 3 月，毛泽东与史沫特莱的谈话在延安《新中华报》上全文发表。毛泽东十分重视这篇谈话稿，曾想通过斯诺和《大公报》记者范长江，在国内外广为宣传。3 月 10 日，毛泽东致信斯诺："自你别去后，时时念到你的，你现在谅好？我同史沫得列（注：即史沫特莱）谈话，表示了我们政策的若干新的步骤，今托便人寄

---

① 童小鹏：《军中日记——我的长征亲历记》，解放军出版社 2017 年版，第 171 页。

上一份，请收阅，并为宣播。我们都感谢你的。"① 3 月 29 日，毛泽东致信范长江："你的文章（注：指范长江访问西安和延安后，在《大公报》上发表的报道西安事变真相和中共抗日主张的新闻通讯）我们都看过了，深致谢意！寄上谈话（注：即毛泽东与史沫特莱的谈话）一份，祭黄陵文一纸，借供参考，可能时祈为发布。"② 1940 年 8 月 2 日，中共中央致电南方局和新华日报社，要求他们在宣传工作中必须把握国际形势的新特点，强调再也不要在英美改变对日对华政策后反对与英美的外交。12 月 25 日，中共中央发出了《关于对待英美籍新闻记者态度的指示》，指出：必须认识外国记者对"提高我们的外交地位有极大的影响""应当把他们当作外交代表看待""应采取欢迎与招待之态度"。但我们对待外国记者必须坚持"民族、人民和党的立场"，在"主动、真实、诚朴、虚心、认真的原则"上开展工作。在实践中，就要在事前"周知博访深思熟虑"，在事中"应坚定不移""力求贯彻主张"，如此"方易取得外交胜利"。积极将他们"争取过来"，借助他们之"笔和口"将我们的理念"宣传出去"，在整个活动中保持我们的主动性和独立性，绝不为外人所利用，维护和实现中国人民的利益。③ 此后，更有大批中外记者到延安采访，向世界讲述红色延安的故事。

中外记者西北参观团是抗战全面爆发后到延安的最大的一个新闻团体。1944 年 5 月 31 日，他们由山西平渡关西渡黄河，由晋入陕。参观团团长是国民党外事局副局长谢宝樵，副团长是国民党新闻检查局副局长邓友德。外国记者主要有美联社、美国《基督教科学箴言报》的斯坦因，美国《时代》杂志、《纽约时报》、《同盟劳

---

① 《毛泽东书信选集》，人民出版社 1983 年版，第 100 页。
② 同上书，第 102 页。
③ 薛琳、张秀旭：《毛泽东如何向世界讲述延安故事》，《学习时报》2018 年 12 月 24 日。

工新闻》的爱泼斯坦，合众社、伦敦《泰晤士报》的福尔曼，路透社、多兰多《明星》周刊及巴尔的摩《太阳报》的武道，美国《天主教信号杂志》《中国通讯》的夏南汉神甫，塔斯社的普金科等。中国记者有：《中央日报》的 CC 分子张文柏，中央社记者徐兆慵、杨家勇，《扫荡报》采访主任谢爽秋，《大公报》记者孔昭恺，《时事新报》记者赵炳烺，《国民公报》编辑周本渊，《新民报》主撰赵超构，《商务日报》总编金东平，另外，还有工作人员魏景蒙、陶启湘、张湖生、杨西昆等。该团外方记者 6 人，中方 9 人，加上领队和工作人员 6 人，共 21 人。6 月 9 日中午记者团由叶剑英和王震陪同到达延安，受到中共中央、八路军总部和陕甘宁边区政府的欢迎。6 月 10 日晚间，朱德在王家坪举办游园会欢迎中外记者。6 月 12 日下午 4 时，毛泽东会见了记者参观团。6 月 25 日，朱德和叶剑英分别与斯坦因和福尔曼进行了 4 个小时的谈话。7 月 2 日，记者团与毛泽东举行谈话会。7 月 14 日，留在延安的斯坦因采访了毛泽东。曾经参加中外记者参观团的爱泼斯坦后来说：对延安和晋绥解放区的访问，"是影响我一生走上革命道路的一次重要访问。我看到了中国的未来。当时我就坚信反动派不能统治中国，新中国一定会在中国共产党的领导下诞生"①。中外记者西北参观团西北行产生了重大影响，爱泼斯坦为《纽约时报》和《时代》杂志写了不少文章，并撰有《中国未完成的革命》；斯坦因著有《红色中国的挑战》；福尔曼出版了《来自红色中国的报道》；路透社的武道出版了《我从陕北回来》；《新民报》的赵超构出版了《延安一月》。他们把延安和敌后根据地的新面貌如实地介绍给世界。这是继斯诺的《西行漫记》后，中外媒体对敌后抗日根据地规模最

①　穆欣：《中外记者团访问延安前后》，《抗日烽火中的中国报业》，重庆出版社 1992 年版，第 210—211 页。

大的一次报道，也为中国共产党赢得了更多的朋友和国际同情。

1944 年 7 月 22 日和 8 月 7 日，美军观察组分两批先后抵达延安。8 月 15 日，延安《解放日报》发表了毛泽东改写的社论《欢迎美军观察组的战友们》。其中提到："关于国民党的抗战不力、腐败无能这一方面，大半年以来的外国舆论与中国舆论，已经成了定论了。关于共产党的真相究竟如何这一方面，大多数的外国人与大后方的中国人，还是不明白的，这是因为国民党的反动宣传与封锁政策为时太久的原故。但是情况已经在开始改变。大半年以来的外国舆论中，已经可以看见这种改变是在开始。这次记者团与观察组的来延，将为这种改变开一新阶段。由于来延外籍记者的报道，中国共产党、八路军新四军和各抗日根据地的真相及其对于协助盟国抗战事业的重要地位，将逐渐为外国人所明了。"① 1946 年 8 月，毛泽东在杨家岭同美国记者斯特朗谈话时提出了"一切反动派都是纸老虎"的著名论断，他说："一切反动派都是纸老虎……从长远的观点看问题，真正强大的力量不是属于反动派，而是属于人民。""一切反动派都是纸老虎"，形象地揭露了反动派的脆弱性和人民群众的伟大力量，坚定了广大党员和人民军队必胜的信心。后来，斯特朗还根据自己同毛泽东的谈话完成了西方第一篇论述毛泽东思想的文章——《毛泽东的思想》。

另外，延安时期，我们党还翻译了《论持久战》《新民主主义论》《论联合政府》等重要著作向海外发行，并先后在法国和美国创办发行了《救国时报》和《纽约华侨日报》，直接向所在国人民讲述红色中国的故事。此外，延安新华广播电台还先后开设了日语和英语广播，让世界直接听到了中国人民的正义呼声。1945 年 10

---

① 中华人民共和国外交部、中共中央文献研究室编：《毛泽东外交文选》，中央文献出版社、世界知识出版社 1994 年版，第 37 页。

月25日，延安《解放日报》发表了《大家办广播》的文章："XN-CR（注：延安新华广播电台的呼号）诞生了！这是一个喜讯，这是一个福音，中国人民能用自己的嘴巴直接向全国、全世界讲话，还是首次，还是创举。它将歌颂人民的业绩、英勇、智慧、机警与才能。它将驳斥反人民的造谣、污蔑以及无耻的谩骂。……XNCR是我们的，是中国人民的，要合力经营，要大家办。"① 延安台的播音次数和时间曾多次变更，最初每天一次两小时，后来增至两次3小时和3次4小时，先后使用的波长有28米、30.5米、61米等。播音内容有：中共中央重要文件，《新中华报》、《解放》周刊、《解放日报》的重要社论和文章，国际、国内的时事新闻，名人讲演、科学常识，革命故事，音乐戏曲节目和对侵华日军广播的日语节目等。② "延安台的报道，激励和鼓舞全国人民走上革命和抗日的道路。国统区的很多人通过收听延安广播认清中国抗战的形势和前途，纷纷投奔延安和其他解放区。"③ 此外，中央宣传部还成立了国际宣传委员会，主动向国外和外籍人士宣传介绍中国共产党领导的八路军、新四军英勇斗争的事迹，及抗日根据地建设情况。

---

① 中央人民广播电台研究室、北京广播学院新闻系编：《解放区历史资料选编》（1940—1949），中国广播电视出版社1985年版，第11—12页。
② 赵玉明主编：《中国解放区广播史》，中国广播电视出版社1992年版，第10—11页。
③ 同上书，第17页。

二

深刻认识当今世界"百年未有之大变局"

科学社会主义视野下
"百年未有之大变局"[*]

辛向阳

2019 年 4 月 16 日下午，习近平总书记在重庆主持召开解决"两不愁三保障"突出问题座谈会。他在会上指出：要按照党中央总体部署，结合自身实际，精心组织实施庆祝中华人民共和国成立 70 周年各项工作。他进一步说："要围绕中国共产党为什么'能'、马克思主义为什么'行'、中国特色社会主义为什么'好'等重大问题，广泛开展宣传教育，加强思想舆论引导，坚定广大干部群众对中国特色社会主义的道路自信、理论自信、制度自信、文化自信，进一步激发全体人民爱党、爱国、爱社会主义的巨大热情。"[1]中国特色社会主义进入新时代，意味着科学社会主义在 21 世纪的中国焕发出强大生机活力，在世界上高高举起了中国特色社会主义伟大旗帜。新时代是中国特色社会主义伟大旗帜高高飘扬的时代，是科学社会主义伟大理想生机勃勃的时代，也是与资本主义既合作又激烈竞争的时代。在激烈竞争中，中国特色社会主义将会更加彰

---

* 该文发表于《世界社会主义研究》2019 年第 10 期。

① 《统一思想一鼓作气顽强作战越战越勇　着力解决"两不愁三保障"突出问题》，《人民日报》2019 年 4 月 18 日。

显自身的优势。

一　百年来社会主义与资本主义的较量从未停止

社会主义与资本主义的这种较量是由时代本质决定的。2017 年 9 月 29 日，习近平在中共中央政治局第四十三次集体学习时强调："尽管我们所处的时代同马克思所处的时代相比发生了巨大而深刻的变化，但从世界社会主义 500 年的大视野来看，我们依然处在马克思主义所指明的历史时代。"① 什么历史时代？就是资本主义仍然占统治地位的时代，同时也是社会主义替代资本主义并最终战胜资本主义、走向共产主义的时代。这是整个时代最重要的本质，也是 100 年来历史变局的轴心。

十月革命开辟了人类历史的新纪元，这个新纪元的一个基本特点就是地球上出现了两种最主要的社会制度即资本主义和社会主义制度，这两种制度既并存又进行着比吸引力、比优越性、比生命力的激烈较量。我们称为"一球两制"。100 年来，这种较量一直激烈进行着，其历史过程可以划分为几个阶段。

第一个阶段就是十月革命后到第二次世界大战前，是新兴的苏维埃社会主义一个国家与资本主义阵营之间的较量。1917 年十月革命后，资本主义国家叫嚣"把布尔什维克扼杀在摇篮中"，14 个帝国主义国家围困布尔什维克，国内出现了邓尼金、高尔察克、尤登尼奇、科尔尼洛夫等无数叛乱，苏俄社会主义一度处于极度危险的状况。1918 年 2 月 21 日，人民委员会通过的列宁撰写的《社会主义祖国在危急中》的法令指出：苏维埃社会主义共和国处在万分危

---

① 《深刻认识马克思主义时代意义和现实意义　继续推进马克思主义中国化时代化大众化》，《人民日报》2017 年 9 月 30 日。

急中，人民委员会决定："全国所有一切人力物力全部用于革命的国防事业""各级苏维埃和革命组织务必保卫每一个阵地，战斗到流尽最后一滴血""凡有落入敌人手中危险的全部谷物储备和存粮以及一切贵重财物，应当无条件地销毁"。① 苏俄付出了无数牺牲，到1920年年底，苏俄社会主义最终击败了帝国主义围困和国内叛乱，成功捍卫了社会主义制度。在20世纪30—40年代，苏联发展了社会主义制度，用制度优势战胜了法西斯。

第二个阶段就是第二次世界大战后到冷战结束，是两大阵营的较量。第二次世界大战后出现了一大批社会主义国家，出现了社会主义阵营。从1946年冷战开始，逐步形成了以苏联为代表的社会主义阵营与以美国为首的资本主义阵营的较量。在40多年的相互较量中，西方国家通过军事封锁、经济遏制、意识形态打压、文化解构等手段，最后导致苏联解体、东欧剧变。同时，中国成功地捍卫了中国特色社会主义，朝鲜、古巴、越南、老挝这些国家也捍卫了自己的社会主义制度。

第三个阶段就是冷战结束到现在，是中国特色社会主义逐渐壮大，与资本主义阵营在共处中进行各种形式较量的时期。冷战结束后，资本主义国家自以为已经赢得了全球性胜利，一些学者提出"历史终结论""共产主义失败论"等论调，而且试图通过新自由主义、不平等的经济全球化把中国和平纳入资本主义体系。中国特色社会主义在与资本主义的合作竞争中不断壮大自己，连续多年对世界经济增长贡献率超过30%，成为世界经济增长的主要稳定器和动力源，用事实宣告了"历史终结论"的破产，宣告了各国最终都要以西方制度模式为归宿的单线式历史观的破产。中国特色社会主

---

① 《列宁选集》第3卷，人民出版社1995年版，第418页。

义进入新时代，与资本主义的竞争呈现更加复杂的样态。

二　"一球两制"格局下当代中国拥有的优势

第一个优势就是我们有世界上最为强大、先进的马克思主义政党即中国共产党的领导。近一个世纪以来，中国共产党从一个只有50多名党员的小党变成了一个拥有9000多万党员的巨大政党，领导人民进行了新民主主义革命，推翻了"三座大山"，建立了中华人民共和国，实现了中国从几千年封建专制政治向人民民主的伟大飞跃。我们党团结带领中国人民完成社会主义革命，确立社会主义基本制度，完成了中华民族有史以来最为广泛而深刻的社会变革，为当代中国一切发展进步奠定了根本政治前提和制度基础，实现了中华民族由不断衰落到根本扭转命运、持续走向繁荣富强的伟大飞跃。我们党团结带领中国人民进行改革开放新的伟大革命，开辟了中国特色社会主义道路，形成了中国特色社会主义理论体系，确立了中国特色社会主义制度，发展了中国特色社会主义文化，使中国大踏步赶上了时代，彻底摆脱了被开除"球籍"的危险。我们党团结带领中国人民进行了伟大的历史性变革，取得了历史性成就，中国特色社会主义进入新时代，实现了中国人民从站起来到富起来、强起来的伟大飞跃。

第二个优势就是我们建立了人类历史上从未有过的一种体制即社会主义市场经济体制。苏联与美国等资本主义国家在经济上的竞争表现为计划经济体制与市场经济体制之间的竞争，竞争的结果是苏联模式的计划经济体制相比资本主义的市场经济体制处于劣势。在苏联解体后，中国在1992年开始确立社会主义市场经济体制。市场经济是有社会制度之分的，有社会主义市场经济，也有资本主义市场经济。习近平指出："在社会主义条件下发展市场经济，是我们党的一个伟大创举。我国经济发展获得巨大成功的一个关键因素，就是我们既发挥了市场经济的长处，又发挥了社会主义制度的优越性。我们是在中国共产党领导和社会主义制度的大前提下发展市场经济，什么时候都不能忘了'社会主义'这个定语。之所以说是社会主义市场经济，就是要坚持我们的制度优越性，有效防范资本主义市场经济的弊端。"① 我们的市场经济是社会主义市场经济，这与资本主义市场经济是有本质区别的。我们的市场经济强调"达己也达人"，资本主义市场经济是"损不足而奉有余"。我们的市场经济强调公平性，强调按照公平的国际规则进行贸易，使经济全球化更加公平合理，而资本主义市场经济强调自身利益最大化，往往是采取双重标准，有利于自己的就执行，不利于自己的即使是自己制定的也拒绝执行。这两种市场经济在经济全球化过程中会发生矛盾甚至冲突，社会主义市场经济要在不断完善和发展中显示出自身的优越性。

第三个优势就是我们推动国际经济秩序向着更加公平合理的方向迈进，这是符合世界人民利益的全球化。在 21 世纪的今天，经济全球化正在呈现两种形态，一种是以社会主义市场经济体制为基础的经济全球化，一种是以资本主义市场经济为基础的经济全球化。前一种经济全球化推动全球经济向着更加公平合理的方向发展，而后一种经济全球化则是力图维护发达国家经济霸权、不断从发展中国家"薅羊毛"的全球化。前一种经济全球化是由中国发展所引导的，中国在不断承担国际义务和付出巨大牺牲的情况下，改变着不平等的国际经济秩序，抗击着西方的经济、贸易、高科技的

---

① 习近平：《论坚持全面深化改革》，中央文献出版社 2018 年版，第 190 页。

霸凌主义。这种事例有很多。中国四达时代深耕非洲电视市场,成为非洲的数字电视运营商。截至 2019 年年初,在广袤的非洲大地上,公司的用户超过 2200 万。四达时代进入非洲前,非洲数字电视市场被西方国家高度垄断,初装费 200 多美元,收视费 50—100 美元/月,看电视只是少数有钱人的特权。四达时代提出每月 3—5 美元就可收看 30 多套节目的营销策略,打破了垄断,颠覆了传统,得到了非洲政府和民众的认可和欢迎。这一事例体现了中国参与经济全球化的态度,也就是大家共享发展成果。中国珠港澳大桥在建设过程中,一开始曾经想找世界上最好的、有外海沉管安装经验的公司来合作。我们找到了一家荷兰公司,但这家公司一开价就是 1.5 亿欧元。面对这种漫天要价,中国公司独立自主研制出来相关产品,不仅费用省了近 80%,而且迫使这家公司不断降价。

三 新时代中国特色社会主义要在竞争中赢得与资本主义的比较优势

(一)赢得下一个百年,就要坚定不移地走中国特色社会主义道路

只有中国特色社会主义道路才能引领中国走向繁荣富强。中国特色社会主义道路是实现社会主义现代化的必由之路,是创造人民美好生活的必由之路。党领导人民开创了这条道路并坚定地走在这条道路上,沉着应对国际国内不断出现的新形势新情况新矛盾新挑战,抓住机遇加快发展,取得了一个又一个胜利。历史无可争辩地证明,中国特色社会主义这条道路走得通、走得顺、走得对、走得好。这条道路走得通、走得顺,是因为它是从历史中走来的,有无穷的历史伟力蕴含其中。这是一条坚持历史传承、反对历史断裂的

道路，是一条坚持历史唯物主义、反对历史虚无主义的道路，是一条一代接一代人接力开拓出来的道路，具有强大的历史前冲力。习近平总书记指出："中国特色社会主义这条道路来之不易，它是在改革开放 30 多年的伟大实践中走出来的，是在中华人民共和国成立 60 多年的持续探索中走出来的，是在对近代以来 170 多年中华民族发展历程的深刻总结中走出来的，是在对中华民族 5000 多年悠久文明的传承中走出来的，具有深厚的历史渊源和广泛的现实基础。"① 中华人民共和国成立后，我们党在学习研究苏联社会主义建设经验的过程中，清醒地察觉到了苏联模式的局限，提出以苏为鉴、走自己的路、独立自主地探索适合中国国情的社会主义建设道路，为新时期中国特色社会主义道路的开创提供了宝贵经验、理论准备、物质基础和制度条件。

（二）赢得下一个百年，就要坚持和发展中国特色社会主义理论

中国特色社会主义理论体系是指导党和人民实现伟大复兴的正确理论，是立足时代前沿、与时俱进的科学理论。这一理论体系深深扎根于中国的改革开放和社会主义现代化建设的伟大实践中，生动地书写在中华民族伟大复兴的历史进程中，符合全体中国人民的根本利益，顺应时代潮流，具有鲜明的科学性和真理性。

这一理论是人民的理论，是以人民为中心的理论。中国特色社会主义理论体系坚守马克思主义人民立场的思想，强调人民性是马克思主义最鲜明的品格。这一理论强调我们党要始终把人民立场作为根本立场，把为人民谋幸福作为根本使命，坚持全心全意为人民服务的根本宗旨，贯彻群众路线，尊重人民主体地位和首创精神，始终保持同人民群众的血肉联系，凝聚起众志成城的磅礴力量。从

---

① 《在对历史的深入思考中更好走向未来 交出发展中国特色社会主义合格答卷》，《人民日报》2013 年 6 月 27 日。

邓小平"我是中国人民的儿子，我深情地爱着我的祖国和人民"的真情告白，到习近平"我将无我，不负人民"的赤子情怀，这一理论已经成为掌握群众的强大物质力量，不仅改变着中国自然界的千沟万壑，而且正在深刻改变着中国社会的面貌。

这一理论是把握世界潮流和发展脉动的理论，是洞察国际风云变幻的理论。改革开放前，毛泽东在世界两极格局下，以马克思主义战略家的雄才大略提出了"三个世界划分"的理论，为中国赢得了良好的国际环境。改革开放后，中国特色社会主义理论体系在国际关系方面先后提出了许多新论断：在和平与发展成为时代主题的条件下，要建立国际政治与经济新秩序；正确把握世界多极化和经济全球化的发展趋势，坚持互信、互利、平等、共赢的新安全观，提倡国际关系民主化和发展模式多样化；在国际关系中弘扬平等互信、包容互鉴、合作共赢的精神，努力建设持久和平、共同繁荣的和谐世界。这些论断为中国的发展争取到了 40 多年的和平国际环境和重要的战略机遇期。进入新时代，习近平新时代中国特色社会主义思想抓住了"世界怎么了，我们怎么办"这一整个世界都在思考的问题，弄清楚了我们从哪里来、现在在哪里、将到哪里去，顺应世界人民呼声，提出：开展全球合作，构建人类命运共同体；秉持和遵循共商共建共享原则，促进"一带一路"国际合作；推动建设相互尊重、公平正义、合作共赢的新型国际关系，推动建设持久和平、普遍安全、共同繁荣、开放包容、清洁美丽的世界。这些思想不仅为人类发展贡献了中国智慧和中国方案，而且为中国自身的发展提供了巨大的机遇。

（三）赢得下一个百年，就要完善和发展中国特色社会主义制度

习近平指出："我们党把马克思主义基本原理同中国具体实际结合起来，在古老的东方大国建立起保证亿万人民当家作主的新型国家制度，使中国特色社会主义制度成为具有显著优越性和强大生命力的制度，保障我国创造出经济快速发展、社会长期稳定的奇迹，也为发展中国家走向现代化提供了全新选择，为人类探索建设更好社会制度贡献了中国智慧和中国方案。"① 中国特色社会主义制度是一套行得通、真管用、有效率的制度体系。

中国特色社会主义制度利用自身优势不断突破经济发展的天花板。经济发展天花板包括市场容量有限、人才规模狭小以及产业转型难以升级等方面。首先，中国 14 亿人口正在突破发展的市场容量天花板。人口多、消费强意味着市场潜力巨大。到 2020 年全面建成小康社会目标实现时，我们这个历史悠久的文明古国和发展中社会主义大国，将成为国内市场总体规模位居世界前列的国家。2019 年中央经济工作会议指出："我国市场规模位居世界前列，今后潜力更大。要努力满足最终需求，提升产品质量，加快教育、育幼、养老、医疗、文化、旅游等服务业发展，改善消费环境，落实好个人所得税专项附加扣除政策，增强消费能力，让老百姓吃得放心、穿得称心、用得舒心。"② 进入新时代，人民日益增长的美好生活需要更加广泛，需要的质量更高，为经济社会发展提供了强大动力。其次，能够使自身的产业结构持续升级，摆脱转型升级中的天花板。一些国家能够成功地使产业实现一次或者两次转型，但很难实现第三次或者更多转型。苏联在 20 世纪 30 年代完成了轻工业到重工业的升级，正是由于重视了重工业的发展，有了雄厚的经济技术基础，苏联才能在卫国战争期间，每年制造出 4 万架飞机、3 万辆坦克、12 万门大炮和 15 万挺机枪。20 世纪 50—60 年代，苏联

---

① 《继续沿着党和人民开辟的正确道路前进　不断推进国家治理体系和治理能力现代化》，《人民日报》2019 年 9 月 25 日。

② 《中央经济工作会议在北京举行》，《人民日报》2018 年 12 月 22 日。

想把重工业为主的产业结构升级为更加合理的产业结构，发展了以人造卫星为代表的高科技。苏联在制定第九个五年计划时（1971—1975 年），确定经济工作的重点是把外延增长转变为内涵增长，但始终没有转变过来，产业第二次转型升级没能实现，导致苏联经济出现各种问题。中国是一个可以全方位持续突破产业升级天花板的国家，基本上已经完成了从农业社会向工业社会的转型升级。进入新时代，我国主要农产品产量跃居世界前列，建立了全世界最完整的现代工业体系，科技创新和重大工程捷报频传。中国正在从高速增长转向高质量发展，正从工业社会向信息化社会迈进，我们实施"互联网＋"行动计划，带动全社会兴起了创新创业热潮，中国的大数据、智能化、移动化、云计算等产业蓬勃发展，信息经济在我国国内生产总值中的占比不断攀升。

（四）赢得下一个百年，就要繁荣和发展中国特色社会主义文化

中国特色社会主义文化积淀着中华民族最深沉的精神追求，代表着中华民族独特的精神标识，是激励全国人民奋勇前进的强大精神力量。这一文化，源自中华民族 5000 多年文明历史所孕育的中华优秀传统文化，是我们最深厚的文化软实力；熔铸于党领导人民在革命、建设、改革中创造的革命文化和社会主义先进文化，是我们经受住任何风浪考验的精神支柱；植根于中国特色社会主义伟大实践，具有旺盛生机活力。

中华优秀传统文化不仅是中国特色社会主义植根的文化沃土，而且在创造性转化、创新性发展中为我们提供新的不竭动力。2014 年 9 月 24 日，习近平总书记在纪念孔子诞辰 2565 周年国际学术研讨会暨国际儒学联合会第五届会员大会开幕会上的讲话中指出："中国优秀传统文化的丰富哲学思想、人文精神、教化思想、道德理念等，可以为人们认识和改造世界提供有益启迪，可以为治国理政提供有益启示，也可以为道德建设提供有益启发。对传统文化中适合于调理社会关系和鼓励人们向上向善的内容，我们要结合时代条件加以继承和发扬，赋予其新的涵义。"① 毛泽东在延安把东汉班固提出的"实事求是"转化成了共产党人的思想路线，有力地推动中国革命、建设、改革事业的发展。党的十八大以来，习近平总书记又把"实事求是"变成了推进党内政治生活遵循的基本规范。2016 年 6 月 28 日，他在十八届中央政治局第 33 次集体学习时指出：中国共产党在长期实践中逐步形成了以实事求是、理论联系实际、密切联系群众、批评和自我批评、民主集中制、严明党的纪律等为主要内容的党内政治生活基本规范。2016 年 11 月，习近平总书记在党的十八届六中全会第二次全体会议的讲话中又强调，各级领导干部要大力倡导和弘扬忠诚老实、公道正派、实事求是、艰苦奋斗、清正廉洁等价值观，实事求是又成了我们共产党人的价值观。无论是作为党内政治生活基本规范，还是作为共产党人的价值观，实事求是在党的建设中都发挥了重要作用。

革命文化与社会主义先进文化正在成为推动中国发展的强大精神力量。革命文化与社会主义先进文化给我们以"为有牺牲多壮志，敢教日月换新天"的豪迈气概，给我们以"到中流击水，浪遏飞舟"的冲天干劲。革命文化与社会主义先进文化还给我们以苦干实干的精神态度，要有"功成不必在我"的境界和"功成必定有我"的担当，要有一锤接着一锤敲、一代接着一代干的钉钉子精神。

---

① 杜尚泽、黄敬文：《从延续民族文化血脉中开拓前进 推进各种文明交流交融互学互鉴》，《人民日报》2014 年 9 月 25 日。

在"百年未有之大变局"中奋力
实现中华民族伟大复兴

任晶晶

当今世界,大国战略博弈全面加剧,国际体系和国际秩序深度调整,不确定不稳定因素明显增多,人类文明发展面临的新机遇新挑战层出不穷。2018 年 12 月,习近平总书记在中央经济工作会议上指出,我国发展仍处于并将长期处于重要战略机遇期。世界面临百年未有之大变局,变局中危和机同生并存,这给中华民族伟大复兴带来重大机遇。这是以习近平同志为核心的党中央基于对世界大势的敏锐洞察和中国所处发展阶段的深刻分析作出的一个重大判断。深刻认识这一"变局"的丰富内涵,牢牢把握"变局"给中华民族伟大复兴带来的重大机遇,既是新时代开拓广阔发展空间、实现"两个一百年"奋斗目标的客观需要,也是推动构建中国特色学科话语体系的必然要求。

一 "百年未有之大变局"的时代内涵

对研究对象进行概念界定,是学术研究的起点;对研究对象进行层次划分,是学术研究的原点。"起点"和"原点"之间的张力,就是学术研究的动力。什么是"百年未有之大变局"?如何认识和理解"百年未有之大变局"?对于这一宏大概念,学术界从"变局"的起点、时间跨度、内涵及实质等多方面进行了解读。虽然学者们的阐释路径不尽相同,但总体而言,普遍认为"百年未有之大变局"是中华民族实现伟大复兴的重要历史性机遇。

首先,从与"千年未有之大变局"的对比中看。清末,李鸿章无论是提出"数千年未有之大变局",还是"三千年未有之大变局",指的都是中国国势国运由盛而衰的转变。鸦片战争之前,中国长期居于东亚朝贡体系的中心地位,是世界最大的经济体。鸦片战争导致中国走向衰败,并逐渐被强大的工业化西方列强所蚕食,中国与西方的力量对比因此而发生了史无前例的反转。而我们今天所讲的"百年未有之大变局",指的则是经过中国人民的不懈奋斗,中国有可能迎来近现代史上由衰而盛的历史性转折。如果说晚晴时期李鸿章所说的"数千年未有之大变局"对中国而言是一场危机和挑战的话,那么现在习近平总书记所讲的"百年未有之大变局"则更多是一种机遇。两种说法含义迥然不同,但后者所强调和反映的是中华民族近百年来凤凰涅槃的崛起重生之路。

其次,从中美力量对比的视野中看。20世纪的一百年,大事如潮。从某种意义上说,20世纪就是美国世纪,既是美国从英国手中获得全球化主导权、引领称霸的世纪,也是美国霸权从兴起到衰落的世纪。贯穿20世纪国际关系史主轴的,就是美国霸权的兴衰。与英国的霸权衰落不同,美国霸权的衰落不是因为西方世界内部力量对比发生了变化,而是由于新兴国家、发展中国家的群体性崛起导致世界多极化加速推进、国际格局向均衡化方向发展的结果。2008年之后,世界上东西南北的力量对比和财富格局发生了根本性变化,美国代表的西方世界、北方富国正在沉沦，中国代表的东方世界和南方穷国快速发展，双方力量对比出现了均衡发展的局面，这是"百年未有之大变局"在国际格局层面最为鲜明的特征。

因此，以"中国机遇论"为着眼点，当下"百年未有之大变局"概念的提出具有深刻意涵。"百年未有之大变局"作为一个兼具政策意蕴与学术内涵的"大概念"，具有全局性、阶段性、动态性三个特征。所谓"大概念"，必然具有普遍的包容性和解释力，各个学科、各种解释范式都能在其中找到自己的学术位置和话语空间。"百年未有之大变局"不是一个经久不变、亘古长存的话题，只有当各种条件都具备时才会出现"变局"的时代，"百年未有之大变局"在本质上说是一个过渡期。在这个"变局"的时代中，如果我们能把各种关系处理好，这个"变局"可以成为中华民族伟大复兴的助力和机遇；但是如果不慎或者处理不好，"变局"也很有可能成为中国国家崛起和民族复兴的羁绊。中国提出"百年未有之大变局"这一概念的根本意图，是理顺中国崛起的理论逻辑和概念框架，以期为中国的崛起和发展腾挪出国际话语的空间，归根到底是要为崛起的中国框定历史方位和时空坐标。

二 "百年未有之大变局"的发展趋势

学术界对"百年未有之大变局"的未来发展普遍持乐观态度，认为"大变局"的走势关键取决于未来30年。而从国内国际两方面来看，"大变局"下的利我因素具有延续条件。

首先，从国内因素看。相关研究表明，中国将在2021年前后成为高收入国家；到2030年前后，中国GDP或将明显超过美国；到2035年，中国高科技研发支出可能超过美国；到2050年，中国军费开支可能超过美国。如果中国发展顺利的话，未来30年中国在各方面的实力将不断逼近甚至超越美国。

对中国发展前景的乐观估计并非凭空而来，而是有着深刻的历史和现实依据。当代中国是在拥有健全的国家能力的前提下加入经济全球化体系的，在中国与全球化的互动中，中国始终保有高度能动性，在融入发展的同时，又在相当程度上驾驭了经济全球化在中国的发展以及中国参与经济全球化的程度和方式。例如，从政治上看，这种国家能力体现在中国共产党拥有强有力的政治组织能力和国家动员能力，体现在中国产业政策和国防建设上的得当选择，等等。

其次，从国际因素看。虽然随着中国的发展壮大，可能遭遇的国际压力会越来越大，但这并不意味着中国的复兴进程一定会被打断，中国仍然有可能获得一个较为稳定的国际发展空间。从政治上看，当今世界，西方政治制度正处于低谷期，而中国政治制度则正在彰显强大生命力，西方在政治制度上打压中国已很难产生效果；从经济上看，中国经济具有庞大的体量规模，这一方面决定了发达国家已对中国经济产生了依赖，另一方面也决定了中国对发达国家具备了经济反制能力；从军事上看，由于核恐怖平衡的存在，中美之间直接发生大规模军事冲突的可能性可以排除；从外交上看，目前美国、欧盟和日本之间还难以形成针对中国的合围态势。

未来新兴国家和发展中国家快速发展的趋势将会持续，世界多极化将有望实现，发展中国家的发展模式将会呈现多样化，或将出现四百年或者五百年未见之大变局——现代资本主义体系已不能成为代表世界唯一或者主流的经济体系，以中国为代表的非西方发展模式将会在世界上具有更大的影响力和吸引力。

三 "百年未有之大变局"挑战的中国应对

从坚持底线思维的角度出发，我们既要看到"大变局"下的机遇，更要认清"大变局"下的风险和挑战。学术界普遍认为，如果处理不好"大变局"中的种种不确定性因素，无论是修昔底德陷阱、金德尔伯格陷阱，还是中等收入陷阱，都可能使中国在将强未强、将起未起之际倒在崛起的门槛上。那么，中国应如何应对"大变局"下的风险和挑战呢？

一是要重点处理好中美关系。美国是中国实现国家崛起和民族复兴道路上最大的掣肘因素。为预防中美全面摊牌时中国过于被动，中国应该提早做好准备。但是对于做好准备的具体策略，学术界的观点主要分为两派。一派主张中美"脱钩"。此种观点认为，虽然现在中美脱钩对于中美双方来说都是难以承受之痛，但这并不能改变中美迟早要脱钩这一长期趋势，而且这种趋势已经开始显现。"班农—特朗普主义"的核心要义就是要将中国从全球价值链中剔除出去。对此，中国要做好准备，应该采取疏离美国、与美国顺势脱钩的策略。另一派则主张中美"抱摔"。此种观点认为，中美之间联系越紧密，中国能够对美造成伤害的能力就越强；只有同美国展开"近身肉搏"，才能切实提高中国的战略反制能力。

笔者认为，中国的大国地位是中华人民共和国成立 70 年来通过不断积累（特别是通过"两弹一星"事业）形成和奠定的。而中国今天的国际地位则是通过改革开放 40 年来的奋斗缔造的。在中国成功的众多经验中，很重要的一条就是走了一条融入式发展道路。在这条道路上，中国同美国实现了利益捆绑，成为既有世界体系的渐进式融入者和受益型建设者。采取融入式发展战略，既是中国改革开放 40 年发展经验的总结，未来也依然将会是中国实现并保持快速发展的基本路径和最佳方式。美国是一个国内政治高度碎片化的国家，其为凝聚国民士气，需要不断寻找外部敌人，进而降低内耗、实现国内团结。目前美国炒作"中国威胁论"，就包含了借机整合国内政见的用意，因此中国不能上套，不能客观上形成对美国国内鹰派的呼应，帮助美国进行国内政治动员。中国应该在自力更生基础上坚持对外开放，在保持与美国接触的同时也要学会凡事"留一手"，唯其如此，才能最大限度地保持主动，避免受制于人。

二是要处理好自身利益与国际责任的平衡。从历史上看，凡是被视为大国的国家，都必然对人类历史进程产生过重要影响、作出过重要贡献。英国的贡献是工业革命和议会民主制度；苏联的贡献是在人类历史上首次把社会主义变为现实，并且激发了当时绝大多数受压迫、被剥削国家和民族的反抗斗争；美国的贡献是三权分立的民主制度和用国际制度构建世界秩序的外交实践。中国领导人提出"百年未有之大变局"，实际上就是要回答中国在这个快速变化的世界里能够为人类历史发展作出何种贡献的问题。

一个大国的崛起归根到底是一种文化现象，要被国际社会所接受，被国际体系所容纳，要以国际制度为依托，被国际规范所认可。中国对"百年未有之大变局"的认知与"两个一百年"奋斗目标的设定是一致的，表明中国已经将自身发展自觉融入了世界发展的大格局，把自身发展同世界发展合为了一体。当然，在强调中国的国际责任与国际贡献的同时，也要时刻防止被"捧杀"的危险。随着中国国力的提升，国内很多人开始飘飘然。历史经验表明，战略目标的设定必须与自身实力相匹配，过高设定战略目标，而实力又达不到，最终将会功败垂成。第一次世界大战前，德国自恃实力强大，自信心"爆棚"，公开与英国争夺"阳光下的地盘"，最终在第一次世界大战中被打回原形。冷战时期，苏联在20世纪六七十年代对美攻势不断，结果入侵阿富汗使自身深陷泥潭。同样，美国也是在实力达到巅峰时发动朝鲜战争、越南战争以及后来的伊拉克战争，最终导致其国力由盛转衰。这些教训对中国颇有启示。当前，中国国力仍然有限，所以更要谦虚谨慎，戒骄戒躁，应在利益和责任之间尽量寻求平衡，避免造成实力透支、迟滞民族复兴伟业的实现。

四　结语

"百年未有之大变局"是基于当代中国现实发展以及国内政治和国际政治互动的现实需要而提出的一个兼具政策理论空间和学术研究价值的"话语性命题"。认识和理解"百年未有之大变局"的一个重要视角就是中国自身的战略定位以及中国同国际体系的互动关系。从国际体系的层面来讲，中华民族实现伟大复兴的过程，就是在不断演进的国际体系中谋求自身正当权利和地位的过程。因此，如何找到并实现中国在国际体系中的正当定位，如何实现中国同国际体系的共同演进，是我们在认识和理解"百年未有之大变局"时所要解决的根本问题。

笔者认为，对于中华民族而言，所谓"百年"，是一个包含三个"一百年"的时空范畴。第一个"一百年"（1840—1949年）是百年衰落的历史。鸦片战争之后，中国成为帝国主义列强竞相欺凌的对象，逐步沦为半殖民地半封建社会，中华民族经历了千年未有的沉沦、屈辱与衰落。第二个"一百年"（1949—2049年）是百年复兴的历史。1949年10月，中华人民共和国成立对于中华民族最重大的意义就在于止住了整个国家、整个民族步入历史下行线的趋势，开启了民族复兴的光明前景。第三个"一百年"（2049—2150年）是百年重构的历史。中国在百年复兴之后，其大国地位能否被国际社会所接受和认可，需要中国积极重构对外关系和规则体系，重塑同整个外部世界的互动格局，这是中国在第三个"一百年"中在对外政策制定和对外关系运筹方面所要解决的核心问题。

当前，在第二个"一百年"和第三个"一百年"交界的门槛上，在百年复兴和百年重构交界的历史当口，习近平总书记提出"百年未有之大变局"的概念，恰恰具备了一个大概念、一个宏理论所应该具备的时代价值和理论属性。因此，"百年未有之大变局"的提出是基于对三个"一百年"辩证关系的理性认知和科学把握的结果，这个概念对于指导和重构未来一个比较长时期内中国与世界关系的基本框架具有重要意义。

新时代战略机遇期的相关思考[*]

李慎明

　　党的十六大报告指出："二十一世纪头二十年，对我国来说，是一个必须紧紧抓住并且可以大有作为的重要战略机遇期。"[①] 党的十七大报告和十八大报告大体上维持了党的十六大报告的提法。习近平在党的十九大报告中指出："当前，国内外形势正在发生深刻复杂变化，我国发展仍处于重要战略机遇期。"[②] 21 世纪头 20 年即将过去，从整体上说，我国各个方面的建设发生了天翻地覆的变化。这说明，党的十六大报告关于 21 世纪头 20 年重要战略机遇期的论述是完全正确的。习近平在 2019 年新年贺词中明确指出，放眼全球，我们正面临百年未有之大变局。这一判断十分重要、重大并完全正确。在这百年未有大变局来临之际，未来 20 年直至 2050 年，社会主义新中国实现中华民族伟大复兴中国梦之前的发展，是不是仍然处于大有可为的重要战略机遇期呢？

---

　　[*] 该文发表于《马克思主义研究》2019 年第 10 期。
　　[①]《江泽民文选》第 3 卷，人民出版社 2006 年版，第 542 页。
　　[②] 习近平：《决胜全面建成小康社会　夺取新时代中国特色社会主义伟大胜利——在中国共产党第十九次全国代表大会上的报告》，人民出版社 2017 年版，第 2 页。

一 什么是重要战略机遇期？

不少人现在正在思考党和国家的基本理论、宏观战略以及未来的战略机遇期等众多问题。有人认为，未来的战略机遇期将更加令人翘首以待；有人认为，未来的战略机遇期行将结束；有人认为，机遇与挑战同在，关键是看我们主观如何应对；等等。

在可预见的未来的一段时间内，我国是不是仍然处于重要的战略机遇期？在讨论这个问题之前，我们有必要重温毛泽东1936年12月完成的著名军事和哲学著作——《中国革命战争的战略问题》。毛泽东指出："战争的胜负，主要地决定于作战双方的军事、政治、经济、自然诸条件，这是没有问题的。然而不仅仅如此，还决定于作战双方主观指导的能力。军事家不能超过物质条件许可的范围外企图战争的胜利，然而军事家可以而且必须在物质条件许可的范围内争取战争的胜利。军事家活动的舞台建筑在客观物质条件的上面，然而军事家凭着这个舞台，却可以导演出许多有声有色威武雄壮的活剧来。"[1] 这为我们分析战略机遇期提供了方法论指导。

党的十六大报告中所说的"战略机遇期"中的"战略"，借用的应该是军事术语，可以说，战略机遇就是确保战争胜利所必需的一切客观与主观条件的总和。党的十六大报告所说的战略机遇期的本意，可能是特指我国以经济建设为中心的和平建设时段。随着党的十八大的顺利召开，中国特色社会主义进入新时代。新的时代赋予中国共产党以新的历史使命。我们的总任务是在21世纪中叶中华人民共和国成立100周年的时候，把我国建成社会主义现代化强

---

[1] 《毛泽东选集》第1卷，人民出版社1991年版，第182页。

国。如果党的十六大所提的战略机遇期的本意是特指保障我国以经济建设为中心的和平建设的时段,随着我国国力的逐渐壮大和世界格局的变化,现在应把战略机遇期原有的内涵扩大为确保实现社会主义现代化和中华民族伟大复兴的时段。

在可以预见的未来,我国是不是仍然处于大有可为的战略机遇期,这主要取决于国际及国内经济、政治、文化、军事等业已存在的客观条件,同时,还取决于世界各国特别是一些主要国家和地区尤其是我国领导者主观指导的能力。中国共产党成立近百年以来,中华人民共和国成立70年来,改革开放40多年来,我们之所以在革命、建设和改革事业中取得全球瞩目的巨大成就,既有客观条件的形成与具备,更有主观能动性的充分发挥。之所以用"大有可为的战略机遇期",而不用"大有作为的战略机遇期"的提法,就是旨在说明最终成为事实的战略机遇期是客观自在与主观努力的高度统一,而绝不是事先就已确定的结果。最终的结果既不是守株待兔自然等得,也不是别人廉价施舍索得,更不是牺牲不应牺牲的长远根本利益苟得,而是用勤劳、智慧、勇气奋力拼搏赢得。只要正确充分发挥人的主观能动性,即使原有既定的客观条件向不利方向发展,但正如毛泽东所说:"往往有这种情形,有利的情况和主动的恢复,产生于'再坚持一下'的努力之中。"① 这进一步说明,大有可为的重要战略机遇期并不是事先就能完全认定的,一定的客观条件具备后,人的因素往往起着决定性的作用。我们不仅要为自己拼力赢得眼前的战略机遇期,而且要为后人的战略机遇期打下更为坚实的基础,绝不能"崽卖爷田心不痛",也不能"爷吃子孙脸不红"。"前人栽树,后人乘凉"是中华民族的优秀文化传统,更是中国共产党人的高贵品德。同时,我们

① 《毛泽东选集》第2卷,人民出版社1991年版,第412页。

还应认识到,战略机遇期中的机遇与挑战不是固定不变的,它们在一定条件下可以相互转化。原有的挑战,若应对得当,可以转化成机遇;若应对失当,机遇也可能转化成挑战。

战略本属于战争的范畴。毛泽东曾指出:"历史上的战争分为两类,一类是正义的,一类是非正义的。一切进步的战争都是正义的,一切阻碍进步的战争都是非正义的。我们共产党人反对一切阻碍进步的非正义的战争,但是不反对进步的正义的战争。"① "革命战争是一种抗毒素,它不但将排除敌人的毒焰,也将清洗自己的污浊。"② 一般说来,战争不利于和平建设,但能打赢特定条件下的战争,反倒有利于新的和平建设战略机遇期的形成。抗美援朝就是这样的正义战争的典范。马克思主义的态度是,不反对战争,只反对非正义战争。比如,在实现中华民族伟大复兴的进程中,我们当然会尽最大的诚意努力争取和平统一祖国,但如果"台独"分子胆敢以任何形式将台湾从祖国分裂出去,我们决不会放弃使用武力来完成祖国统一大业。如果台湾当局与国外敌对势力逼迫我们开展上述正义斗争,这决不是战略机遇期的丧失,在以习近平同志为核心的党中央领导下,恰恰极可能大大地加快中华民族伟大复兴的步伐。

二 我国发展仍然处于重要战略机遇期的国际客观条件

从国际上看,我国仍然处于大有可为的战略机遇期已经具备最主要的客观条件,具体如下。

(一)2008年以美国为首的西方世界爆发国际金融危机

这场危机是生产社会化与生产资料私人占有这一资本主义社会

---

① 《毛泽东选集》第2卷,人民出版社1991年版,第475—476页。
② 同上书,第457页。

基本矛盾的总爆发，是资本主义经济、制度和价值观念等全面危机的总爆发，这场危机将要延续数十年甚至更久；随着这场危机的深入发展，在未来二三十年内，也就是说21世纪中叶前后，不仅会在一些发展中国家，还极可能会在个别甚至几个发达国家先后引发无产阶级与广大劳动人民群众一场大的社会革命。当然，这绝不排除在这场高潮之后还可能出现新的低潮。目前这场仍在深化的国际金融危机正是我们面临百年未有之大变局的根本依据所在，也是我们仍然处于大有可为重要战略机遇期的根本依据所在。这场国际金融危机的总根源，是资本主义积累多年、积累多次特别是苏联亡党亡国之后，资本放手侵吞劳动导致全球范围内贫富两极急遽分化的必然结果。资本主义的危机就是中国特色社会主义和世界社会主义的机遇。

（二）哪里有压迫，哪里有剥削，哪里有分化，哪里就有觉醒、就有反抗、就有斗争，这是历史发展的铁则

仅从2019年开局来看，全球范围内动荡不已，左翼和马克思主义思潮仍在继续复兴。法国连续十多个周六举行"黄背心"运动①；德国8个机场同时罢工，影响22万多名乘客出行，甚至出现效仿法国的"黄背心"活动；美国洛杉矶爆发大规模教师抗议，3万名教师罢课要求涨薪，数百个城市爆发强烈要求性别平等的"女性大游行"；印度包括银行业、农业、通信业、公共服务业等10个全国性行业工会组织民众共计2亿人上街参加罢工游行等。2019年2月13日，比利时工会举行大罢工，负责空中交通管制的员工也参与罢工，从当地时间12日晚上10点起，所有往返比利时的航班被

---

① 人们对法国街头的"黄背心"运动有不同的解读。有人认为它是右翼民粹主义运动，有人认为它主要是逐渐陷入贫困的居住在法国城市郊区的"农民工"运动，有人认为它是美国资本为分裂欧洲所为，等等。

暂停 24 小时。经济上即财富占有和收入分配的两极分化，必然带来思想上、政治上乃至行为上的两极分化。一边是全球范围内左翼和马克思主义思潮的复兴，一边是极右翼思潮甚至是纳粹和军国主义思潮的萌动。2019 年 2 月，位于伦敦北部海格特公墓的英国国家一级保护文物马克思墓碑两次遭到破坏，就是极右翼思潮泛起的例证。从一定意义上讲，人类社会发展是一种特殊的物质运动形态，同样被物理学中作用与反作用的规律支配。右翼思潮越淋漓，左翼思潮才能越尽致。随着中国特色社会主义的坚持与发展，苏联解体、东欧剧变后世界社会主义的低潮状况已有所改观，开始朝着人类进步事业方向探索前行。我们还可以断言，经济是基础，上述种种思潮或活动直至运动，无论以什么面貌出现，其本质根源都在于经济上的两极分化。目前这些活动直至运动往往仅是自在的阶级阶层争取或维护眼前经济权益甚至是生存权益的本能的或不自觉的行为和行动，但随着国际金融危机的深化，这些斗争必然会朝着政治斗争等方向深入发展。

（三）苏联亡党亡国和美国这两个不同类别的反面教员对中国特色社会主义的深刻昭示

1991 年 10 月 5 日，邓小平在会见来访的金日成时说："东欧，苏联的事件从反面教育了我们，坏事变成了好事。问题是我们要善于把坏事变成好事，再把这样的好事变成传统，永远丢不得祖宗，这个祖宗就是马克思主义。"① 苏联亡党亡国无疑是中国特色社会主义难得的反面教员。另外，不断变换手法、手段而企图搞乱、搞垮社会主义中国的霸权主义者、强权政治者即帝国主义的美国同样是中国特色社会主义难得的反面教员。唐朝柳宗元在《敌戒》中说：

---

① 《邓小平年谱（1975—1997）》（下），中央文献出版社 2004 年版，第 1332 页。

"皆知敌之仇，而不知为益之尤；皆知敌之害，而不知为利之大。秦有六国，兢兢以强；六国既除，訑訑乃亡。""敌存灭祸，敌去召过。有能知此，道大名播。"有人认为，在苏联亡党亡国之后，美国是没有敌人硬找敌人。这一观点值得商榷。美国统治者为了增强其内部凝聚力，有时会故意在外部寻找敌人来转移内部矛盾，但从根本上说，当今的美国本质上是誓与世界人民为敌的。

我们不是没有反面教员却硬要寻找本质上不是反面教员的替代物，而是反面教员自在。仅是正面教育，往往缺乏说服力、感染力、蚀骨力、穿透力。中国特色社会主义的成长、壮大，必然需要不同层面的反面教员来教育。中国共产党是一个善于汲取教训、总结经验的党，是一个勇于推进党的伟大自我革命、敢于清除一切侵蚀党的健康肌体病毒的党。我们党就是一步一步从总结血与火的经验教训中逐步成长壮大起来的，包括别人的，更有自己的。中国共产党经过千锤百炼，党、国家、人民与社会主义已是血肉相连、不可分割的四位一体；我们已经跨入中国特色社会主义新时代，习近平新时代中国特色社会主义思想已经形成并正在发展壮大，这样的党、国家、人民与社会主义决不能也绝不会倒下。

（四）第四次科技革命已经拉开帷幕

社会主义绝不是某个天才头脑里的偶然发现。随着人工智能的急遽发展，全球范围内的就业岗位从整体上将会较快地减少；随着互联网等数字经济的革命，绝大多数人之间的联系、交流越来越便捷、广泛，他们的"自在"状态会较快地转变为"自为"状态；正确理论产生和传播的速度会成倍地加速；理论的成熟程度决定运动的成熟程度。生产资料私有制及其按资分配方式这一狭隘的社会生产关系已经容纳不下高速发展的社会生产力。早在1887年，恩格斯就指出："现在，劳动生产率提高到了这样的程度，以致市场的任何扩大都吸收不了那种过多的产品，因此生活资料和福利资料的丰富本身成了工商业停滞、失业、从而千百万劳动者贫困的原因，既然如此，这种制度就是可以被消灭的。"① 未来的世界将会更加认真倾听全球范围内绝大多数人的强烈呼声，"人民，只有人民，才是创造世界历史的动力"② 这一历史唯物主义的真理也将会一再顽强地闪烁着自己的光芒。

（五）以中国特色社会主义为代表的世界社会主义运动仍在发展

以毛泽东同志为主要代表的中国共产党人，把马克思列宁主义基本原理同中国革命具体实践相结合，为当代中国特色社会主义一切发展进步奠定了根本政治前提和制度基础，为在新的历史时期开创中国特色社会主义提供了宝贵经验、理论准备、物质基础。以邓小平同志为主要代表的中国共产党人，作出把党和国家工作中心转移到经济建设上来、实行改革开放的历史性决策，确立社会主义初级阶段基本路线，明确提出走自己的路、建设中国特色社会主义，成功开创了中国特色社会主义。以习近平同志为核心的党中央团结带领全党全国各族人民，对党和国家各方面工作提出一系列新理念新思想新战略，啃下了不少硬骨头，闯过了不少急流险滩，改革呈现全面发力、多点突破、蹄疾步稳、纵深推进的局面，推动党和国家事业发生历史性变革、取得历史性成就，中国特色社会主义进入了新时代。经历苏联解体、东欧剧变的疾风暴雨之后，作为世界上既是最大的社会主义国家又是最大的发展中国家的中国，与越南、古巴、朝鲜、老挝一道巍然屹立于世界各国之林，这是国际政治和世界格局中十分靓丽的风景，她以特有的风姿昭示着人类的未来。

恩格斯说："总的说来，经济运动会为自己开辟道路，但是它

---

① 《马克思恩格斯全集》第 21 卷，人民出版社 1965 年版，第 570 页。
② 《毛泽东选集》第 3 卷，人民出版社 1991 年版，第 1031 页。

也必定要经受它自己所确立的并且具有相对独立性的政治运动的反作用。"① 以上五条，既有全球范围内的生产力，又有生产关系，既有政治的上层建筑和文化的上层建筑，又有坚持与发展中国特色社会主义这样的大党大国的示范效应。它们之间紧密联系，相互作用，决定着未来的发展方向。这说明，我们仍然处于大有可为的重要战略机遇期中的 "大变革、大调整" 的客观条件已经具备，能否赢得大有可为的重要战略机遇中的 "大发展" 这一最终结果，关键在于在今后一些年内我们党和国家能否正确应对。这也就是毛泽东所说的 "最主要的原因是'事在人为'"②。

三 坚持以马克思主义为指导，坚持以人民为中心，坚持社会主义道路，坚持党的领导，我们这个大党大国就会在战略机遇期有大的作为

从国内看，我国仍然处于大有可为的战略机遇期最主要的依据就是新时代党的正确的思想政治路线的进一步确立。

1965 年 3 月 4 日，毛泽东在会见巴基斯坦总统阿尤布·汗时说："最重要的是保证内部稳定。你只要团结好人民，使人民团结在你的领导下，那就什么也不怕了。如果内部发生问题，你就要注意了。苏联就是内部发生问题，赫鲁晓夫下台不是中国也不是美国搞颠覆活动，而是俄国人自己把他搞下台的。"③ 1991 年 10 月 5 日，邓小平在会见来访的金日成时说："真正要出问题，是我们内部出问题，别人拿我们没办法，美国也没办法。""中国是大国，也

---

① 《马克思恩格斯文集》第 10 卷，人民出版社 2009 年版，第 597 页。
② 《毛泽东文集》第 8 卷，人民出版社 1999 年版，第 127 页。
③ 《毛泽东年谱（1949—1976）》第 5 卷，人民出版社、中央文献出版社 2013 年版，第 483 页。

可以说中国的社会主义事业不垮，世界的社会主义事业就垮不了。"① 1971 年 8 9 月，毛泽东在总结与林彪反革命集团斗争的经验时指出："思想上政治上的路线正确与否是决定一切的。党的路线正确就有一切，没有人可以有人，没有枪可以有枪，没有政权可以有政权。路线不正确，有了也可以丢掉。"② 一些人说细节决定一切。离开前提条件，笼统地说细节决定一切，这值得商榷。从唯物辩证法认识论上讲，从根本上说，应是思想路线决定政治路线，政治路线决定组织路线；应是路线决定战略，战略决定政策，政策决定策略，策略决定细节。以上是从一般规律而言。从特殊规律说，也有逆势而起的反作用，也就是说，特定的细节在特定的条件下可以起决定性的反作用。但是，这样的细节，应是毛泽东所说的是"带全局性的，即对全局有决定意义的一着，而不是那种带局部性的即对全局无决定意义的一着"③。只有带全局性的一着，才是在贯彻落实正确的思想政治路线中具有决定意义的细节。古巴人民的领袖菲德尔·卡斯特罗说，"重要的是战略"，不是"策略上的细节"；"战略是社会主义！战略上国家控制经济，国家的财富为人民的利益服务。这是战略"。④ 我们每天忙碌的往往是十分烦琐的日常事务性工作，有时也会有关键性的战略细节隐藏其中。我们首先一定要从战略上着眼，而不能整天沉浸在日常事务工作之中，这样才能捕捉到隐藏在其中的战略细节。我们绝不能以为，一旦在技术或操作层面有好的主意，一切带全局性的问题，甚至党、国家、民族的前途和命运都会顺理成章、一劳永逸地得到解决，从而放弃对马克思主义经典著作的刻苦学习与思考，放弃对实际问题的深入调查

---

① 《邓小平年谱（1975—1997）》（下），中央文献出版社 2004 年版，第 1332 页。
② 《建国以来毛泽东文稿》第 13 册，中央文献出版社 1998 年版，第 242 页。
③ 《毛泽东选集》第 1 卷，人民出版社 1991 年版，第 175 页。
④ 参见《哈瓦那论坛》1996 年 11 月 28 日。

研究，放弃对正确的思想政治路线的追寻与锤炼。所以，我们在反对教条主义的同时，同样需要反对经验主义，反对消极无为的自然进化论。只有毛泽东所说的思想政治路线的正确才能救中国、发展中国，只有习近平总书记所说的顶层思维顶层设计才能救中国、发展中国。

什么是思想上的路线？就是把马克思主义的基本原理与中国实际相结合所形成的马克思主义中国化的理论成果，这也就是习近平所强调的顶层思维。什么是政治上的路线？就是运用马克思主义中国化的最新理论成果所制定的适合中国国情的路线、方针、政策和策略，等等，这也就是习近平所强调的顶层设计。中国共产党和中华人民共和国的历史已经证明并将继续证明，思想上政治上的路线正确是决定一切的这一如铁如钢真理的正确。苏联亡党亡国的根本原因在于苏联共产党自身，在于党内从赫鲁晓夫领导集团起直至戈尔巴乔夫领导集团思想上政治上的路线脱离、背离乃至最终背叛了马克思主义和最广大人民群众的根本利益。

当今世界，正面临百年未有之大变局。当今中国，正如习近平所说，是一个船到中流浪更急、人到半山路更陡的时候，是一个愈进愈难、愈进愈险而又不进则退、非进不可的时候。① 当今世事正纷纷，如何既居安思危，又坚定信心，赢得新的大有可为的战略机遇期呢？

毛泽东十分重视抓住解决所有问题的"大本大源"问题。早在1917年8月，他在致黎锦熙的信中就探讨了救国救民的"大本大源"问题。信中说：天下纷纷，时人虽有一些变革主张，但对救国之道未找到根本解决办法。即说维新派康有为，也是"徒为华言炫

---

① 参见《人民日报》2018年12月19日。

听，并无一干竖立、枝叶扶疏之妙"，"今日变法，俱从枝节入手，如议会、宪法、总统、内阁、军事、实业、教育，一切皆枝节也"。所谓本源，就是"宇宙之真理"。信中强调："当今之世，宜有大气量人，从哲学、伦理学入手，改造哲学，改造伦理学，根本上变换全国之思想。此如大纛一张，万夫走集；雷电一震，阴曀皆开，则沛乎不可御矣！"① 1920 年 11 月，毛泽东又指出："尤其要有一种为大家共同信守的'主义'，没有主义，是造不成空气的……不可徒然做人的聚集，感情的结合，要变为主义的结合才好。主义譬如一面旗子，旗子立起了，大家才有所指望，才知所趋赴。"②

邓小平最大的理论贡献，就是提出了社会主义初级阶段基本理论，这是邓小平理论的思想路线的具体体现。根据这一思想路线，邓小平又提出了坚持以经济建设为中心，坚持四项基本原则和坚持改革开放的"一个中心、两个基本点"的社会主义初级阶段党的基本路线即政治路线。

中央领导核心是政治的上层建筑中最为宝贵、最为重要的部分。我们常说，经济基础决定上层建筑，这是放入历史长时段中的一般规律。我们还应记住，在一定范围和一段时间内，在一定条件下，上层建筑对经济基础可以起决定性的反作用。党的十八大形成了以习近平同志为核心的党中央，习近平总书记"校正了党和国家前进的航向"③，使中国共产党和社会主义的中国焕发出新的蓬勃生机与活力。苏联共产党执政 74 年垮掉了，中国共产党执政今年进入第 70 个年头。党的十八大产生了以习近平同志为核心的党中央，从一定意义上讲，这不仅能确保党的十六大提出的"21 世纪头 20

---

① 《毛泽东早期文稿》，湖南出版社 1990 年版，第 86 页。
② 同上书，第 554 页。
③ 《旗帜鲜明坚持党的领导　兑现对人民的庄严承诺》，《人民日报》2017 年 10 月 20 日。

年，对我国来说，是一个必须紧紧抓住并且可以大有作为的重要战略机遇期"战略的实现，而且也为我们党、国家和民族争得发展的新的重要战略机遇期提供了最大的机遇。

习近平高度重视党的理论的指导作用。他既重视对马克思主义基本原理的坚持，又重视在马克思主义指导下结合当今时代特征和中国国情对马克思主义的创新。他在纪念改革开放40周年大会上明确指出："改革开放40年来，我们党全部理论和实践的主题是坚持和发展中国特色社会主义。"什么是中国特色社会主义？2013年1月5日，习近平郑重指出："中国特色社会主义是社会主义而不是其他什么主义，科学社会主义基本原则不能丢，丢了就不是社会主义。"① 他还说："马克思列宁主义、毛泽东思想一定不能丢，丢了就丧失根本。"② 习近平在2016年"5·17"讲话中说："这是一个需要理论而且一定能够产生理论的时代，这是一个需要思想而且一定能够产生思想的时代。我们不能辜负了这个时代。"③ 习近平新时代中国特色社会主义思想应时而生。党的十九大审议并一致通过的《中国共产党章程（修正案）》，把习近平新时代中国特色社会主义思想正式载入党的指导思想。习近平新时代中国特色社会主义思想是把马克思主义普遍真理与当今时代特征与中国国情紧密相结合的当代中国活的马克思主义，具有十分鲜明的科学性、人民性、实践性、时代性、创新性和发展性。

习近平新时代中国特色社会主义思想坚持以马克思主义为指导，从理论和实践结合上系统回答新时代坚持和发展什么样的中国特色社会主义、怎样坚持和发展中国特色社会主义这一总题目，其

---

① 《习近平关于总体国家安全观论述摘编》，中央文献出版社2018年版，第20页。
② 《习近平关于社会主义文化建设论述摘编》，中央文献出版社2017年版，第59页。
③ 倪光辉、谢环驰：《结合中国特色社会主义伟大实践　加快构建中国特色哲学社会科学》，《人民日报》2016年5月18日。

内涵既丰厚、博大，又精炼、深刻。

在中国特色社会主义新时代，习近平多次强调坚持以马克思主义为指导、坚持以人民为中心、坚持社会主义道路和坚持党的领导。习近平新时代中国特色社会主义思想的核心及新时代党的思想政治路线，也可以用坚持"一个指导""一个中心""两个基本点"来概括。坚持"一个指导"即坚持以马克思主义为指导，坚持"一个中心"即坚持以人民为中心，坚持"两个基本点"即坚持社会主义道路和坚持党的领导。

坚持以马克思主义为指导，主要体现在文化的上层建筑特别是意识形态领域。我们所说的马克思主义，首先是马克思主义的基本原理。马克思主义的基本原理是放之四海而皆准的真理，这是我们指导思想的理论基础；马克思主义的个别结论，是可以根据具体情况而改变的。我们所说的"以马克思主义为指导"中的"马克思主义"，是把马克思主义的普遍真理与当今时代特征和中国具体实践相结合的活的马克思主义。习近平新时代中国特色社会主义思想是马克思主义中国化的最新理论成果。对于马克思主义正确的态度只能是，坚持和发展并举，不可偏废，但不同时期往往有着不同的值得注意的全局性倾向。在强调坚持或发展一面时，必须从实际出发；同时，也要注意，在反对一种错误倾向时，注意可能掩盖着的另一种错误倾向。

坚持以人民为中心，既表现在文化特别是意识形态及价值观领域，又根本体现着党和国家的性质与宗旨；既表现在政治的上层建筑领域，又深深植根于社会的经济基础。正确理解坚持以人民为中心，我们应当弄清其中的三个要义：一是以人民为中心中的人民不是一个抽象而是一个具体的概念。在不同的历史时期，人民有着不同的含义；在社会主义革命、建设和改革开放时期，人民的主体由工人、农民和爱国的知识分子所组成，是指社会的绝大多数人。二是为绝大多数人谋幸福。三是依靠绝大多数人。为了人民、依靠人民是全心全意为人民服务宗旨的根本组成，两者互为目的和手段，相互依存，缺一不可。美国总统小布什曾多次侈谈"为人民服务"，现任总统特朗普在其就职典礼上的讲话中也频频使用"人民"这一词汇。他谈到要"重塑对全体人民的承诺"，"让政府由人民做主"，"国家是为服务人民而存在的"，等等。但是，他们所讲的"人民"的内涵与我们党所说的"人民"的内涵有着根本性质和范围的不同。坚持以人民为中心，与原有的坚持以经济建设为中心并不矛盾。以经济建设为中心，是就经济建设在各项具体工作中的位置而言；以人民为中心，是就我们各项具体工作包括经济建设的价值指向而言。

坚持社会主义道路，根本体现在经济领域，这就是在社会主义初级阶段必须毫不动摇地坚持和发展公有制为主体、多种所有制经济共同发展的基本经济制度，把让一部分人先富起来的经济政策逐渐转向共享，在中华人民共和国成立一百周年时实现共富。等到进入社会主义现代化强国的共富阶段之后，我们所坚持的社会主义道路必然又被赋予新的内涵。

坚持党的领导，根本体现在政治领域，这就是必须坚持党的性质、宗旨、指导思想和最高纲领与阶段性纲领相统一，坚持党要管党，全面从严治党，确保党和政权在性质、宗旨、指导思想和实现最终纲领上永不变质，确保"党政军民学，东西南北中，党是领导一切的"这一根本政治领导体制有力、有效地贯彻落实。

为什么人的问题，是根本的问题、原则的问题。坚持以人民为中心，是坚持以马克思主义为指导、坚持社会主义道路与坚持党的领导的唯一目的地，是要到达的"河的彼岸"；放弃以人民为中心这一根本目的，我们要坚持的马克思主义、社会主义和党的领导就从根本上失去了正义性和合法性；而坚持马克思主义、社会主义道路与党的领导是达到以人民为中心的根本路径和根本办法，是到达彼岸的"桥和船"。如果只提以人民为中心，放弃马克思主义为指导、社会主义道路和党的领导，所谓的以人民为中心，就只能是想象和描绘中的"理想国"与"乌托邦"。所以，坚持以马克思主义为指导、坚持以人民为中心、坚持社会主义道路和坚持党的领导，是一个不可分割的完整的统一体，贯穿于我们建设中国特色社会主义和实现中华民族伟大复兴的全过程。四者血肉相连，有着相同的质的规定性，并且是要在不发生较大的局部战争情况下坚持以经济建设为中心，在坚持改革开放的正确方向中，不断发展壮大的。

1920 年 9 月，毛泽东指出："无论什么事有一种'理论'，没有一种'运动'继起，这种理论的目的，是不能实现出来的……故现在所缺少的只有实际的运动，而现在最急须的便也只在这实际的运动。"① 习近平也反复强调空谈误国，实干兴邦。从一定意义上讲，治党就是治吏。思想上政治上的正确路线确定之后，干部就是决定的因素。习近平新时代中国特色社会主义思想已经指明航向，今后的关键问题在于落实和怎么落实。

为什么现在有些干部懒政、怠政，为官不为，甚至党令、政令被阻滞不行？除了一些制度建设方面的原因外，说到底，主要是一些干部的世界观、人生观、价值观出了问题。这些人口头上跟着红头文件朗朗背诵，行动和内心所想却是完全不一样的另一套，例如有一些同志实质上仅仅是为着个人的升迁和小家庭过好日子而不辞辛劳；制度一旦收紧变严，这些人寻租的原动力便会锐减。习近平总书记提出的思想建党、制度治党，十分重要，完全正确。这两者

---

① 《毛泽东早期文稿》，湖南出版社 1990 年版，第 517 页。

有着内在高度的统一性，无疑要紧密结合，同时着力推进。但是，思想建党更具前提性、基础性和根本性。因为制度是人制定和执行的，人还会修改甚至颠覆制度。所以，习近平多次强调，学习马克思主义经典著作和牢固树立中国特色社会主义共同理想与共产主义远大理想，培养千百万无产阶级革命事业的接班人，这才是确保党和政权永不变质和党长期执政的根本战略举措。在"不忘初心，牢记使命"的教育活动中，如何使广大干部特别是中高级干部真正有效地读一点马克思主义的经典著作，把提高各级干部的理论素养和真正解决世界观、人生观、价值观问题，放到十分突出的位置，就显得至为重要。

毛泽东指出："代表先进阶级的势力，有时候有些失败，并不是因为思想不正确，而是因为在斗争力量的对比上，先进势力这一方，暂时还不如反动势力那一方。"① 在这个世界上我们无疑是大党、大国，但从世界总的力量对比看，仍是资强社弱。只要我们自己内部不出问题，即思想政治路线坚定正确，别国、别人则永远无法撼动。只要我们坚持和发展马克思主义毫不动摇，只要我们把习近平新时代中国特色社会主义思想真正落到实处，落实到各个领域、各个地区和城乡基层，中国共产党和中华人民共和国就永远处于大有可为的战略机遇期。如果我们放弃了马克思主义和社会主义，我们不仅会丧失战略机遇期，而且会步苏联亡党亡国之后尘。

四　"和平、发展、共享"是争得未来发展重要机遇期的时代旗帜

习近平总书记指出："只有聆听时代的声音，回应时代的呼唤，

---

① 《毛泽东文集》第 8 卷，人民出版社 1999 年版，第 321 页。

认真研究解决重大而紧迫的问题，才能真正把握住历史脉络、找到发展规律，推动理论创新。"① 无论对当代中国还是当代世界，都是这样。在弄清了我们在当今世界所处的时代方位之后，认真研究这一时代之中存在的具体而又重大的问题，则成为另一项十分重要而又迫切的任务。

1984 年 10 月，邓小平指出："国际上有两大问题非常突出，一个是和平问题，一个是南北问题。还有其他许多问题，但都不像这两个问题关系全局，带有全球性、战略性的意义。"② 1988 年 12 月 21 日，邓小平又指出："当前世界上主要有两个问题，一个是和平问题，一个是发展问题。和平是有希望的，发展问题还没有得到解决。"③ 1989 年 11 月 23 日，邓小平指出："我希望冷战结束，但现在我感到失望。可能是一个冷战结束了，另外两个冷战又已经开始。一个是针对整个南方、第三世界的，另一个是针对社会主义的。西方国家正在打一场没有硝烟的第三次世界大战。所谓没有硝烟，就是要社会主义国家和平演变。"④ 1990 年 3 月 3 日，邓小平又强调："和平与发展两大问题，和平问题没有得到解决，发展问题更加严重。"⑤ 从一定意义上讲，正是因为当时紧紧抓住了和平与发展这两个关系全局、带有全球性、战略性意义的问题，才最终确立了邓小平理论的国际意义和世界意义。

和平与发展这两大问题与人类社会一道跨入 21 世纪。2017 年 5 月 14 日，习近平在"一带一路"国际合作高峰论坛开幕式上的演讲中明确提出："从现实维度看，我们正处在一个挑战频发的世

---

① 习近平：《在哲学社会科学工作座谈会上的讲话》，人民出版社 2016 年版，第 14 页。
② 《邓小平文选》第 3 卷，人民出版社 1993 年版，第 96 页。
③ 同上书，第 281 页。
④ 同上书，第 344 页。
⑤ 同上书，第 353 页。

界。世界经济增长需要新动力,发展需要更加普惠平衡,贫富差距鸿沟有待弥合。地区热点持续动荡,恐怖主义蔓延肆虐。和平赤字、发展赤字、治理赤字,是摆在全人类面前的严峻挑战。"①

习近平坚持和发展了邓小平理论中关于"当前世界上主要有两个问题,一个是和平问题,一个是发展问题"的重大判断。习近平总书记立足于中国共产党和中华人民共和国这一大党大国实际,洞察人类历史发展规律,放眼当今世界发展现状,展望未来世界发展走向,十分敏锐地捕捉到"和平问题没有得到解决,发展问题更加严重"延续发酵所必然产生和已经产生的结果,即全球范围内的贫富差距越来越大等一系列问题,及时提出"和平赤字、发展赤字、治理赤字"这三大关系全局、带有全球性、战略性意义的问题。

习近平所说的"和平赤字""发展赤字"是邓小平所力求解决的和平与发展问题,而他所说的"治理赤字"本质上是随着经济全球化和国际金融危机的深化新带来的共享问题。当今世界所面临的和平与发展这两大问题没有得到解决,共享这一新出现的问题越来越突出地摆在世界各国人民面前。所以,我们完全可以说,当今世界面临着亟待解决的"和平、发展、共享"这三个重大的全球性问题。

(一) 和平问题

2008 年国际金融危机以来,世界经济增长乏力,仍未走出低谷,新一轮更大的金融乃至经济危机仍在酝酿与积聚。全球目前正经历着艰难、复杂多变的时刻,世界正处于百年以来的大变局。资本主义霸权国家为了走出和转嫁危机,加紧在一些地区制造国际紧张形势。国际金融危机爆发之后,美国著名智库兰德公司向美国国

---

① 习近平:《携手推进"一带一路"建设》,《人民日报》2017 年 5 月 15 日。

防部提交了一份评估报告，评估发动一场战争来转嫁目前经济危机的可行性。资本主义历史上的经济危机，特别是1929年开始的资本主义世界经济大危机，使美国真正走出危机的不是"罗斯福新政"，而是第二次世界大战。目前，国际金融垄断资本为了维护美元霸权和金融化积累机制，利用其经济金融、政治文化、科技军事和规则规制等综合霸权，配合其时而加息召唤美元回流、时而量化宽松放任美元在全球泛滥等金融手段，在全球战略要地制造地缘政治麻烦和种种事端，在相关国家不时掀起金融经济风暴，以转嫁其国内危机、维护其世界霸权。同时，西方国家对中国有着深深的意识形态偏见、制度偏见和战略疑惧，正在发展的中国遭遇西方霸权国家的遏制、打压越来越公开、急遽。叙利亚危机、乌克兰危机等地缘政治冲突，已经威胁到世界上相关主要大国的核心战略利益，各个大国在背后的较量与博弈日益激烈。西方军事霸权主义可能抬头，绝不能排除其日益增长的战略冒险，对此我们必须高度警惕。

（二）发展问题

经济全球化和区域经济一体化是大势所趋，但迄今为止的经济全球化仍然主要是由国际金融资本主导的全球化，在国际经济秩序中存在着许多不平等、不公正、不合理的现象。

今天的人类社会创造与积累了巨大的物质财富，但是经济、政治和文化条件的不平衡不仅存在于多数国家与地区的内部，而且存在于不同国家、不同地区之间，并且这种贫富差距的扩大不仅没有停止，而且呈日益扩大之势。资本的全球流动使其获得了前所未有的权力，科学技术的进步和复杂的社会与国际分工体系使得劳动者的联合远比大工业时代更为困难。在经济全球化浪潮下，无论是发展中国家，还是发达国家，都存在大量的利益受损者，特别是那些缺乏技术的蓝领工人。资本回报率远高于经济增长率，更高于劳动收入增长率。

世界经济整体复苏还有较长的路要走，国际金融经济领域仍然存在很多不确定性和风险。各国经济结构调整面临不少困难，各种贸易摩擦和保护主义上升，经济全球化进入深度调整期和再平衡期。当前全球经济增长动力不足，发达国家内部出现明显的"逆全球化"的现象。美国加紧重构区域经济贸易合作体系，奥巴马时代美国期待重塑全球经贸规则，特朗普时代倡导美国优先的贸易保护政策，这实质上仍然是企图继续主导国际经贸新规则、新标准，以维护其霸权私利。2008 年国际金融危机的爆发，预示着发达国家主导的经济全球化模式、资本主义发展道路和全球经济金融治理体系迫切需要结构性调整。现在的世界正处于代表绝大多数人利益的国家与代表极少数人利益的国家之间竞争、较量的"相持阶段"。整个危机极可能再延续十余年甚至更长时间，我们要充分估计到这次世界经济调整的长期性、曲折性、残酷性和血腥性。从根本上说，促进世界经济的持续健康发展需要更加公正合理的全球化和新的发展体制机制。

（三）共享问题

习近平所说的"治理赤字"的解决途径是"共商、共建、共享"这三个原则。在这三个原则中，"共商""共建"是手段，"共享"才是目的。在"和平、发展、共享"这三个全球性问题中，"共享"既是"和平与发展"的目的，同时又是"和平与发展"的决定性前提。"共享"无论在"共商、共建、共享"这三个原则中，还是在"和平、发展、共享"这三大全球性问题中，都处于目的性的位置。可是在当今世界，"共享"却成为令人忧虑、亟待解决却又十分难以解决的突出的现实重大问题。其实这个问题早已出现，但至今尚未解决。列宁明确指出："典型的世界'主宰'已经是金融资本……整个世界的命运简直就掌握在几百个亿万富翁和百万富翁的手中。"① 1916 年上半年，列宁在其著名的《帝国主义是资本主义的最高阶段》中更是明确指出："资本主义已经发展到这样的程度……大部分利润都被那些干金融勾当的'天才'拿去了……人类历尽艰辛所达到的生产社会化这一巨大进步……却造福于投机者。"②

数据是枯燥的，但有代表性的数据往往会通过最为简捷的呈现方式直指事物的本质。为了充分证明列宁当年关于帝国主义时代的判断没有过时，同时也是为了充分证明习近平总书记提出的关于共享问题的正确和重大，笔者在这里用近几年来发达资本主义国家披露的相关数据进行佐证。2016 年 1 月 18 日，在达沃斯世界经济论坛开幕前夕，慈善组织乐施会的报告说："失控的不平等现象导致 62 个人拥有的财富，与全世界最穷的一半人拥有的财富一样多。而 5 年前，这个数字还是 388 人。"③ 美国《外交》杂志 2016 年 1/2 月号刊登的《不平等与现代化》一文指出："1915 年，美国最富有的 1% 人口的收入占全部国民收入的 18% 左右，2011 年则掌握全国 40% 的财富……1965 年，美国 350 强从业的 CEO 的薪金是普通工人的 20 倍，现在则是 273 倍。"④ 2016 年 3 月 9 日，奥利弗·格林在奥地利《新闻报》的文章中说："2010 年，拥有一半世界最贫穷人口的财富的人能够装满一架飞机的话，2015 年则只能装满一辆巴士。"⑤ 2016 年 5

① 《列宁全集》第 27 卷，人民出版社 1990 年版，第 142 页。

② 《列宁选集》第 2 卷，人民出版社 1995 年版，第 594 页。

③ 《乐施会报告称全球 1% 富人财产超 99% 的人》，http：//www.xinhuanet.com/world/2016 – 01/19/c_128643820.htm。

④ [美] 罗纳德·英格尔哈特：《不平等与现代化》，https：// www.foreignaffairs.com/ articles/ 2015 – 12 – 14 / inequality-and-modernization。

⑤ 单超、刘小兰：《自由主义只能加剧全球范围内的不平等，人类真正的、唯一的出路是社会主义——关于〈2018 年世界不平等报告〉及萨米尔·阿明的评论》，《世界社会主义研究》2018 年第 5 期。

月 23 日，美国《时代》周刊刊登了拉娜·福鲁哈的《美国资本主义的重大危机》，文中说：美国"金融部门目前占美国经济的7%左右，大约高于 1980 年的 4%，但它目前拿走全部公司利润的25% 左右，创造的就业岗位却只占区区 4%"①。2018 年 10 月 5 日，美国《外交》双月刊网站发文说："2016 年，美国最富有的 0.1%的家庭所拥有的财富与最贫穷的 90% 的家庭相当。虽然自 1986 年以来，90% 底层家庭的平均财富保持在同一水平，但 1% 顶层家庭的平均财富增加了两倍多。"②2018 年，财富集中在极少数人手中的状况进一步加剧，26 名亿万富翁的资产相当于全世界一半人口——38 亿人财富的总和。③ 不同社会成员之间的贫富分化给世界政治与社会带来巨大的冲击，反过来又导致增长和分配、效率和公平特别是资本和劳动之间的矛盾更加恶化。

罗马教皇方济各在其 2013 年出版的首部宗座劝谕书《福音的喜乐》中，以各种犀利的言辞批判了现代资本主义制度的种种弊端。他表示：资本主义经济是劫掠穷人的经济，其本质无异于"谋杀"。他断言："资本主义专制"将导致更广泛的社会动荡；由这个体制造成的不平等将"不可避免地"导致崩溃和死亡。他表示，这个体制鼓励毫无节制的消费主义思想，西方金融体制需要"全面整顿"。④

贫富差距鸿沟是世界经济增长缺乏新动力、发展缺乏普惠平衡、地区热点持续动荡、恐怖主义蔓延肆虐的经济根源，是世界

---

① 詹杭颖、马丽：《国际报告：世界最富有 62 人拥有全球一半人口财富》，https：//world. huanqiu. com/ article / 9CaKrnJThp3，2016 年 1 月 19 日。

② ［美］沃尔特·沙伊德尔：《不平等社会》，颜鹏飞等译，中信出版社 2019 年版，序言。

③ 参见《富人更富穷人更穷！全球 26 名顶级富豪财富等于 38 亿底层人口资产总和》，http：//www. sohu. com/ a / 291164686_130887。

④ 《教皇批判资本主义制度弊端被指针对欧洲和美国》，《环球时报》2013 年 11 月 28 日。

"和平赤字、发展赤字、治理赤字"的根本原因。这说明，一是和平与发展是问题的表象，能否共享是问题的根源和实质；二是和平与发展是我们要达到的彼岸和目标，设法解决共享是我们达到彼岸和目标的桥与船，即根本路径；三是共享问题如果得不到有效解决，和平与发展这两大问题的解决也无从谈起。从本质上说，全球范围内国家与国家之间或各个国家内部贫富差距鸿沟现象的出现是资本主义所必然酿就的罪孽。这并不是社会主义的失败或终结，而恰恰是社会主义凤凰涅槃、浴火重生的先决性条件。

在一定意义上讲，高屋建瓴地抓住事物的根本矛盾，正确地提出问题，就在解决问题的征程上走了一半的路程。习近平在邓小平"和平与发展两大问题"之外，深刻地提出"共享问题"这一"和平与发展两大问题"存在的根源和解决的根本路径，无疑具有十分重大的理论与现实意义。什么是共享？从一定意义上说，在社会主义初级阶段，共享是社会主义的本质属性和根本特征之一。党的十八大之后，习近平总书记在我国内提出"创新、协调、绿色、开放、共享"这五大发展理念，其中共享是落足点。在解决当今世界存在的两大问题时，习近平总书记又提出"共商、共建、共享"这三大理念，其中共享又是落足点。这也就是说，不仅只有社会主义才能救中国，而且只有社会主义才能最终救世界，这是颠扑不破的真理。今后的世界史将是进一步证明这一真理正确性的历史，是证明习近平总书记所说的我们依然处在马克思主义所指明的历史时代这一重大结论正确性的历史，这是我们对中国特色社会主义和世界社会主义的根本信心所在。

当前世界力量对比变化
及其发展趋势

刘须宽

习近平总书记指出："认识世界发展大势，跟上时代潮流，是一个极为重要并且常做常新的课题。"[①] "跟上"时代潮流，在某种意义上说明我们还没有足够的能力引领世界潮流，但从"跟跑""并跑"到"领跑"转变的必然性，都蕴含在马克思主义所揭示的历史规律和发展趋势里，只是需要时间去证明。关于世界发展形势和力量变化的课题之所以"常做常新"，在于世界变化快，力量博弈分野多，看清当前世界力量对比变化及发展趋势，是中国顺应世界发展潮流的立足点。必须以世界眼光洞悉全球风云变幻，以历史脉络把握长远发展趋势，以理论自信正确看待当下的起伏波动，既不低估国际格局发展演变的复杂性、斗争性、长期性与不确定性，又要坚信"世界多极化"发展态势与"社会主义必然胜利"的合规律性与确定性。

---

① 《习近平谈治国理政》第 2 卷，外文出版社 2014 年版，第 442 页。

一 全球发展形势与力量对比发生了巨大而深刻的变化，但我们依然处在马克思主义所指明的历史时代

习近平总书记在主持十八届中央政治局第 43 次集体学习时指出："尽管我们所处的时代同马克思所处的时代相比发生了巨大而深刻的变化，但从世界社会主义 500 年的大视野来看，我们依然处在马克思主义所指明的历史时代。"① 这个时代依旧处在马克思所指出的"两个绝不会"与"两个必然"必然会切换的历史时代。要从"两个绝不会"和"两个必然"的辩证关系来理解；从帝国主义是资本主义发展的高级阶段来理解；从邓小平的 70 年论断来理解；从习近平新时代中国特色社会主义思想来理解。

第一，依然处在资本劣根性不断显现，社会主义优越性不断展现的时代，资本主义文明最终必然会被新型的社会主义文明形态所替代。放眼世界社会主义 500 年的历史跨度，理解资本主义的发展、兴起与壮大，不仅要具有历史分析的眼光，也要具有辩证思考的站位。马克思主义所指明的阶段，就是社会主义必然胜利和资本主义必然灭亡的阶段，是力量对比缓慢发生变化的阶段，更是资本主义潜能不断耗尽，矛盾不断积累，劣根性不断展示的阶段。要不畏浮云遮望眼，不因一些表象的变化而误判发展的时代。在帝国主义的发展史中，金融资本的掠夺性和进攻性更加明显。在 19 世纪末、20 世纪初，伴随着第二次科技革命的电气化，以卡特尔、辛迪加、托拉斯、康采恩等垄断组织为代表的资本集聚群落把资本主义

① 《习近平谈治国理政》第 2 卷，外文出版社 2017 年版，第 66 页。

推进到资本增长和积累的发展新境地，即帝国主义阶段。考茨基从资本主义"政策化"理解帝国主义，认为："帝国主义是高度发展的工业资本主义的产物。帝国主义就是每一个工业资本主义民族力图愈来愈多地吞并或征服农业区域，而不管那里住的是什么民族。"① 并以"超帝国主义"概念来解释新变化，认为超帝国主义"暂时也可能带来资本主义范围内的一个新的希望和新期待的时代"②。库诺则从"一个通向社会主义的必然过渡阶段"来理解帝国主义，"这个阶段不过是前进了的，加强了的资本主义，现在在其中起主要作用的不再像从前那样是原来的工业资本，而是已经当权的金融资本"。③ 这种金融资本通过驾驭工业资本最终在发达国家取得发号施令的支配权，成为左右资本主义经济生活的决定性因素，资本主义表面上的经济掠夺、资本输出、殖民扩张最终都让位于操控金融资本的金融寡头。列宁从无产阶级革命的立场，资本主义发展的必然性视野，对考茨基的"超帝国主义论"提出严肃的批判，揭露其把帝国主义作为"政策"理解的狭隘性、欺骗性和反动性，是对革命的背叛，也是对时代理解的误判。垄断最为资本主义的发展阶段，也是弊端不断积攒和暴露的阶段，生产的私有化和资本主义私人占有制度之间矛盾不断激化的阶段。财富的私有化，加剧经济的垄断化，促成金融寡头化，必然积累内部矛盾，通过侵略扩张转移矛盾或者输出困境，依靠掠夺维持稳定，更加突出其寄生性和腐朽性，资本主义的"严重过剩、信用过度膨胀、通货膨胀严重、政府财政赤字急剧增加"的"四大病态"④ 正在加速其灭亡。

---

① ［德］考茨基：《帝国主义》，生活·读书·新知三联书店1964年版，第2页。

② 同上书，第37页。

③ ［德］亨利希·库诺：《党破产了吗?》，韦任明译，史集校，生活·读书·新知三联书店1977年版，第11页。

④ 吴茜：《新自由主义资本积累方式与国际金融危机》，《红旗文稿》2012年第13期。

因为"生产资料的集中和劳动的社会化，达到了同它们的资本主义外壳不能相容的地步。这个外壳就要炸毁了。资本主义私有制的丧钟就要响了。剥夺者就要被剥夺了。"①

第二，资本垄断与金融寡头依然是世界统治主体，资本主义的寄生性和腐朽性更加凸显，霸权主义依然盛行，金融资本在不断全球化过程中剥削越发隐蔽。就资本主义操纵全球金融资本的影响力、资本的当量和动员力、铸币权的垄断性、世界各国金融与实体经济联系的紧密性而言，无孔不入的资本把垄断组织的意志上升为国家意志，甚至世界意志，跨国资本获取超额利润更加得心应手。当前帝国主义发展新帝国主义阶段，也可以叫世界金融帝国主义阶段。尽管出现了一些新变化，如国际金融资本获得超额利润不再直接面对产业工人，而是更加隐蔽地实施间接剥削，金融资本左右发展中国家更多被冠以推进自由和民主的高尚理由，但帝国主义的本质没有变，依然是列宁在《帝国主义是资本主义的最高阶段》中主张的那样，金融资本的统治依然是资本主义发展到帝国主义阶段的核心标志，马克思主义所揭示的资本主义体系内的基本矛盾不仅没有解决，反而是越积累越严重，世界金融资本统治的帝国主义时代特征更为明显，只是资本主义的学习能力和自我调适能力暂时抑制了其腐朽性，"两个绝不会"的前提决定了其垂而不死的阶段性特征。列宁早已指出："帝国主义最深厚的经济基础就是垄断。"②"帝国主义是资本主义的垄断阶段。"③列宁所预见的过剩资本的金融化输出，"导致对世界的直接的瓜分"④，这种情况不是减轻了，而是加剧了，瓜分世界的资本家国际垄断同盟已经形成，这种瓜分

---

① 《马克思恩格斯文集》第5卷，人民出版社2009年版，第874页。
② 《列宁选集》第2卷，人民出版社2012年版，第660页。
③ 同上书，第650页。
④ 同上书，第631页。

不再以控制土地为标志，而是控制相关国家的经济命脉。国际金融垄断集团更加间接地实施在实体生产领域榨取剩余价值的剥削手段，"以钱挣钱"或依靠"虚拟货币赚钱"，"即以美国为首的发达资本主义国家通过国际货币基金组织和世界银行等世界经济管理机构，迫使发展中国家接受金融自由化政策，为国际金融垄断资本构建自由进出各国并确保其套利套汇收益的平台，以便其策划大规模的资产贬值和财富转移，掠夺发展中国家人民创造的民族财富"①。

二　依托于全球化和市场至上论，资本主义实现从帝国主义时代向全球金融帝国主义时代转变趋势没有变

疯狂追求利润而又不愿意接受监管，或者说监管方与疯狂获利的资本彼此抱团，在全球化的大背景下，工业生产向边缘地区或国家转移，美国的很多大型企业纷纷缩减本土投资而青睐发展中国家。主要资本主义国家通过政治和军事手段，为财产的无限积累奠定了良好的权力基础，全球资本积累与美国等西方国家的全球政治控制、与自由市场论调同步。

第一，通过复制资本主义的生产关系，贩卖自由市场论调，在全球范围内分享生产力红利、制度红利、自由市场红利与金融垄断利润。实践证明垄断着金融资本的大国通过经济全球化、金融全球化，不仅拓宽了影响范围，更重要的是有利于把本国的经济危机与环保危险项目转嫁给别的国家。越来越多的资本集团的生产、经营跨越了国界，国与国之间的分工合作依赖度日益增大，产品元器件

---

① 吴茜：《新自由主义资本积累方式与国际金融危机》，《红旗文稿》2012 年第 13 期。

生产散布在世界各个角落，交通升级与消费产品融汇更是一日千里。与早期的资本对土地农产品与种养殖能力的依赖不同，大工业资本生产要受土地场所的制约，而金融资本则大大剥离了对农业、土地的依赖，以虚拟化的手段、数字化的网络、键盘化的操作、智能化的管控就能赚取大把利润。

第二，金融的资本能直接左右主权国家，国民对资本的依赖越来越大于对于民族国家的依赖，引发新的民族认同新危机。不断扩张的资本积累必然要渗透到所在国家的政治生活之中，甚至捆绑当地的政治力量和必要资源，实施领土控制，这是金融资本主义国际化的必然逻辑，这是赚取更多利润和转移危机的需要。希腊债务危机根源在资本主义制度根源，导火索是肇始于美国的全球经济金融危机，"面对周期性出现的积累过剩危机，资本主义体系的核心国家，利用在边缘国家制造主权债务危机、创造贬值资产的剥夺性积累方式来转嫁其国内的危机。希腊债务危机爆发后，欧元面临解体风险，而美元霸权则得到巩固"①。英国"脱欧"可能是欧元区解体的开始，很多国家在危机中感觉到，正如"希腊人自己觉得，他们的命运操纵在市场和外国政府手中"②。资本主义的金融资本逻辑与政治逻辑的结合，使得主要国家掌控着让世界碎片化整合或者是整体碎片化的夺天造化能力，而越是弱小，就越是任人宰割。

第三，经济全球化使资本以不同的形态在世界范围内流动，污水与环境危害与资本往往是逆向流动的，"资本流动所产生的利润或经济剩余却在向西方转移和集中"③，环境破坏造成的代价向非西

---

① 陈硕颖：《透视希腊债务危机背后的资本主义体系危机》，《马克思主义研究》2010 年第 6 期。

② ［德］西格玛·加布里尔：《金融危机时代的民主和正义》，《西式民主怎么了Ⅱ——西方人士评西方民主》，学习出版社 2014 年版，第 55 页。

③ 房宁：《论当代资本主义世界体系的结构与矛盾》，《科学社会主义》2004 年第 1 期。

方聚集。金融资本的血腥与贪婪，决定了发达资本主义国家实行向第三世界的资本扩张的不平等性，第三世界发展中国家所生产的剩余价值在金融资本的引导下，不会仁慈地流向穷人的口袋，更不会助推第三世界国家实现产业升级，倒是一定能把一个破败的环境留下来。发达国家与发展中国家这种围绕利润与资源争夺的矛盾，正在愈演愈烈。

第四，金融资本主义的腐朽性昭示着死亡的必然性。新自由主义作为推进国际垄断资本主义全球扩张的旗手，特别是要求发展中国家敞开国门，降低或取消各种贸易壁垒，为国际垄断资本全球扩张、攫取高额垄断利润造势，为资产阶级精英阶层、各国高官和跨国组织、金融资本之间的自由联盟扫清障碍，把个性自由、市场进出自由、金融贸易投资自由、定价自由、汇率竞争化、国企私有化、外资放任化、利率市场化推向极致，极力倡导自由放任的市场经济。美联储在 2012 年 6 月 11 日的报告中称，金融危机和经济衰退吞噬了美国人近 1/5 世纪的收入，美国家庭的中位数净资产仅在三年中就缩水 39%，剔除通胀因素，美国人的生活大致回到了 1992 年的水平。[1]

"新自由主义资本积累方式实质上是一种为国际垄断资本攫取超额利润所进行的剥削方式创新。这种赤裸裸的帝国主义掠夺行径，比以往任何一种资本积累方式都更具隐蔽性、欺骗性、寄生性和腐朽性。"[2] 利用虚拟金融、有毒资产、概念资本向世界呈现其歇斯底里的贪婪本性，这种掠夺性、寄生性和腐朽性已经不加掩饰，赤裸裸地"圈钱"。有毒资产和金融衍生品的恶性循环，

---

[1] 黄振奇、黄海燕：《发达资本主义国家的经济发展前景黯淡》，《红旗文稿》2016 年第 20 期。

[2] 吴茜：《新自由主义资本积累方式与国际金融危机》，《红旗文稿》2012 年第 13 期。

不断积累着虚假财富泡沫，再加上资本主义国家与垄断集团捆绑的政治结构，不仅不能防范危机，反而不断扩大危机。"积累模式难以为继的经济危机、财富分配极端不公的社会危机、政府合法性降低的政治危机、环境成本侵蚀利润的生态危机和南方国家再度兴起的地缘政治危机"①，这些系统性危机也是资本主义制度系统性失败的表现。越来越多的人认识到，这种以维护人类最高价值准则为口号的"自由"论调，不过是国际垄断资本掠夺和剥削发展中国的理论工具，不仅要实现"资本向世界流，利润向西方流"，也要实现"政治往西方靠"。"2010年以来，在大多数欧洲国家，尤其是法国、德国、英国和意大利，最富裕的10%人群占有国民财富的60%。"②"最令人惊讶的事实无疑是：在所有这些社会里，半数人口几乎一无所有：最贫穷的50%人群所占有的国民财富一律低于10%，一般不超过5%。在法国，根据最新数据（2010—2011年），最富裕的10%占有财富的62%，而最穷的50%只占有4%。在美国，美联储最近所做的调查覆盖相同年份，表面最上层10%占有美国财务的72%，而最底层的半数人口仅占2%。然而请注意，像所有调查一样，财富都是主动申报的，因而这一来源低估了最大财富的数值。"③ 经济私有化扩大与两极分化的荒谬越明显，财富集中度越高，越是革命的前夜的到来之时。全世界人民的财富安全和生存保障，决定金融寡头通过操纵美联储滥发美元的时代必须结束，当新自由主义失灵、全球化受困、还债无力、超高财政赤字加剧，越发积重难返之时，资

---

① ［比］马克·范德皮特：《全球资本主义深陷五大危机》，《参考消息》2011年2月18日。
② ［法］托马斯·皮凯蒂：《21世纪资本论》，巴曙松、陈剑、余江、周大昕、李清彬、汤铎铎译，中信出版社2014年版，第205页。
③ 同上。

本积累模式的死局就必须从这种制度内爆来实施自救。

三 在全球实现金融无界化以后，以美国为代表的资本主义国家"向内走"，而以中国为代表的社会主义国家积极"向外走"

随着西方世界各国的民粹主义、排外情绪和反全球化思潮蔓延，东西方国家之间，乃至西方国家之间彼此的裂缝正在增大。世界经济低迷局势并未好转，地缘政治思潮泛滥，单边主义不断助长全球贸易中的歪风邪气。而欧盟的不确定性增加，美国贸易保护主义抬头，致使经济全球化和区域一体化遭遇空前挫折。面对难民危机各国筑篱笆、建围墙多于开门接纳。失序的世界需要新和平的建设者、全球发展需要新的稳定力量。世界需要"向外走"的多元文化交融、经贸往来、互惠共赢局面的推动者，而选择"向内走"则有悖共建共享的多边主义原则。

美国哲学家理查德·罗蒂说："整个人类应该向着一个全球共同体靠拢"，拥有"生存理性"或"技术理性"的人类在日益复杂多变的交往中，必须具有"一种能够使个人和群体与其它个人和群体和平共处，自己活也让别人活，并汇集各种新的、融合的、妥协包容的生活方式的美德"。[①] 今天，世界不仅仅从中国经济是世界经济增长的稳定器来评价和衡量中国，更是看到了中国作为负责任大国的全球政治价值。正如国际货币基金组织总裁拉加德主张的那样："世界需要像中国这样的领导力量。"单一大国左右全球命运的时代已经终结，世界不会走向"文明终结"，而是走向全球文明真

---

① ［美］理查德·罗蒂：《一种关于理性和文化差异的实用主义》，蒋劲松译，《哲学译丛》1994 年第 6 期。

正开始的时代。那种单边狭隘的保护主义，正在被多边普惠共赢的全球价值取代。面对"逆全球化"势头，世界需要一个有担当的国家出来遏止与再平衡。正如约翰·奈斯比特所主张的那样："美国的所作所为是对中国政治自信心的提振，中国治理模式将会受到更多追捧，中国的地位也会随之更加稳固。"① 西方国家的优势地位、政治地位正在陷入不可逆转的衰败中，而中国在世界上扮演的角色、所处的地位、大国的形象、全球引领效应正在发生积极的改变。

"美国的整体趋势是'向内走'，而中国则是'向外走'"②，这只能证明西方的没落与衰败，西方正在为世界和平发展大局增加新的不确定性。而中国正在增加这种确定性。俄罗斯人民友谊大学教授尤里·塔夫罗夫斯基，在他的专著《习近平：正圆中国梦》中这样评价习近平：有极高才智的人、有坚定信念的人、担当现在和创造未来的人，是"中国号"船的新舵手③，带领中国平静崛起。布热津斯基也用"睿智而有远见"评价习近平。《华尔街日报》文章则称：不少专家学者认为，习近平的智慧和方案有助于破解"文明冲突论""修昔底德陷阱"和"金德尔伯格陷阱"。博鳌亚洲论坛理事长认为："倡导相互尊重、公平正义、合作共赢的新型国际关系理论贯穿了人类命运共同体理念，以实现持久和平、共同繁荣的人类梦想作为最终目标。对于习主席提出的新型国际关系理论，我举双手赞成。"开放、包容、普惠、平衡、共赢的理念，正在扩大其世界想象。和平、繁荣、开放、创新、文明理念正沿着"一带一路"延伸。西方松散的联盟与东方所倡导的命运共同体有天壤之别，前者当不了老大，就破坏联盟，或者像特朗普那样颐指气使，

---

① 陈静：《未来已来：中国创造大趋势——访世界未来学家约翰·奈斯比特夫妇》，《中国社会科学报》2018 年 4 月 12 日。
② 同上。
③ ［俄］尤里·塔夫罗夫斯基：《习近平：正圆中国梦》，《学习时报》2016 年 3 月 10 日。

威胁别国，大搞贸易保护战，提出诸多不合理的惩罚性关税与保护性贸易措施。后者不愿意当老大，只主张在平等协商的基础上共建美好新世界，愿意尊重每一个主权国家、民族国家或地区的意见，在互惠中实现共建共赢共享。

四 世界整体态势依然处于"资强社弱"时代，局部上以美国为代表的资本主义由盛转衰，以中国为代表的社会主义国家由弱变强

就资本主义与社会主义的力量对比以及各自展示出的经济实力与话语权而言，能够决定世界格局发展变化的最重要因素，依然是两大阵营中的少数国家，与弱小国家相比，经济大国作为国际行为主体，发挥着实质性作用。孟晚舟被加拿大错误拘捕事件及其后续态势表明，世界还是那个帝国主义强权横行的世界，但中国已经不再是那个任人欺凌的中国。

第一，"资强社弱"总体态势没有发生根本改变。资本主义发展史以及它所建构起来的一整套国际经济与政治秩序表明，国际秩序构建的决定权为少数的大国所掌控，以美国为代表的资本主义国家影响力最大。当前所建构起来的世界秩序体系，必然带有资本主义的利益倾向性。我们必须承认：人类历史仍处在资本主义占主导地位的时代，"如果从英国资产阶级革命战胜封建统治算起，资本主义社会历时还不到400年"①。在这400年中所创造的财富总和是资本主义之前时代所不能比拟的。今天，资本主义之所以能够按照其意志，依靠金融魔杖、利率操纵、虚拟经济使全球股市在波峰与

① 李长久：《对资本主义的几点认识》，《红旗文稿》2012年第8期。

波谷间自由切换，利用人造繁荣与刺破泡沫的主宰权，操控世界金融市场，通过转移危机与制造危机为发达资本主义国家的垄断金融组织与寡头聚集财富，最后还要"挥起美元利剪，无情地剪去了每一只待宰羔羊身上丰饶的羊毛"①。归根结底，还是"资强社弱"造成的。特别是主导世界铸币权的美国，通过金融虚拟化、经常性的量化宽松与货币超发，把世界拖入美元主动的困局之中，使得美元超越了货币符号而走向能够牵引世界发展的价值实体化。"美国印制的约五千亿美钞中的三分之二是在境外流通的，约四分之三新增发的美钞被外国人所持有。"②

在社会主义博弈力量有限的前提下，由少数西方发达国家组成的既得利益集团，利用战略捆绑和强大的综合实力，制约着有利于发展中国家的国际规则出台，依靠掌控现行的诸多国际规则，始终把金融垄断组织的利益放在第一位，并抑制社会主义力量的生产。单从国际分工体系来看，"发达国家凭借其资本、科技、人才，营销和消费方式上的优势或先机，占据了高附加值、高技术含量的产品和服务市场，而大多数发展中国家则处于国际分工链条的末端，成为全球市场上为劳动密集型、低附加值、低技术含量产品与服务的提供者"③。西方发展资本主义国家大约有 10 亿人口，其控制的市场规模、金融体系、国际分工主导权、科技创新力、人才聚集效应、军事力量乃至自然条件都不是广大发展中国家，特别是少数社会主义国家能够比肩的。以美国、欧元区国家为代表的主要资本主义势力，依然能左右国际规则的废止与确立，基于"意识形态"的同盟色彩依然浓厚，北约联盟在关键时刻依然能够"一致对外"，

---

① 乔良：《警惕美国鲸吞中国财富的金融大战略》，《学习活页文选》2014 年第 35 期。
② 张宇燕：《关于世界格局特点及其走势的若干思考》，《国际经济评论》2004 年第 3 期。
③ 张宇燕：《雅尔塔体系的终结与当今世界格局》，《当代世界》2005 年第 5 期。

这是左右当今世界走向、理解世界格局、看待力量对比变化的基本脉络。

马克思在《〈政治经济学批判〉序言》中指出:"无论哪一个社会形态,在它所能容纳的全部生产力发挥出来以前,是绝不会灭亡的;而新的更高的生产关系,在它的物质存在条件在旧社会的胎胞里成熟以前,是绝不会出现的。"当前,资本主义的私人占有的生产关系对社会化大生产力的发展仍具有一定的容纳能力。资本主义在多次重大经济危机中能化险为夷,这与资本主义生产关系依然具有应对内外压力的弹性有关,也与资本主义的反思、学习能力有关。

第二,以美国为代表的主要资本主义国家开始走向衰落。一个不符合历史潮流的帝国注定是要走向黄昏的,"两个绝不会"总归要在时间的淘洗中转化成"两个必然",以美国为代表的主要资本主义国家由盛向衰的转化已成事实。虽然不能断言 2008 年的世界性金融危机是资本主义走向衰落的转折点,但种种趋势表明"美国梦"与"欧洲梦"正在破碎。早在新千年之初,亨廷顿就哀叹:未来 15 年内,"俄罗斯将东山再起,印度可能会崛起成为一个有影响的角色。长期趋势无疑是朝着这几个大国的力量进一步平衡、美国优势下降的方向发展"①。

托克维尔曾批判美国人把金钱放在最重要的位置,穆瓦兹·奥斯特洛戈斯基也指出为致富奔波的美国没有远见,沉醉于物质主义之中,他们不顾及遥远的结局。这暴露出美式的现代化,不是中国人所追求的现代化之路,物质至上的发展道路,也不是世界美好未来的优质化发展路线。政府停摆,借债度日的赤字财政不断走高,

———————

① [美] 亨廷顿:《正在形成的另一种世界新秩序》,《曼谷邮报》(泰国) 2001 年 1 月 28 日。

寅吃卯粮，表明美国已经积重难返。"西方国家现在是在吃老本，吃它们上百年来积累下的老本。但老本总有吃完的时候，真到了最后'买单'的时候，危机就不可避免。"[1] 面对 80 万亿美元，超过美国国内生产总值 550% 的债务，美国无能力偿还，而很多国家在看到美元的地位动摇之时，纷纷把美元外汇换成更为保值的黄金。一些国家想把存在美国的黄金运回自己的国家，却遭遇美国的阻挠，尽管美联储出面澄清，依然不能抹掉"老赖"的形象。在经验性理解中，一个成年人啃老是要付出代价的，美国作为发达国家还像个婴儿一样吮吸世界其他国家的有限营养，享受高福利，过着奢华生活，把自己的快乐建立在别国的艰辛付出之上，面对这种败家式的"啃老"行为，那些基于美元的"铸币税"而不得不"勒紧腰带"给美国借钱的债权人，不会始终纵容这种邪恶的行为。发达国家利用"国际货币"主导权，向不发达国家出售"债务"以换取消费品，或把过剩资本转移到不发达国家的金融或实体经济中，以平衡国内供需矛盾，但是靠"举债"拉动消费或保持高福利，这是积攒危机而不是化解危机的方式，虚拟经济和金融资本等在短时间内也许能缓和危机冲击，但不能从根本上避免危机，这种虚假繁荣不是"后工业社会"的正确转向，而是虚拟经济和金融危机的加深，正如皮凯蒂所言："在资本主义制度范围内，经济危机是无法避免的。"[2] 资本主义的基本矛盾没有解决，必须通过修正生产关系来确保其存在的历史合理性和生命力，"其作为一种社会形态的历史局限性和暂时性经常被全面危机这样的历史现象集中地呈现出来，而其拥护者所鼓吹的完美性和永恒性则一次次在历史考验中破

---

① 郭纪：《改或不改，都很难——透视西方制度困境》，《求是》2013 年第 9 期。
② ［法］托马斯·皮凯蒂：《21 世纪资本论》，中信出版社 2014 年版，第 263 页。

灭"①。随着巨额债务缠身,我们只是担心那些做着"美国梦"的人,等梦醒来的时候,不要所做的第一件事情就是举国赖账。而美国普利策新闻奖获得者唐纳德·巴利特和詹姆斯·斯蒂尔于2012年在美国出版了《被出卖的美国梦》的畅销,表达了同样的担忧,"那些属于1%群体的人们攫取了社会财富,留给那些属于99%群体的人们的只有焦虑和不安"②。亦如沃尔夫指出,"美国和欧洲的经济动荡不应被理解为金融危机或债务危机,而应被理解为资本主义的制度危机"③。这就触及资本主义存在的合理性了。

第三,以中国为代表的社会主义国家正在攀升变强。沃勒斯坦坦言:"美国霸权正处于毁灭性的衰败中,其在世界资本主义国家中的地位和作用日渐式微。"④ 斯蒂格利茨也认为,在过去近二十年后的今天,美国与中国的强弱之势发生了戏剧性的转变。⑤ 世界在东方和西方之间正在建立新的平衡,美国情报机构预测2025年的全球趋势是这样的:"在西方以美国和欧盟为主,在中亚和中东以俄罗斯和海湾合作委员会国家为主,在东方以中国为主、最终还有印度为主,金融的景观将第一次真正地呈现为全球性的和多极的。"⑥ 在这些主张中都提及美国的衰败与中国崛起的必然性。

中国始终主张围绕和平与发展的时代主题,强化不同制度之间包容与合作,共同构建一个和谐的世界。外界那种怀有敌意的理解

---

① 姜辉:《资本主义的"魔咒"与"绝症"》,《党建》2012年第8期。

② [美]约瑟夫·E.斯蒂格利茨:《不平等的代价》,《西式民主怎么了Ⅱ——西方人士评西方民主》,学习出版社2014年版,第16页。

③ [美]理查德·沃尔夫:《欧美资本主义制度陷入全面危机》,《参考消息》2012年3月16日。

④ 禚明亮:《资本主义还有未来吗?——日本立命馆大学经济学教授李康国与美国耶鲁大学高级研究员伊曼纽尔·沃勒斯坦对话节录》,《理论视野》2015年第5期。

⑤ 白钢:《美国世纪的终结与中国道路的命运》,《研究报告》2014年第10期。

⑥ 李长久:《对资本主义的几点认识》,《红旗文稿》2012年第8期。

认为，中国是"正在崛起的和不满现存国际秩序的大国"①，而中国只是希望搭建更加公平合理的国际秩序。一方面中国反对"国强必霸"的逻辑，另一方面积极参与国际新秩序的建立，维护发展中国家的基本权益，改善现存不合理的国际政治与经济秩序。构建一种以"人民至上""集体主义""义利兼顾""平等和谐""生态美好""包容互鉴"为核心特征的新型人类文明。我们必须清醒地看到，实现中国真正的崛起，还要打赢经济仗、科技仗、制度仗、金融仗与信念仗，要"有意识地、有节制地融合"其他文明的长处，力争为"人类文明提供一个全新的文化起点"②。也许将"两个百年"的目标实现后，才能有更大的博弈权和建议权。

同时要谨防西方学界与舆论的捧杀，高度重视欧美国家的反思能力和改革创新能力。"中美两国集团""中美国""中美共同体""中美共治"③ 是一种危险的捧杀，"要充分估计国际格局发展演变的复杂性，更要看到世界多极化向前推进的态势不会改变。要充分估计世界经济调整的曲折性，更要看到经济全球化进程不会改变。要充分估计国际矛盾和斗争的尖锐性，更要看到和平与发展的时代主题不会改变。要充分估计国际秩序之争的长期性，更要看到国际体系变革方向不会改变。要充分估计我国周边环境中的不确定性，更要看到亚太地区总体繁荣稳定的态势不会改变"④。在这种大趋势指引下，走好自己的路，越是处在艰险的攀爬期，滚石上山的危险期，越是要有危机意识。在如履薄冰中不断提升国际影响力、普惠型国际新秩序建构的话语权、公平正义的表达权，不断在广泛的国际舞台提升社会主义的影响力、感召力，引领世界朝着更加美好的

---

① ［美］哈里·哈丁：《在香港美国商会的演讲》，《南华早报》1999 年 6 月 26 日。
② 张维为：《西方的制度反思与中国的道路自信》，《求是》2014 年第 9 期。
③ 张志洲：《警惕话语陷阱 走好中国道路》，《红旗文稿》2013 年第 21 期。
④ 《习近平谈治国理政》第 2 卷，外文出版社 2017 年版，第 442 页。

方向发展。在未来某一天,《黯然失色:生活在中国经济主导地位的阴影下》所描述的场景一定会实现:"2021 年的某日,美国总统前往国际货币基金组织,签署一份与该组织的中国籍总裁商讨达成的救助贷款一揽子协议。"①

第四,世界无产阶级政党发展的新变化。中国、越南和老挝通过社会主义改革不断彰显出社会主义的优越性;朝鲜在帝国主义的封锁、禁运和破坏下,依然坚定地捍卫社会主义性质,古巴同样如此。即便是资本主义严厉监控下的共产党,也在坚持为社会主义、公平正义和实现公有制而斗争。第 19 届共产党与工人党国际会议向全世界共产党人和人民群众大声呼吁:"资本主义体系陷入深刻的结构性危机,帝国主义正在进行暴力的、危险的、充满剥削性和侵略性的进攻,这一事实证明了社会主义是现在和未来的要求;呼吁进一步扩大反对帝国主义侵略活动、争取和平的反帝战线。"② 在金融危机冲击中,西方反对自由资本主义的左翼力量开始抬头,左翼政党的政治主张直指私人所有制的缺陷,并利用危机不断强化这一判断。"许多西方共产党组织及左翼在国内舞台上站稳脚跟的同时,力量有所恢复,并开展了许多反对资本主义的斗争及活动。"③ 反过来,也要看到西方政党对共产党的打击力度不断增大、"反共疑共恐共"情绪仍然普遍存在,有些左翼政党甚至共产党为求生存,放弃马克思主义的基本主张。各国无产阶级政党依然要做长期斗争的准备:"我们中国要用本世纪末期的二十年,再加上下个世纪的五十年,共七十年的时间,努力向世界证明社会主义优于资本主义。"依然需要不断创新策略和手段,把议会民主方式与议会外

---

① 转引自白钢《美国世纪的终结与中国道路的命运》,《研究报告》2014 年第 10 期。

② 刘春元:《为反对帝国主义战争、争取和平与实现社会主义而斗争——"第19 届共产党和工人党国际会议"评析》,《马克思主义研究》2018 年第 5 期。

③ 姜辉:《资本主义危机与世界社会主义》,《中共杭州市委党校学报》2012 年第 4 期。

群众动员有机结合，把暴力革命和思想争论有机结合，把分散的力量通过共产党与工人党国际会议有机结合。按《共产党宣言》那样告诉世界："过去的一切运动都是少数人的，或者为少数人谋利益的运动。无产阶级的运动是绝大多数人的，为绝大多数人谋利益的独立的运动。"让西方在比较中真切体会："西方国家经济一团糟，中国正令人吃惊地崛起，政府执政能力不能再被忽略了。我们的模式已陷入危机，中国模式正带来佳绩。"①

五　西方学者对资本主义的评判声音越来越多，但反思大多聚焦于表象和形式，不愿意触及资本主义基本矛盾的实质和内容

习近平总书记指出："很多人对资本主义结构性矛盾以及生产方式矛盾、阶级矛盾、社会矛盾等进行了批判性揭示，对资本主义危机、资本主义演进过程、资本主义新形态及本质进行了深入分析。这些观点有助于我们正确认识资本主义发展趋势和命运，准确把握当代资本主义新变化新特征，加深对当代资本主义变化趋势的理解。"② 对"民主万能论"的怀疑和"历史终结论"的反思，资本主义也开始借鉴学习社会主义以人民为中心的发展理念，但他们渴望的更多是集中力量办大事的权力，而不是真正站在人民的立场，为人民谋划幸福。

第一，对民主万能的批判。驴象两党对华尔街的卑躬屈膝，诠释了西方的民主为金融寡头服务的真实面目。德国教授沃尔夫

---

① ［英］马丁·雅克：《西方比中国更民主吗?》，《西式民主怎么了Ⅱ——西方人士评西方民主》，学习出版社 2014 年版，第 125 页。

② 《习近平谈治国理政》第 2 卷，外文出版社 2017 年版，第 67 页。

冈·斯特里克在《民主资本主义的危机》中指出:"当前西方面临的困境是资本主义市场经济和自由民主政治的固有矛盾导致的。"① 加布里尔认为,"可以毫不夸张地说,欧洲民主制度正处于自二战以来最深重的危机之中。这一危机同时也将标志一个时代转折"②。英格尔哈特认为:"假设民主会自动使人幸福,无异于假设尾巴摇狗。"韦纳尖锐指出:"不是民主使人们幸福,相反,是幸福的人们创造了民主。"③ "纳税人不光是承担了危机成本,他们也丧失了部分自由。事实真相是:今天的危险,早已不是国家对市场的扼杀,威胁我们的是,整个民主成了少数投资者财富的牺牲品!"④ "西方政客们将选举胜利这种狭隘的利益看得重于更大的国家长远利益。"⑤ 西方的民主话语权是基于"强权是真理的发源地"这一霸权确立的,明白人都清楚,金钱是民主的母乳,普华永道、高盛公司、政治献金库是民主的主宰者,美国最高法院认为,竞选活动需要钱,民众有权用钱去支持他们认可的候选人,这就是言论自由的体现。事实上,"民主对于权贵来说是一种噩梦,它赋予民主之广泛的监督权,使权力阶层如芒在背"⑥。葡萄牙社会学家阿·德·桑托斯认为,目前的危机让人

---

① 彭成义:《从资本主义体制内外看西方困境的四种视角》,《红旗文稿》2013 年第14 期。

② 〔德〕西格玛·加布里尔:《金融危机时代的民主和正义》,《西式民主怎么了 II——西方人士评西方民主》,学习出版社 2014 年版,第 63 页。

③ 〔美〕埃里克·韦纳:《民主输出者颠倒了民主与幸福的因果关系》,高明秀译,《红旗文稿》2009 年第 13 期。

④ 〔德〕西格玛·加布里尔:《金融危机时代的民主和正义》,《西式民主怎么了 II——西方人士评西方民主》,学习出版社 2014 年版,第 57 页。

⑤ 〔美〕迈克尔·舒曼:《债务危机凸显西方民主的缺陷》,《参考消息》2011 年 8 月16 日。

⑥ 〔美〕迈克尔·帕伦蒂:《少数人的民主》,张萌译,北京大学出版社 2009 年版,第336 页。

"有理由认为资本主义是反民主的"①。如《纸牌屋》那样，"要么狩猎，要么被猎"。"当选者对政治献金捐献者回报，这在西式民主制中乃是合法的腐败。"② 连美国保守派学者福山都认为，"在美国政治体系中，金钱已经成为选举的王牌，最高法院认可企业有权利用雄厚的经济实力来支持有利于它经营的候选人和政策"。"在布什政府大选筹款中立下汗马功劳的'先锋'俱乐部中，43 人被委以要职，其中部长 2 名，出任欧洲各国大使 19 名。"③ "越来越多的公民认为，经济强势者、游说集团、银行、金融市场正在左右着他们的生活。还有相当一部分人认为，我们这些人——政治家们——根本无心改革，而是只顾自肥。"④ 布热津斯基说："今天的问题是，在失控和可能仅为少数人自私地谋取好处的金融体系下，在缺乏任何有效框架来给予我们更大、更雄心勃勃的目标的情况下，民主是否还能繁荣，这还真是一个问题。"⑤

第二，对历史终结谬误的批判。日裔政治学者弗朗西斯·福山也不得不承认，"西方自由民主可能并非人类历史进化的终点"，"所谓'历史终结论'有待进一步推敲和完善"。福山曾经调整过自己的历史论断。在 2010 年《金融时报》的一期中国特刊上，福山写道：美国模式遭遇了更深层次的、难以解决的问题。中国迅速地适应时代，作出艰难决定并将其有效地付诸实施。美国人则以拥有宪法制衡的原则而自豪，制衡原则的建立是基于一种对中央集权

---

① 詹得雄：《西方民主还真是一个问题》，《人民日报》2012 年 4 月 23 日。

② 鲁品越：《为什么说西式竞争性民主是资产阶级民主》，《高校理论战线》2013 年第 2 期。

③ 同上。

④ ［德］西格玛·加布里尔：《金融危机时代的民主和正义》，《西式民主怎么了Ⅱ——西方人士评西方民主》，学习出版社 2014 年版，第 53 页。

⑤ 詹得雄：《西方民主还真是一个问题》，《人民日报》2012 年 4 月 23 日。

政府不信任的政治文化。这种体制保障了个人自由和充满活力的私营领域，但是它现在变得偏激且意识形态上呆板。① 放到历史长河中来看，"历史发展到资本主义时代就是人类的顶点"是多么荒谬与无知。即便无视历史必然性规律，或者不愿意接受马克思主义的理论，也不至于如此自大与非理性。

第三，对金融资本主义的反思。金融危机警醒了很多西方的有识之士："我们的经济体制不但没效率、不稳定，而且根本不公平。"② "由于资本主义使人类屈从于经济，它腐蚀了人类关系，破坏了社会基础，产生了道德真空，在那里，除了个人的欲望外，别的什么都没有价值。"③ "资本主义并不是协调统一的制度。相反，它是一组惯例和体系，允许数十亿人在市场追求自己的经济利益。"④ 只是对金融危机作反思分析时，西方止步于生产力与生产关系分析，更多从政策失误论、资产泡沫论、风险低估论、监管缺位论、人性贪婪论、政治周期论，甚至抛出中国"甩锅论"、中国占便宜论，这些要么是停留在现象层面、非本质层面上，要么是错误的论调，单纯从"技术操作层面、治理理念和运行模式、管理体制层面上，如什么超前过度消费、房地产泡沫、金融衍生品泛滥、金融创新过度、金融监管不严、新自由主义思想作祟等等"⑤ 去解释危机的根源，都注定是劳而无功。斯蒂格利茨认为，市场必须被驯化和调和，市场的问题还需要市场来解决，"驯化和调和必须反复

① 转引自［美］尼格拉斯·伯格鲁恩、内森·加德尔斯《智慧治理》，朱新伟等译，格致出版社 2013 年版。

② ［美］约瑟夫·E. 斯蒂格利茨：《不平等的代价》，《西式民主怎么了Ⅱ——西方人士评西方民主》，学习出版社 2014 年版，第 14 页。

③ ［英］埃里克·霍布斯鲍姆：《从历史看社会主义的未来》，《马克思主义与现实》1998 年第 2 期。

④ ［美］乔伊斯·阿普尔比：《无情的革命：资本主义的历史》，宋非译，社会科学文献出版社 2014 年版，第 466 页。

⑤ 王伟光：《科学认识美国金融危机的本质和原因》，《光明日报》2009 年 5 月 12 日。

进行，才能确保市场继续为多数人的利益服务"[1]。看不到"资本主义将会被内部矛盾所击溃"这一趋势，危机依然会光顾。资本主义的本质性危机，不仅仅是"自身容易造成危机这个一般特征以及世界上大部分地区过度金融化带来的特定风险加剧"[2]，归根到底是制度性根源造成的。

第四，对资本主义实质性矛盾的回避。西方学者看到资本主义的一些弊端，但不愿意就资本主义的主要矛盾入手揭露这些弊端，他们更愿意把资本主义看成一种"文化体制"[3]，反对以阶级眼光看待资本主义，主张"不论是在东方还是西方，我们的任务都是一样的，即，寻找一种把市场动力和社会动力结合起来的最佳制度。从这一点上说，一种产业或服务是公有的还是私有的，这并不重要"[4]。他们主张"资本主义的必然崩溃"是一种误导，《21 世纪资本论》的作者皮凯蒂，也仅仅认为"资本家积累了越来越多的资本，最终必然导致利润率（即资本收益率）下降和自身死亡"[5]。解决资本主义困境"唯一逻辑出口就是结构性增长，这是（在一定程度上）平衡资本积累过程的唯一办法"[6]。似乎只有保证一定比率的利润，资本主义就可以永生。皮凯蒂和西方一些学者看到了资本主义的弊端，但提出通过征收资本税、向富

---

① ［美］约瑟夫·E. 斯蒂格利茨：《不平等的代价》，《西式民主怎么了 II——西方人士评西方民主》，学习出版社 2014 年版，第 12—13 页。

② ［美］伊曼纽尔·沃勒斯坦等：《资本主义还有未来吗?》，徐曦白译，社会科学文献出版社 2014 年版，第 162 页。

③ ［美］乔伊斯·阿普尔比：《无情的革命：资本主义的历史》，宋非译，社会科学文献出版社 2014 年版，第 25 页。

④ ［英］埃里克·霍布斯鲍姆：《从历史看社会主义的未来》，《马克思主义与现实》1998 年第 2 期。

⑤ ［法］托马斯·皮凯蒂：《21 世纪资本论》，巴曙松、陈剑、余江、周大昕、李清彬、汤铎铎译，中信出版社 2014 年版，第 180 页。

⑥ 同上书，第 181 页。

人征税、遗产税等方式来解决资本主义不平等问题，都没有从根本上揭示资本主义社会的基本矛盾，解决问题依然是隔靴搔痒。皮凯蒂关注的重点与马克思不同，就形式和内容的关系而言，马克思关注的历史必然性、生产力和生产关系的辩证关系，是社会发展的核心矛盾，这是"内容"和"实质"意义上的东西，而皮凯蒂关注的是"表象"和"形式"上的东西。如果只看到资本主义矛盾积累的一些形式上的东西，如财富的积累、税收、不平等、两极分化，但不从"内容"上理解资本主义的主要矛盾，则不仅无法揭示资本主义发展的路径，也不能为资本主义找到未来。也只有从关注"形式"重于关注"内容"的意义上理解皮凯蒂，才能理解他对马克思的抱怨："马克思根本没有注意身边关于国民经济核算的著作，更令人遗憾的是，这本来可以让他在某种程度上证实这段时间私人资本主义大量积累的直觉，更可以阐明他的解释模型。"①

立足中国，放眼世界，把握新机遇，应对新挑战，顺应国际体系和国际秩序深度调整的全球性要求，积极引导国际力量对比朝着有利于和平与发展方向转化。"历史是过去与未来之间的纽带。历史描绘的画卷不止包括得意洋洋的资本主义幻象以及气候变换扬起的末世烟尘，里面还有更为现实的通向未来的路，这当然取决于我们究竟想生活在一个什么样的世界。"② 从整体态势上看，"今天的人类比以往任何时候都更有条件共同朝着和平与发展的目标迈进。"③ 面对金融危机，为了缓和资本主义主要矛盾，资本主义也会

---

① ［法］托马斯·皮凯蒂：《21世纪资本论》，巴曙松、陈剑、余江、周大昕、李清彬、汤铎铎译，中信出版社2014年版，第182页。

② ［美］乔·古尔迪、［英］大卫·阿米蒂奇：《历史学宣言》，孙岳译，上海人民出版社2017年版，第82页。

③ 《习近平谈治国理政》第2卷，外文出版社2017年版，第41页。

对生产关系进行调整。我们依旧要重视列宁的如下判断："重要的是，资本主义如果不经常扩大其统治范围，如果不开发新的地方并把非资本主义的古老国家卷入世界经济的漩涡，它就不能存在与发展。"①

---

① 《列宁选集》第 1 卷，人民出版社 1995 年版，第 232 页。

三

科学分析重大国际关系的变化与走势

关于中美关系的实质、趋势和
对美战略策略[*]

王伟光

中美关系是观察当代资本主义、社会主义发展前途命运和国际形势的关键问题。如何认识美国、如何认识中美关系？如何对美国和中美关系的实质作出科学的判断？如何实施处理中美关系的正确的战略策略？这既是关系到中国特色社会主义发展前途，也是关系到世界社会主义发展前途的重大问题。

一 "置身于外、登高望远"，从历史唯物主义大的 时代观出发认识美国及中美关系的实质

运用马克思主义的立场、观点、方法观察认识国际问题，要"置身于外、登高望远"。所谓"置身于外、登高望远"，就是不要置身于某一具体历史事件之中就事论事，而是离开某一具体事件一定距离，站在一个更大、更高、更远的时空跨度上，站在理论思维

* 该文系作者 2019 年在"世界社会主义与资本主义前途命运暨当代国际形势研究"课题组第五、八次全体会议上的讲话，根据录音整理。发表于《世界社会主义研究动态》2019 年 11 月 3 日。

的最高峰上，才能看得更准、看得更远、看得更透。认识一切国际问题，包括认识美国和中美关系问题都是如此。

中美关系是我国对外关系整个国际大局中的一个关键环节，要实施处理中美关系正确的战略策略，必须从大的历史观、时代观高度认识美国和中美关系的实质。当前研究国际问题，有一种倾向，即更多的只是研究国际关系中的细枝末节等琐碎零散的具体问题，往往就某一具体事件、某些碎片化的特例来认识重大国际问题，缺乏从宏观的、大局的、长远的、政治的战略眼光来观察。具体问题要研究，但是如果不把具体问题放在一个大的历史观、时代观框架下，放在一个大的国际背景下来观察分析认识，是说不清、道不明的。

研究国际问题首先要从战略上来看。什么是战略问题，就是大局的、宏观的、历史的、辩证的、系统的、整体的、政治的问题。宋代大文豪苏轼有一首诗《题西林壁》，"横看成岭侧成峰，远近高低各不同。不识庐山真面目，只缘身在此山中"，告诉我们一个"置身于外、登高望远"的道理。苏轼认为，看庐山，置身于庐山其中，左看右看有岭有峰高高低低，但是对于庐山整个真实全貌却看不清楚，究其原因就在于观察者置身于崇山峻岭之中，只看到一座座具体的山岭而没看到庐山的全貌。只有站在离庐山一定距离的地方，从全貌上来观察庐山，才识庐山真面目。观察国际问题同样如此，离开具体问题远一些，站得更高、更远，放在大的历史时空跨度上，才能看清楚。一些研究国际问题的大战略家，百科全书式的国际问题专家，如美国的基辛格、布热津斯基等，都是从大的方面，即从战略眼光上来看国际问题的。当然由于世界观、历史观，立场观点方法的局限，他们只是资产阶级的战略家，他们的战略眼光受到资产阶级世界观的局限。我们共产党人观察国际问题，看待美国及中美关系，要站在什么样的高远度呢？要运用唯物主义历史观的立场观点方法，离开具体事物一定距离，而不是置身于具体事物之中，从历史观、时代观的高远度来观察。

时代问题是一个大问题，一定的国际问题是被框在一定的时代背景之中的。时代问题搞不清楚，国际问题也会搞不清楚。时代分广义和狭义两类时代概念。广义的时代，就是指马克思主义经典作家所讲的大的历史时代，它是以社会形态发展的进程作为判断标准来判定历史时代的。用大的历史时代观判断国际问题，首先要把国际问题放在一定的大的历史时代背景下来观察。

每一个大的历史时代就是指一定的社会形态发展状况的整个历史进程，该社会形态的性质状况决定该历史时代的性质状况。一定社会形态的生产力决定一定社会形态的生产关系、经济基础和上层建筑，从而决定一定的社会形态的性质和状况。对于每一个社会形态的历史时代，一定要用历史唯物主义的观点来判断，只有搞清楚生产工具是什么，生产力、生产关系是什么，经济基础、上层建筑又是什么，才能搞清社会形态历史时代的性质与状况。按照马克思主义人类社会形态发展规律的原理，人类历史经历了原始社会、奴隶社会、封建社会、资本主义社会历史时代，将经过社会主义过渡到共产主义社会历史时代，这就是唯物主义历史观的时代观。

有一次我参加一个历史课本的讨论会议，该历史课本讲到中国共产党成立的时候，突然提出中国已经进入半殖民地半封建社会。中国历史发展到了近代，爆发了鸦片战争，中国沦为半殖民地半封建社会，才有了反帝反封建，有了中国共产党和工人阶级登上历史舞台。然而该课本在讲到半殖民地半封建社会之前，从来没有提及中国社会形态的演变进程，即没提到中国经历过原始社会、奴隶社会、封建社会，而是用皇权更替史来代替马克思主义社会形态演变史。似乎中国历史只是不同王朝的更替史，是你推翻我、我推翻你的历史。中国的半殖民地半封建社会是从哪来的，怎么突然冒出个半殖民地半封建社会？这就好像没有母亲、没有父亲，怎么能冒出孩子一样。半封建社会是从封建社会来的，封建社会再往前有奴隶社会，再往前还有原始社会，该课本都不认账。半殖民地哪来的？因为资本主义、资本主义列强不允许中国正常地发展到资本主义，迫使中国沦为它们的半殖民地，可见封建社会后面，还有资本主义社会。

现在相当多的历史读物，已经不讲这种大的历史时代进程中的社会形态演变的科学分期了。我的孩子拿来一本历史读物，是一个有些名声的专家写的。该历史读本先写三皇五帝，然后写先秦，写周文王、周武王、周公，写秦始皇，一代代写下来，居然中国从原始社会，到奴隶社会、封建社会、半殖民地半封建社会，经过新民主主义革命和社会主义革命，到社会主义初级阶段的社会形态演变的真实历史没有了！中国已经经历了原始社会、奴隶社会、封建社会，由于有了资本主义列强的侵略，进入半殖民地半封建社会，这是 20 世纪 30 年代在中国历史学界经由中国社会形态的一场大讨论，已成定论的历史事实，现在竟然虚无没了，倒退到唯物主义历史观诞生之前，人们对自身历史的看法仍然在黑暗中摸索的时期了，倒退到历史虚无主义的立场上了。

历史虚无主义就是历史唯心主义的变种。人类历史有皇权更替的历史现象，但它不是历史的全部，不是历史的本质，只讲皇权更替，不讲社会形态演进，就和不承认孩子还有父母是同样的道理。中国大量的考古发掘成果完全可以证明中国是有原始社会、奴隶社会、封建社会的。考古实物证明，中国原始社会生产力低下，只能够实行原始的共产主义。原始社会分打制石器和磨制石器两个时期。进入磨制石器时期，发明了弓箭、陶器，出现了大规模的劳动分工，生产力逐步提高，由母系社会进入父系社会，开始出现私有现象、一夫一妻制家庭和阶级分化。然后青铜器的出现，生产工具极大改进了、生产力发展了，可以大规模地使用奴隶劳动，有了剩余产品，出现了私有制和阶级社会，这就发展到了奴隶社会。大量考古出土的青铜器文物，包括奴隶殉葬、夫妻合葬妇女入葬的位置姿势等，都证明奴隶社会阶级分化的状态。春秋战国时期铁器的出现，生产工具的提升，带动生产力进一步提高，奴隶社会大规模的奴隶集体劳作，生产率低下，严重制约了经济发展，一家一户的自耕农可以有效地进行农耕生产，这就促成了封建社会生产关系的形成，产生了农民阶级和地主阶级，农民阶级和地主阶级之间的矛盾和斗争构成了封建社会矛盾的主线，中国两千多年的封建社会形成发展起来了。到了明朝中晚期，中国封建社会有了工商业的发展。本来中国可以自我缓慢地发展到资本主义，但是西方资本主义先于中国而产生，为了吞掉中国这块肥肉，它们不允许中国独立自主地走资本主义道路，与中国反动的封建统治阶级勾结，形成了中国半殖民地半封建社会。正是在这个意义上说，在中国，没有封建社会和资本主义社会就没有半殖民地半封建社会。不这么看大的历史时代，不这么看中国历史，就离开了马克思主义基本立场观点方法了。

现在我们正处在什么样的历史时代呢？习近平总书记讲，马克思主义关于大的历史时代的判断没有过时，现在仍然是马克思所判断的大的历史时代，资本主义的基本矛盾没有改变，资本主义与社会主义两种社会制度的斗争也没有改变。马克思、恩格斯发表《共产党宣言》，提出通过无产阶级革命和建立无产阶级政治统治的道路，以实现共产主义的伟大时代课题，首先讲的是人类处在什么样的历史时代。他们认为，我们现在的时代就是资产阶级的时代。换句话来理解，我们现在正处在资本主义生产关系占统治地位的社会形态的历史时代。只有通过对资本主义大的历史时代的分析判断，马克思主义经典作家才把无产阶级为什么要革命、怎么革命的道理讲清楚。

这里还有一个狭义的时代概念问题。习近平总书记讲，我们进入了中国特色社会主义新时代，这里讲的新时代，可以从狭义上来理解。新时代是指在大的历史时代框架下，我们党和国家已经发展到一个新的历史阶段，站到一个新的历史起点上了。改革开放之初，著名作曲家施光南有首歌《我们走进新时代》，这个"新时代"是指什么，是指我们已经进入了改革开放新时期。从严格意义上讲，广义的时代就是指马克思主义唯物史观所讲的社会形态发展大的历史时代。而"时代"概念又不是马克思主义大的历史时代观所专属的，别的情况下就不能使用了。从狭义上讲，是可以用的，如什么铁器时代、铜器时代，什么信息时代，什么后工业时代，可以从不同的角度来讲时代。

马克思、恩格斯当年所预想的社会主义社会，是公有制为唯一所有制的共产主义的第一阶段，这样的社会主义社会，从全世界来看，目前几乎没有。当今世界，社会主义国家还占少数，占统治地位的仍然是资本主义社会制度，全世界绝大多数国家实行的还是资本主义所有制。即使在已有的社会主义国家，也不是实现唯一的公有制。从我国来看，中国特色社会主义还处于社会主义初级阶段，社会主义公有制为主体和多种所有制并存是我国社会主义现阶段的基本经济制度，尚有相当的非公有制。其他几个社会主义国家也是如此，朝鲜目前的情况还要再研究。我们现在仍然是资本主义社会形态占统治的历史时代，是资本主义生产方式、上层建筑、意识形态占统治主导地位的历史时代。然而我们今天所处的时代又是资本主义已经开始向下衰落、社会主义开始向上发展的时代，是资本主义世界体系内部已经产生了新的社会形态因素的时代。虽然苏联和东欧社会主义失败了，但中国特色社会主义成功地走了出来，还有一些国家仍然坚持社会主义制度，相当多的国家和民族打起了社会主义的旗帜。

社会主义虽然是新生事物，是不可阻挡的历史必然，但在今天这个历史时代，仍然是资本主义在政治上、经济上、军事上、文化上处于优势、社会主义处于弱势，资本主义处于攻势、社会主义处于守势。尽管"资强社弱"，但社会主义必胜，资本主义必亡，是历史发展总趋势，这个历史必然性是不以人的意志为转移的，是任何人也阻挡不了的。资本主义从革命阶段到确立阶段、到发展阶段、到兴盛阶段，现在已经进入下降阶段。资本主义走向衰落，直至死亡是不可避免的。这就好比一个人从生到死，由少儿走向青年、壮年、老年，直至死亡，这是不以人的意志为转移的铁的规律。当然，在今天这个历史时代，当代资本主义虽然走下坡，但不甘心其衰败灭亡的趋势和结局，为了既得利益，拼命地打压新生的社会主义和一切进步力量，维护旧秩序，保持旧制度，与社会主义拼死搏斗，这就决定了在整个资本主义历史时代，充满了社会主义和资本主义、工人阶级和资产阶级两种社会制度、两条道路、两个阶级的斗争，并且越往前走，斗争越激烈、越尖锐。这种斗争不是哪个人心血来潮、人为搞的，是不可避免的。当代一切国际问题，整个世界发展趋势都受到这条主线的制约与影响。

只有把国际问题、美国问题、中美关系问题放在这样一个大的历史时代框架下来看，才能看清国际形势的特征、看清美国的本质、看清中美关系的实质。

第一，从本质上看，美国是当代最具典型特征的垄断资本主义，即帝国主义国家，在美国起统治支配作用的是极少数的垄断资本利益集团。

怎样认识美国的本质？可以从两本马克思主义经典著作中学会并掌握认清美国本质的世界观、方法论。一本是马克思的《资本论》。《资本论》对资本主义的经济关系作了最科学、最深刻的剖析，揭示了资本主义社会的本质与特征。《资本论》认为，追逐剩余价值是资本主义生产的绝对规律，剩余价值生产规律推动着资本积累和资本扩大再生产的发展。资本主义在迅速发展社会化大生产力同时，造成了社会的两极分化，即一极是资本的财富积累，另一极是工人阶级及广大人民的贫困积累，造成资本主义生产的社会化和生产资料私人占有的矛盾不断激化，造成由此而连带的资本主义一系列矛盾不断激化，深化了工人阶级和资产阶级的对立和冲突，使社会主义代替资本主义成为历史的必然。最大限度地追求剩余价值是一切资本的秘密。为了最大限度地追求剩余价值，促成资本家利益集团对社会财富包括经济的、政治的、物质的、精神的最大限度的控制，乃至对整个国家的控制、对整个世界的控制。资本主义国家机器是为资本主义利益集团服务的工具，资本主义国家政权统治者是资本利益集团的政治代表人物，资本主义国家集中体现了资本利益集团贪婪的本质。《资本论》一针见血地揭示出一切资本主义国家共有的贪欲的本质，美国作为垄断资本主义国家毫不例外，只能更为贪婪、歹毒，不可能有别的。对于这个本质必须认清，丝毫不能产生任何错觉。

列宁高度评价《资本论》："完全用生产关系来说明该社会形态的构成和发展……使读者看到整个资本主义社会形态是个活生生的形态：有它的日常生活的各个方面，有它的生产关系所固有的阶级对抗的实际社会表现，有维护资本家阶级统治的资产阶级政治上层建筑，有资产阶级自由平等之类的思想，有资产阶级的家庭关系。"① 美国是垄断资本主义典型国家，《资本论》对我们认识美国的本质，仍然是有根本性的指导作用的。

再一本是列宁的《帝国主义论》。列宁在 20 世纪初，观察到资本主义从自由竞争阶段发展到垄断阶段，或称帝国主义阶段，对垄断资本主义，即帝国主义的本质作了深刻剖析和揭示，对当时的局势作了科学分析判断，为俄国十月革命提供了理论指导。《帝国主义论》对于我们今天来说，对于正确认识当代资本主义的本质与特征，对于正确认识当今美国的本质、中美关系的实质，仍然具有指导意义。列宁指出，垄断资本主义，即帝国主义是自由竞争资本主义基本特征的继续和发展，资本的高度集中与垄断的形成，少数庞大的势力雄厚的金融资本构成金融寡头控制着整个国家的经济生产和政治生活，是垄断资本主义最典型的特点，垄断资本主义是资本主义发展的一个特殊阶段，也是最高阶段。《帝国主义论》面世至今百年了，历史证明列宁对帝国主义本质与特征的判断是完全正确的。

美国是由极少数最贪婪的垄断资本集团控制的垄断资本主义国家，动用一切手段最大限度地攫取最大利润是其固有的贪欲本质。美国自建国以来，一直是石油汽车金融寡头垄断资本和军工金融寡头垄断资本两个最大的资本利益集团在博弈。20 世纪初，由美国石油汽车资本与金融资本勾结融合形成的垄断资本利益集团控制着美国。从第一次世界大战到第二次世界大战，再历经战后数次大的战争，如朝鲜战争、越南战争、中东战争等，美国大发战争横财，促

① 《列宁全集》第 1 卷，人民出版社 1984 年版，第 111 页。

使军工资本与金融资本勾结融合形成的军工金融寡头垄断资本利益集团迅速崛起，自称"军工复合体"，大发军备财、大发战争财。第二次世界大战结束后，该集团渐渐坐大，逐步控制美国，现在是军工金融寡头垄断资本集团占上风。美国现在超过三成的企业与军工生产有着千丝万缕的联系，美国保持着庞大的军事编制，到处制造战争动乱，大做军火生意，造就了一个庞大的军工金融垄断资本集团。毛泽东同志早在 20 世纪 60 年代就揭示了问题的实质："美国为什么不愿意裁军呢？答案就在这里！是资产阶级，特别是垄断资产阶级，需要一个庞大的军力和庞大的军火库。"[①] 1960 年美国安全部门雇佣人员达 370 万人，国家军事安全开支达到 457 亿美元，占政府预算的 58%，占国民生产总值的 9%。到 2015 年，美军费开支达到 6000 亿美元，加其他国防杂费是 8000 亿美元。美国出口武器一年带来 2000 多亿美元利润，美国军工企业收入一年达8000 多亿美元，占美国全部制造业的 1/3。2017 年，美国国会批准，美国的军费开支总额达到 7000 亿美元左右。因为军工企业开工率很高，美国达到 2000 年以来失业的最低水平。在过去 60 年间，也就是 20 世纪 60 年代以来，美国失业率最低水平维持在 4%左右，特别是在越南战争时期，美国的失业率是比较低的，2018 年已经降到了历史最低点 3.9%。美国军费支出是除美国外军费支出世界前八名国家的总和。从第二次世界大战后，美国一直在发动战争，侵朝战争、侵越战争，策动支持中东几场战争，"9·11"以来又发动几场战争，今天打这，明天打那，刺激了军工企业的发展，肥了军工金融寡头垄断集团的腰包。美国撕毁《中导协议》《武器贸易协议》，包括撕毁《伊核协议》，一个结果就是加快军工企业

---

① 中共中央文献研究室编：《毛泽东年谱（1949—1976）》第 4 卷，中央文献出版社 2013年版，第 411 页。

的发展，开足马力、加快生产，使军工金融寡头垄断资本集团获取最人利益。同时也提高社会就业率，稳定国内，维持资木统治，可谓一箭双雕。

美国垄断资本通过战争控制、掠夺全世界的财富，进行疯狂的资本积累，利用的一个重要手段就是金融。当代资本主义一个重要特征就是金融垄断。资本积累理论是马克思主义关于资本主义政治经济学的重要理论。无止境的资本积累是资本主义生产的驱动力。金融化是当代资本主义资本积累的突出特征和重要手段。资本金融化的发展，使得垄断资本的利润越来越多地来源于金融渠道。意大利学者杰奥瓦尼·阿瑞基认为，资本"金融化"是 20 世纪 70 年代以来，世界经济的突出特征。法国经济学家弗朗索瓦·沙奈把当代资本积累称为"金融占统治地位的全球化积累制度"。这种积累模式具有极其野蛮的掠夺性特征，通过金融武器，不断"剪羊毛"，剥夺全世界。资本积累的金融化体现出资本主义更为贪婪、寄生、腐朽的本质。资本积累的金融化，同时又具有无法克服的脆弱性和不确定性，导致金融危机不断爆发，凸显了其垂死性，成为世界经济危机的制造者。资本主义现在已经形成了世界性的金融掠夺体系，手握世界货币美元的美国正是世界金融掠夺体系的霸主。

第二，中美关系的实质，就是社会主义和资本主义两种制度、两条道路、两股力量、两个前途的博弈关系，社会主义越发显示出制度优越性。

中美关系特指的是中美两个国家之间的关系，中国是社会主义国家，是代表人民的利益、代表社会主义向上的新生事物，是在资本主义占统治地位的世界体系内代表未来的、进步的社会力量。美国是资本主义国家、帝国主义国家，是代表垄断资本的利益、代表资本主义向下的旧事物，是在资本主义占据统治地位的世界体系内代表衰亡的、落后的社会力量。中美关系就是社会主义的中国、人民的中国同垄断资本主义的美国、帝国主义的美国、少数垄断资本集团的美国之间的关系，这就是中美关系的实质。这里讲的美国是特指属于美国少数垄断资本的国家，是少数人的国家，而不是属于美国人民的国家。当然，美国垄断资本为了维护垄断资本的国家利益，也要最低限度地满足本国国民的必要利益。美国少数垄断资本也要打着"全民"的旗号来办事。

用上述观点看中美关系，中美之间的竞争关系说到底在政治上是两种社会制度之争，表现为国家利益，表现为在经济、政治、军事、文化等各个领域的全面之争。当今世界充满了竞争，世界性竞争具体表现为国家利益之争。在中美关系上的国家利益之争，实质是人民的利益和垄断资本的利益之争。中国也讲国家利益，特朗普也讲国家利益，但特朗普讲的国家利益和中国共产党讲的国家利益不是一个性质的利益。中国的国家利益是人民的利益，是靠社会主义制度所维系的利益，美国的国家利益是少数垄断资本的利益，是靠资本主义制度所维系的利益。美国总统代表了美国垄断资本集团的利益，当然在争取到垄断资本利益的同时，也会拿出部分来让美国国民分享，以争取国民支持，多得选票。垄断资本需要资本主义制度、需要按照资本主义制度要求所构建的世界秩序和世界规则，以支持其在全世界获取更大的利益。

政治是经济的集中表现，经济利益之争最终在政治上体现为制度之争，在思想上表现为意识形态之争。战争是政治的继续。政治上解决不了，就要通过军事来解决。政治竞争转化为军事竞争。最深层的还是制度竞争，谁的制度好，谁的制度管用，谁的制度最有发展的持久力，发展的后发力，需要历史来做判定，需要实践来做判定，需要人民来做判定。中美制度之争，必然反映到思想领域，表现为激烈的思想之争、意识形态之争，中美制度之争集中通过意识形态反映出来。意识形态是为经济、为政治服务的。自从中华人民共和国成立以来，以美国为首的西方敌对势力一直在对社会主义中国打一场没有硝烟的战争，图谋"和平演变""颜色革命"社会主义中国。美国从来没有放松过对我们的意识形态战争，妄图用意识形态，用价值观来影响我们、改变我们、颠覆我们。

任何新生的社会制度相较此前的社会制度总具有其不可替代的历史优越性。相对封建社会制度来说，资本主义制度比其更进步，更能有利于生产力发展。资本主义制度随着历史的发展也必然转化为落后的制度。现今，资本主义经过几百年的发展，越发暴露出该制度的历史局限性。从社会主义和资本主义两种社会制度的较量历史上看，社会主义制度的优越性，已经有了两次重大的历史性显现。

第一次显现，苏联等一系列社会主义国家的建立和所取得的建设成果，初步表现出社会主义制度的优越性。第一次世界大战彻底地暴露出资本主义的落后性、腐朽性和破坏性，人民争取社会主义成为历史潮流。列宁领导的十月社会主义革命的成功和社会主义制度的建立，斯大林领导的苏联社会主义建设取得的成就和反法西斯战争的胜利，第二次世界大战后社会主义阵营的形成，社会主义运动高潮的出现，充分展示了社会主义这一新的社会制度的优越性。最近俄罗斯著名民调机构"列瓦达中心"公布了2019年对斯大林评价的民意调查结果：70%以上的俄罗斯人对斯大林持正面肯定态度，不到19%的俄罗斯人认为斯大林起了消极作用，打破了历年对斯大林评价的最高指数。这说明俄罗斯人民在历史的比较中、在实践的比较中对社会主义是肯定的，是充满了期望的。

第二次显现，中国特色社会主义的成功，再次表现出社会主义制度的优越性。社会主义发展绝不是一帆风顺的，苏联解体、东欧剧变，社会主义步入低潮，但这并不意味着对社会主义优越性的否定。30年之后，爆发了世界性金融危机，资本主义陷入空前困境。与此同时，中国特色社会主义走上了成功之路，取得了历史性成就，充分展现了社会主义顽强旺盛的生命力。

第三，帝国主义所具有的特征美国都有，同时美国比历史上的任何帝国主义国家更富有贪婪性、侵略性、欺骗性和危害性，美国是世界和平发展的敌人。

这里讲的美国，特指美帝国主义。列宁在《帝国主义论》中讲，帝国主义即垄断资本主义是资本主义的最高阶段，它的全部经济基础是垄断的、寄生的、腐朽的、垂死的资本主义生产方式，这个科学论断仍然没有过时。列宁所揭示的帝国主义所具有的特征，美国都有，美国又表现为特别具有的贪婪性、疯狂性、腐朽性、垂死性、侵略性和欺骗性。马克思在《资本论》中揭示资本的贪婪性时指出："有100%的利润，它就敢践踏一切人间法律；有300%的利润，它就敢犯任何罪行，甚至冒绞首的危险。"① 美国作为当代垄断资本主义国家也逃脱不了这个逻辑，它妄图把全世界都据为己有，想一口把全世界都吃掉，这种资本的贪婪性赋予其强烈的侵略性，它的侵略性超过任何一个历史上的和现存的帝国主义国家。然而它又打出"普世价值"的口号和"民主、人权"的幌子，披着援助、和平的外衣，比历史的和现存的任何一个帝国主义国家更具有欺骗性。尽管美国已表现出了强烈的腐朽性、垂死性，但它仍然是最强的超级帝国主义大国，处于世界霸主地位。

"帝国主义就是战争"。帝国主义是一切战争的根源，是当今世

---

① 《马克思恩格斯全集》第23卷，人民出版社1972年版，第829页。

界乱子的始作俑者和最终制造者。垄断资本追求垄断利益是一切战争爆发的动因，美国作为最强的垄断资本主义国家仍然脱不了战争贩子的干系。美国是一切社会主义国家、发展中国家最大的危害。毛泽东同志明确指出了美国垄断资本主义制度是发动战争的根源。1973 年 6 月 5 日，他说：越南战争"花了美国人 1200 亿美元，打了 11 年。一个不能讲越南话的美国兵，离开美国多少公里，跑到越南去送死，能维持多久啊？但其所以能打 11 年，就是因为军火商拼命消耗那些 B – 52 之类。特别是越南人、中国人和苏联人打下了美国飞机越多，美国军工生产集团的生产率就越高"[①]。这就是垄断资本的根本利益所在。"帝国主义就是战争"，正是在这个意义上说的。

帝国主义要通过战争控制全球，争夺霸主地位。战争已经成为美国的常态，它通过增强军事实力和发动战争来维持其霸主地位和获得利益。美国战争史专家米利特和马斯洛斯金指出："战争在美国历史上是始终存在的。"自 1776 年建国至今近 250 年间，除 1865 年美国国内南北战争之外，国内再没有发生过战争。但对外军事干涉和发动战争多达 386 次，它每隔几年就会在距离国土几千公里之外的地方发动战争。美国独立后，频频发动战争，同时利用强行购买、恫吓威胁、武装颠覆等卑鄙龌龊的手段从英国人、法国人、西班牙人手里夺取大片土地，把英国、法国、西班牙等赶出美洲，屠杀驱赶美洲原住民，大搞领土扩张。如，1898 年发动美西战争，把西班牙人从美洲殖民地赶出去，领土面积扩大 600 多平方千米，侵占墨西哥 200 多平方千米。第二次世界大战后，美国继续扩大势力范围，获取了全球主导地位。从 1945 年到 1990 年，美国对外军事

① 中共中央文献研究室编：《毛泽东年谱（1949—1976）》第 6 卷，中央文献出版社 2013 年版，第 481 页。

干涉和战争达24次，年均2.8次。从1991年到2008年，对外军事干涉和战争达40多次，年均4次。美国的兴起、扩张，维护超级大国的位置都基于战争。英国首相丘吉尔曾说过，"经过一战，美国巨人已经崛起在西方"。帝国主义通过战争可以发战争横财，通过战争可以最大限度地获利，它何乐而不为？第一次世界大战开始，美国参战晚，保持中立，两头卖军火获利，向协约国出口军火从1914年的4000万美元，增加到1916年的12.9亿美元，贸易额从8.24亿美元增至32.14亿美元。美国同同盟国也做军火生意和贸易。第一次世界大战、第二次世界大战，并不是社会主义国家和民族主义国家发动的，而是帝国主义国家发动的。发动战争的最大获利者不是人民，而是少数垄断资本。当然，第二次世界大战，由于德日意帝国主义的野蛮性，由于苏联社会主义力量的介入，第二次世界大战转化为反法西斯战争，形成了反法西斯战争世界联盟，战争性质发生了变化，形成了正义和非正义两个方面。

第四，资本主义不可调和的内在矛盾在美国集中地表现出来，美国已经不可避免地衰落下来了。

资本主义不可避免地衰败下来，这是历史的总趋势，谁也阻挡不住。美国的衰败正是资本主义衰败的集中表现，也是当代资本主义各类矛盾进一步激化的典型表现。美国国内政治越来越受到贫富悬殊加大、种族分裂、拉美移民、国内安全等问题的困扰。美国一些有识之士已经开始对美式资本主义制度产生怀疑，认为美国社会正进入"富者愈富、穷者恒穷"的恶性循环。如果按照这一趋势发展下去，一旦美国遇到经济危机就可能激化社会矛盾，令美国社会陷入动荡。美国桥水集团总裁雷·戴利奥说："资本主义发展不符合美国人的利益，因为这一制度为富人制造了向上螺旋，为穷人制造了向下螺旋。"他引用多组数据佐证他的观点：今天最富的1%

人群平均比后 90% 的人群财富更多，今天财富在社会中前 40% 的人群比平均后 60% 的人群富 10 倍，这一差距是 1980 年的 6 倍。

当前，世界各种问题凸显、到处出乱子，垄断资本主义诸国陷入空前危机，这是世界范围内资本主义各类矛盾激化所致。在当今的资本主义世界，整个国际垄断资本收益严重萎缩，包括 2008 年国际金融危机以来受影响较小的德国垄断资本收益目前也在萎缩，德国经济发展近几年也略显下滑，正像人们所说的德国发动机缺油了，也转不起劲了。美国在其资本获利严重缩减的情况下，向我国发起了贸易战，美国对我国的无理诉求已严重逼近我国的底线，双方妥协的余地越来越小，争取合作发展的空间有，但难度越来越大。对于中美贸易摩擦来说，我们仍要尽可能地争取有利于我的环境和条件，尽最大的可能争取合作发展，但一定要做两手准备。美国的底线，就是要我们放弃社会主义制度、放弃中国共产党的领导，让我们丧失制度发展优势，成为美国垄断资本的投资地，商品的倾销地，利润的获得地。社会主义制度、共产党领导的底线无论如何是不能丢的。放弃底线，放弃社会主义制度，放弃共产党领导就会丧失独立性，就会发展不起来，就会成为美国的附庸，中国就会出现历史的大倒退。这是社会主义中国的核心利益所在。

第五，美国也不是铁板一块，寄希望于美国人民，既要看到与美国斗争的一面，也要看到与美国合作的一面。

马克思主义经典作家的世界历史理论告诉我们，世界进入资本主义历史时代，也就进入了世界历史时代。资本主义通过市场经济把世界连成一块，你中有我、我中有你；你离不开我，我也离不开你；各国各民族既有分歧点，也有共同点，既有斗争性，又有一致性。在国际经济、政治、文化交往中，我们与美国是有共同点的。美国人民是分左中右的，大多数是与中国友好的，愿共同做生意，合作共赢是美国大多数人的意愿，我们必须注意到这一点，掌握政策、区别对待。

二　我们正面临百年未有之大变局，放在大变局之中看待美国和中美关系

对于今天的国际局势，习近平总书记在 2019 年新年贺词中作出了一个重要判断："放眼全球，我们正面临百年未有之大变局。"

怎样理解习近平总书记的重要判断呢？我理解，就是两句话，变中有不变、不变中有变，着眼于不变之中的大变。所谓不变是时代没有变，从马克思、恩格斯创立科学社会主义至今，他们所判定的大的历史时代根本性质没有改变。所谓变，就是不变中有变，有大变，大变就是百年未有之大变，就是世界已经发生了天翻地覆的深刻变化。历史在发展，条件在变化，时代的发展阶段变化了，时代的具体内容、形式和特点都发生了深刻变化，出现了许多新的问题和新的风险挑战。不变中有变、变中有不变，这就是历史辩证法。

认识当今时代，认识当今国际问题，认识美国及中美关系，就要清醒地认识到国际大局既没变，又有变，根本性质没有变，但具体特征形式变化了，出现了不变之中的大变。只看到变的一面，看不到不变的一面，认为马克思、恩格斯所判定的历史时代根本改变了，放弃马克思主义，丢弃老祖宗，忘掉我们的初衷，是违背马克思主义的；只看到不变的一面，看不到巨大变化的另一方面，不承认大变，就会跟不上新形势，落后于时代。判断美国和中美关系，必须放在不变之中的大变局来观察。

从 1917 年列宁领导俄国布尔什维克取得了十月革命胜利，建

立了第一个社会主义国家，开创人类历史新纪元，到 2019 年中国特色社会主义新时代，已经有上百年了，世界发生了一系列重大变化。这个大变局是在资本主义从兴盛到衰败的发展进程中形成的，是依循社会主义与资本主义两条道路、两种制度博弈的主线展开的。美国从新兴到强盛、到称霸世界，到不可避免地走下坡路是整个资本主义演变逻辑的缩影，也是世界上老牌资本主义国家，如英国从"日不落"帝国沦落到美国的"小伙伴"所走过的历史轨迹。

第一，一大变是马克思主义经典作家所判断的历史时代已经发生了阶段性的重大变化。

人类每一大的历史时代，都会呈现出不同的发展阶段，每个发展阶段都有每个阶段的特点与主题。从英国工业革命标志着进入资本主义历史时代至今，资本主义上下五百余年的进程，分为三个发展阶段，已经经过了两个发展阶段，现在正处于第三个发展阶段。

第一个阶段是自由竞争资本主义阶段。这是马克思、恩格斯创建马克思主义所处的阶段，是马克思写作《资本论》的阶段，是资本主义剥夺工人阶级绝对剩余价值，露骨地、直接地压迫剥削工人阶级的阶段。这个阶段主要是西欧英法等资本主义诸国，后来又有了新兴起的德国、日本，以及美国等资本主义诸国的演化发展阶段。在这个阶段，资本主义国家内部、资产阶级和工人阶级之间的矛盾不断激化，工人运动和社会主义运动兴起发展。

第二个阶段是垄断资本主义阶段。这就是列宁的《帝国主义论》所揭示的帝国主义和无产阶级革命的阶段。习近平总书记要求我们要学习《资本论》，他指出，有人说《资本论》过时了，《帝国主义论》也过时了，这是不对的。《资本论》和《帝国主义论》，是有现实指导意义的。资本主义由自由竞争阶段进入到垄断发展阶段，对于这个阶段，列宁作出理论概括，认为该阶段的主题，即主要问题是战争与革命。垄断造成资本主义基本矛盾激化，国内矛盾尖锐，国内矛盾向国外矛盾转移，引发整个世界资本主义国与国之间的矛盾激化，在垄断资本主义阶段，其基本矛盾白热化为两次世界大战，爆发了资本主义国家之间的战争。第一次世界大战，主要是英德两国争霸世界的斗争，目的是争夺欧洲本土及殖民地，表现为英法老牌帝国主义与德奥新兴帝国主义的矛盾斗争，垄断资本主义国家之间的矛盾。战争引起革命，第一次世界大战引发了十月社会主义革命，第二次世界大战引起世界性的社会主义和民主主义革命，推动工人运动和社会主义世界性发展。

第二次世界大战开战仍然是英法为主的资本主义国家与德日意资本主义国家争夺势力范围的争打。第二次世界大战期间，世界格局发生了重大变化，社会主义国家苏联作为新生事物，极大冲击了资本主义世界体系。德国一开始向英法及其欧洲的领地、海外的殖民地开打，紧接着又向苏联开打。社会主义力量、世界进步力量介入战争，第二次世界大战发生了与第一次世界大战性质不同的变化。但这并不排除老牌的资本主义与新兴的资本主义势力对势力范围的争夺。美国介入，从中取利，成为后发的资本主义超级大国。日本在太平洋地区开打，威胁苏联，威胁美国在亚洲、在太平洋、在中国的利益，这就爆发了美日之间的太平洋战争，紧接着苏联出兵中国消灭日本法西斯。第二次世界大战彻底暴露出资本主义的固有弊病，社会主义一路凯歌，从俄国革命到东方革命、到殖民地人民的民族民主解放运动，到东方大国中国走上社会主义道路，到出现了一个社会主义阵营，社会主义运动出现高潮。

第三个阶段是现代垄断资本主义阶段。具体怎样定义现代垄断资本主义，有人概括为国际垄断资本主义阶段，有人概括为金融垄断资本主义阶段，也有人认为仍然是列宁所判断的帝国主义阶段，可以作深入的研究讨论。

历史是波浪式曲折前进的，没有笔直的发展道路。原始社会至今大约上百万年，其中奴隶社会大约六千年左右，封建社会两千年左右，现在资本主义社会才几百年，它还没有到寿终正寝的时候，它的生产关系对于生产力来说还有一定的发展空间。经过两次世界大战的折腾，资本主义总结了其发展进程中的教训，特别是两次大战的惨痛教训，吸收了社会主义的一些积极因素，经过改良调整，资本主义在发展进程中出现了一个"回光返照"的时期，20世纪五六十年代以来世界进入了相对和平稳定的发展阶段。

社会主义是新生事物，任何新生事物在开始时都是弱小的，其成长过程也不是一帆风顺的，会发生暂时的倒退、挫折与失败，这可以看作是新生事物发展的常态。20世纪七八十年代出现苏联解体、东欧剧变，社会主义阵营瓦解这样的历史倒退，整个形势发生逆转，社会主义运动步入低潮，这就是历史前进的曲折性、反复性。冷战结束以来，世界大战在一段时间内爆发的可能性不大，和平与发展成为两大时代主题。新兴国家、发展中国家希望和平，希望发展，绝大多数国家希望和平，希望发展，是该阶段的主要倾向，也是主要问题。

资本主义霸主城头不断在变换大王旗。自20世纪末以来，全球发生了两件世界性的大事：一是20世纪八九十年代发生了苏联解体。两个超级大国美苏争霸的局面变成了"一霸独大""一超独霸"，美国成为世界霸主，奉行单边主义，全球出现了反对单极霸权的多边主义。社会主义国家、新兴国家、发展中国家是要和平、要发展的主力军。西方资本主义国家也发生重组。反对霸权主义、强权主义和单边主义的力量在发展。二是2008年爆发了世界性的金融危机。资本主义陷入了困境，美国力量下降，西方力量下降，资本主义整体力量下降。中国特色社会主义取得了历史性的成功，中国正在走近国际舞台的中心，中国特色社会主义的成功重新焕发出世界人民对社会主义的期望，社会主义始出低谷。但"帝国主义就是战争"，只要垄断资本还存在，帝国主义还存在，霸权主义、强权政治就会存在，就没有消灭战争的根源，战争危险依然存在。事实上，和平与发展至今一个问题也没有解决，局部战争从来没有间断过。邓小平同志判断，和平的问题没有解决，发展的问题也没有解决。

第二，再一大变是当今世界百年发生了四次重大转变，形势越发有利于社会主义和进步力量。

从 20 世纪初到现今，整整百年，世界局势发生四次重大转折。

第一次转折发生于 20 世纪初叶，即 20 世纪前 20 年，1917 年俄国十月社会主义革命爆发，表明人类历史新纪元的开创。俄国苏维埃社会主义国家的建立，表明资本主义社会内部产生了第一个社会主义制度的国家，产生了新社会形态的因素，标志着资本主义历史时代开始向社会主义历史时代转型，这是人类发展历史上一次重大拐点。与这个转折相联系的是 20 世纪初爆发了第一次世界大战，表明资本主义社会化生产和私人占有之间的基本矛盾的激化，表现为资本主义国家内部工人阶级与资产阶级矛盾的激化、资本主义国家之间矛盾的激化，资本主义宗主国与殖民地国家矛盾的激化。这些矛盾的激化造成了革命形势，从而引发了十月社会主义革命。

第二次转折发生于 20 世纪中叶，即 20 世纪 40—50 年代，1949 年中华人民共和国成立，标志着社会主义运动高潮的兴起。第二次世界大战是资本主义内在矛盾进一步激化的表现，矛盾激化进一步引发战争，战争引发了世界性的革命潮流，爆发了中国等一系列殖民地、半殖民地人民争取民族解放、国家独立的民主主义革命，工人和社会主义运动的兴起。中国等东方国家一系列民主主义革命成功，出现了一个社会主义阵营，社会主义由一国实践成为多国实践，出现了一大批摆脱殖民地半殖民地统治的民主主义国家，资本主义殖民体系彻底解体。这次重大转折仍然是资本主义基本矛盾激化的结果，产生了社会主义国家与资本主义国家的新矛盾。

第三次转折发生于 20 世纪下半叶，即 20 世纪 80 年代末 90 年代初，苏联解体、东欧剧变，社会主义阵营瓦解，表明社会主义在发展进程中遇到暂时的挫折。蓬勃发展的社会主义运动跌入低谷，这一历史变故让资产阶级政治家过度兴奋，高呼资本主义千岁，自认为资本主义是千年王国，福山提出"历史的终结"论，认为社会主义及其意识形态终结了，该进入博物馆了。

第四次转折发生于 21 世纪初叶，即 21 世纪 10—20 年代，2008 年以来爆发了世界性的金融危机，又转变成持续长时间的世界经济危机，资本主义大幅度的衰落。苏联解体、东欧剧变之后，仅仅 30 年，资本主义政治家的兴奋劲还没有过去，热度还没有降下来，多年积累下来的资本主义诸多矛盾逐步演变、激化，直至白热化。突如其来，但又是必然的金融风暴狂吹美国及整个资本主义世界以及全球，美国连同整个资本主义世界一同走上了衰败之路。2008 年 9 月 15 日，有 148 年历史的雷曼兄弟银行倒闭，引发了国际金融危机，酿成自 1929 年世界"大萧条"以来西方最大的全面经济危机，催生了垄断资本主义百年以来未有之大变局，宣告了资本主义思想家所宣称的"历史终结论"的终结。西方不亮、东方亮，中国特色社会主义成功，越南、老挝、古巴等都在社会主义改革开放中求发展，朝鲜也在想办法给自己营造一个和平的发展环境，以便集中力量发展经济，以发展社会主义。社会主义运动重新复兴，发展中国家要和平、要发展，声势浩大，不可阻挡。

第三，另一大变是今天世界的全球化、信息化、科技创新突飞猛进，出现了前所未有的大发展、大变动、大改组、大调整。

现在的世界与马克思、恩格斯、列宁、斯大林、毛泽东，甚至邓小平在世时大不相同。一是全球化推动世界发生了重大变化；二是新科学、新技术创新速度之快，令人难以预测，如新材料新能源、互联网信息技术、人工智能等都起着改变社会生产、生活乃至引发社会变革的颠覆性作用。全球化、高新科学技术推动社会生产力迅猛变化，进而引发生产关系的变化，引发社会经济基础及其上层建筑的变化，引发世界局势的变化。

国际关系出现了极其复杂的状况，国际竞争异常激烈，引起了国际关系的重新调整和组合。当今世界是一个充满竞争性的世界，主要表现为国与国、地区与地区之间的发展性竞争。发展性竞争同社会主义与资本主义的矛盾、资本主义国家之间的矛盾、资本主义国家与发展中国家之间的矛盾、资本主义国家内部矛盾交织在一起，起关键作用的是社会主义与资本主义之间的主线矛盾。发展性竞争主要集中在这样几个领域：一是经济领域，如表现为贸易战。中美贸易摩擦，有人称为中美贸易战，是大变局的集中体现，是当前世界资本主义体系中各类矛盾激化的集中体现，是社会主义与资本主义两种制度斗争的集中体现。贸易战进而升级为金融战，美国打贸易战的同时使用金融武器打击对手。二是高新技术领域，表现为高科技战，争夺新兴产业，争夺信息权、智能权，争夺高科技人才。三是军事领域，表现为竞相进行军备竞赛，竞相研发新式武器，竞相加大军费开支，以至爆发军事冲突，引发局部战争。四是政治领域，表现为政治制度之争。五是文化领域，美国实施文化帝国主义，大搞文化侵略。六是意识形态领域，表现为意识形态之争，以美国为首的西方资本主义国家在意识形态问题上高度一致，利用一切媒体，特别是互联网新媒体，开动一切宣传工具大肆传播美式民主、"普世价值"，推动"颜色革命""和平演变"。

资本主义世界历史经历三大发展阶段、四次重大转折，经过全球化和高新技术的迅猛发展，酿成今日百年未有之大变局。中国一方面在竞争中发挥促进世界和平发展的重要作用，另一方面又遭受西方敌对势力的封堵打压。

关于大变局，呈现三个方面的特点：

第一，资本主义内在矛盾越发激化，世界两极分化越发剧烈。

马克思主义经典作家所揭示的资本主义社会化生产力与资本私人占有的基本矛盾，贯穿了资本主义从生到死的全部进程，决定了资本主义的灭亡是不可避免的。这对基本矛盾，在今天集中表现为社会主义与资本主义两种制度的矛盾与斗争，表现为垄断资本主义国家与绝大多数发展中国家之间的矛盾与斗争，表现为资本主义国家之间的矛盾与斗争，也表现为资本主义国家内部的阶级分化和阶级斗争。社会主义与资本主义的主线矛盾与这些矛盾交叉演进。

在资本主义的整个发展进程中，其内在矛盾不断激化，经历了激化、缓和，再激化、再缓和……直至激化到再也不能缓和，而走上彻底灭亡之路。资本主义固有矛盾激化，一个重要表现就是资本主义世界不可解脱的两极分化，且这种两极分化又不断得到强化。资本主义社会的两极分化表现为两个层次：一是资本主义国家本国内部的民族与民族、阶级与阶级、阶层与阶层之间的两极分化不断强化；二是世界范围内国家与国家、地区与地区、民族与民族、阶级与阶级之间的两极分化也不断强化。两极分化的一极是高度垄断的资产阶级利益集团，垄断资本主义国家的国民也只是享受到资本主义利益集团高额利润的一杯残羹。另一极是整个工人阶级及其广大劳动人民的贫困、落后，发展中的国家、地区和民族的贫困、落后。资本主义国家内部越来越两极分化，整个世界也越来越两极分化。资本主义国内矛盾的激化，促使它对外加大掠夺的力度，甚至不惜动用军事力量，以转移矛盾，稳定国内统治。当代资本主义国家内部的动荡，全球的动荡都跟两极分化有关系，两极分化的背后则是不可克服的资本主义内在矛盾在起作用。

第二，社会主义作为新生的社会形态越发显示出生命力，西方资本主义制度作为落后的社会形态越发暴露出不可解脱的弊端，越发显示出其落后性。

自打 20 世纪初俄国十月革命开始，两种社会制度的斗争至今已贯穿了世界近百年历史。这场斗争表现为此起彼伏、你升我降在波浪中发展的态势。2008 年国际金融危机暴露了美国及其主导的世界性金融体制存在严重缺陷，暴露了资本主义经济—政治制度的严重弊端。对于西方民主制度，许多西方有识之士也看出来其存在不可救药的弊病。

第三，国际战略力量对比发生了深刻变化，世界越发向多极化方向发展，越发向着有利于人民的方向发展。

第二次世界大战以来，苏联和美国两个超级大国长期对峙冷战。苏联解体、冷战结束，美国成为唯一的超级大国，成为单极世界的一极。随着世界局势的变化，力量对比发生变化，美国单边主义、一超独霸，不得人心，形成了向多极均衡方向发展的态势。突出表现为美国超级大国单极与世界各国多极的矛盾与斗争。

毛泽东同志早就预见到："我们现在所处的时代是帝国主义制度走向全部崩溃的时代，帝国主义者业已陷入不可解脱的危机之中。"① 当今世界向多极化方向发展已成定势。这种多极化的变化呈

---

① 《毛泽东选集》第 4 卷，人民出版社 1991 年版，第 1466 页。

现三个发展趋势：

一是世界范围内"资下社上"。西方资本主义势力开始衰落，社会主义开始上升。2008年的危机，不仅使美国，还使整个欧洲、整个资本主义世界陷入经济、政治全面危机。西方资本主义国内矛盾日趋激化，社会收入差别不断扩大，动荡不已。美国和西方国家的基础设施建设破烂不堪，社会问题处于按下葫芦浮起瓢的状况。如，2008年国际金融危机爆发以来，希腊骚乱、美国"占领华尔街运动"、英国伦敦骚乱事件、德国难民危机等；再如，英国陷入"脱欧"困境，美国债台高筑，债务高达22万亿美元，法国爆发"黄马甲"运动，连比较稳定的比利时也爆发了大罢工；等等。以美国为首的西方资本主义国家之间的矛盾也是无法弥合的。与此相对应的是，社会主义力量，爱好和平、追求发展的力量在上升，特别是中国特色社会主义成功，社会主义开始走出低谷，向上发展。像越南的社会主义，古巴的社会主义，朝鲜的社会主义，拉丁美洲的社会主义运动，有的发达国家的社会主义运动在发展，说明社会主义在上升。

二是资本主义国家内部政治力量严重分化。一方面马克思主义、社会主义、左翼力量及其思潮在全球再起。美国总统主要竞选人桑德斯自称是民主社会主义者，宣称他的目标是在美国实行社会主义革命，提出了民主社会主义的竞选内容。根据美国阿克西奥斯新闻网站2019年2月的民调表明：49.6%的"90后""00后"更愿意生活在社会主义国家。2019年2月9日，美国民主党参议员沃伦在美国一次最著名的罢工现场发表演讲，宣布她在争取党内提名竞选总统，誓言要改变这个"被富人操纵"的国家。她说道，这些富人一直向勤劳的人民发动阶级斗争，是时候反击了。显见，社会主义已重返美国政治。另一方面保守主义、右翼力量和思潮也在扩展。2019 年 5 月的欧盟议会选举，中间派（温和的右派和左派）力量受到严重削弱。社会民主党丢掉很多选票、丢失多数席位，极右翼的席位大增。法国玛丽娜·勒庞领导的左翼国民联盟票数超过马克龙的政党及其盟友。欧洲极左、极右翼政党在西班牙、意大利、荷兰等正在进入政坛。

三是新兴经济体和发展中国家的经济比重越来越大。金砖五国经济总量接近美国，中国达到美国经济总量的63%，印度经济呈现持续快速增长之势，发展中国家经济总量占世界比重达到40%，对世界经济增长的贡献率从金融危机前的25%增加到80%。世界前十位经济体位置不断变化，国际力量对比向东西南北均衡趋势发展。

四是总的力量对比仍是"资强社弱"。尽管形势总的方面是有利于社会主义和进步力量的，但是，必须清楚地认识到，总的局面是以美国为首的西方资本主义势力还在继续维持其经济政治的世界统治，美国还在维持其霸权地位。国际力量对比的变化是一个长期过程，"彼消我长"还要有一个相当长的时间。必须承认社会主义和世界进步力量将长期处于战略劣势，社会主义中国还长期处于战略守势。

三 世界争夺的战略重心发生了变化，美国已完成把中国作为主要对手的战略调整，对美和中美关系要采取积极稳妥的战略策略

人类历史进入阶级社会以来，都是阶级斗争的历史。就世界范围来看，在古代，在奴隶社会和封建社会，阶级斗争在国内关系上往往表现为奴隶社会奴隶主阶级与奴隶阶级的斗争、封建社会地主

阶级与农民阶级的斗争。在国与国之间的关系上表现为奴隶制、封建制的强人国家，如，奴隶制的罗马帝国，封建制的奥斯曼土耳其帝国等，对其他弱小国家、民族、地区的领土、财富与人口的战争攫取，而这种战争攫取又往往通过宗教纠纷、民族矛盾的形式而表现出来。在近代，进入资本主义世界历史以来，战争掠夺更为激烈，表现为发达的资本主义列强对落后国家、地区、民族的殖民瓜分，进行赤裸裸的战争掠夺、直接的血腥屠杀，如贩卖黑奴、掠夺黄金、瓜分他国领土、占领殖民地等。在殖民侵略同时，配合传教，进行文化入侵。在现代，进入垄断资本主义阶段，帝国主义国家本性未改，仍然是以掠夺世界财富为主要生存方式，但手法改变了，从武装入侵、殖民掠夺到以资本输入、商品输入为主。在当代，逐步以金融控制、政治控制、文化控制、思想控制为主要手段。随着历史的进步，帝国主义国家逐步改变其掠夺的方式手段，往往披着宗教、民族的外衣，打着人权、民主、自由的旗号。

从资本主义进入垄断发展阶段，对世界争夺的战略重心，也随着形势而不断变化和转移，垄断资本主义的霸主地位也在不断变化和转移。从地缘政治角度来看，世界分为几大板块；一是亚太板块，二是欧洲板块，三是中东非板块，四是美洲板块。这四大板块构成了四大利益争夺点。西方垄断资本主义对这四个利益点争夺的过程分成三个阶段。

第一阶段是以欧洲为中心，主要表现为西方资本主义诸国重点放在对欧洲的争夺控制上，同时展开对亚洲、非洲、美洲、大洋洲的瓜分与争夺。其争夺矛盾白热化为第一次世界大战的爆发。结果交战双方两败俱伤，美国从中获利。第一次世界大战主战场在欧洲，当然也波及欧洲以外的殖民地。

资本主义经济政治发展不平衡是不可抗拒的客观规律。第一次世界大战前英国是世界强国，是欧洲霸主、世界霸主。第一次世界大战后，英国虽然赢得了第一次世界大战，通过《凡尔赛条约》与他国瓜分了原德国殖民地，瓜分了奥斯曼帝国领土，使自己的海外殖民地增加到近 260 万平方千米，人口增加了 1300 万，但战争消耗了英国，使它付出了高昂的战争代价，死亡了 75 万人，损失了 1/3 的财富，70% 的商船，变卖了 1/4 的海外投资，经济遭到极大破坏，由世界最大债权国变为美国的债务国，海上优势不复存在，与美国位置互换。美国从第一次世界大战获益，开始向控制欧洲进发，逐步向世界霸主上位。

第二阶段仍以欧洲为中心，主要表现为美苏两个超级大国以欧洲为战略争夺重点，同时展开对中东、亚洲、非洲、美洲、大洋洲的争夺。第二次世界大战主战场还是在欧洲，当然也扩展到争夺亚太、中东、非洲等地区。经过第二次世界大战，美国强大起来，德日意战败，西方其他一些垄断资本主义逐渐衰落成为美国的小伙伴。如，英国经过第一次世界大战和 1924—1932 年世界金融危机的双重打击，急速衰落。第二次世界大战进一步加快了英国衰落的进程，患上了长期衰败的"英国病"。到了 20 世纪六七十年代，英国从一流工业国沦为只能发挥二流作用的中等工业发达国家。苏联在第二次世界大战中强大起来，又逐步转变成修正主义，演变成社会帝国主义，与美帝国主义以争夺欧洲为重心，展开了争霸世界的角斗。华约与北约两大军事集团在欧洲对峙，是冷战的重要表现。

第三阶段是以欧洲为中心转向以亚太为中心，主要表现为美国把主要争夺重点进一步放到亚太地区。苏联解体、东欧剧变以后，美国的战略意图是逐步控制欧洲，并向亚太进军。当然，此后美国也没有放弃全面扼制俄罗斯，一直加大对俄罗斯的打击力度，力图把俄罗斯赶尽杀绝，防止它东山再起。一方面，美国纠集北约各国抓紧东扩，利用欧盟、北约把俄罗斯势力范围压制到白俄罗斯、乌克兰第聂伯河、爱沙尼亚、拉脱维亚和立陶宛、外高加索亚美尼亚、格鲁吉亚、阿塞拜疆以东（除加里宁格勒），以强大的军事后盾支持欧洲，假手欧盟、北约与俄罗斯对抗。另一方面，美国直接动用军事力量打击南斯拉夫，肢解南斯拉夫，支持乌克兰，拉拢原东欧各国，把这些国家拉入反俄阵营，如将波罗的海三国发展成为北约的前沿军事阵地，使波兰成为反俄的前沿堡垒。除了塞尔维亚以外，罗马尼亚、乌克兰、保加利亚，以及巴尔干诸国都已成为北约成员国，也就是美国、北约的军事领地。再一方面发动"颜色革命"加紧对北非、中亚、中东诸国、外高加索诸国的渗透，意图在俄传统控制的国家打进楔子。与此同时，抽出手来争夺控制亚太，逐步把主要战略重心移向亚太，乃至印太。这就迫使俄罗斯反制，如支持乌东部顿涅斯克、卢巴甘斯闹独立，拿下克里米亚，建立欧亚联盟等。俄美矛盾不可缓解。

从历史到今天，可以判断：

第一，美国一超独大，单极霸权的局面已经形成，同时一超独霸不得人心，反霸权主义、反单边主义成为世界潮流。

国际体系中的美国单极霸权助长了美国为保持自身优势、利益和霸权地位，动不动就挥舞单边主义、保护主义和霸权主义"大棒"的气焰，谁不听他的就打谁。20世纪80年代中后期，日本达到美国GDP的70%，直逼美国的霸主地位。美国成功对其实施贸易战，逼日本在《广场协议》上签字，迫使日元升值，采取一系列行动让日本永远不能实现"日本第一"，造成日本经济低迷。这足以说明，谁影响了它的利益，哪怕是同类资本主义盟友，也绝不放过、毫不手软，更何况社会主义国家。美国还将保持其优势的霸主地位一个相当长的时间。经济实力决定霸主地位，决定政治、军事、文化实力。政治、军事、文化实力又反作用于经济实力，构成综合实力。美国经济位于全球竞争力排行榜首。美国企业利润 2018 年占世界纯利润比例的 40%。世界整体净资产 2017 年收益平均为 13%，美国为 18%。美国 2019 年消费预算是中国的 1652.4 亿美元的 4 倍多。预测美国 2030 年前后将再次实现能源独立，成为油气出口大国。

第二，美国已经完成把中国作为主要对手的战略调整，加大对中国的围剿打击力度。

美国对世界争夺有一个战略转移的过程。美国的战略重点随着形势的变化而不断发生变化，战略重心转移与战略对手转移是相一致的。从美利坚合众国成立起，从争夺美洲、欧洲，到争夺亚太，从打掉英国、打掉苏联、打掉日本，到企图颠覆中国，不断转移战略重心，调整战略对手。当然在这个进程中，它始终把中东作为一个重要的战略支点来考量，中东的战略地位极其重要：一是地理位置处于东西南北的交汇点、枢纽点，是控制欧洲、控制亚太的战略支点；二是战略资源，如油气相当丰富；三是其是欧洲的侧翼、苏联的软肋、中国油气的战略资源重地。

美国从垄断资本利益考量出发，野心很大，想一口吃掉全世界，控制、盘剥一切。随着实力的增长，美国对世界的争夺也经过了三个阶段：

第一个阶段，战略重点放在美洲。美国建国初，1823 年，时任美国总统门罗提出"美洲是美洲人的美洲"，确立了美国扩张领土称霸美洲，进而称霸世界的基本国策。所谓"美国是美洲人的美洲"。换句话说，美国首要的战略目标是控制美洲，独吞美洲的利益。当时北美（除美国外）、拉美、南美是西班牙人为主统治的，当然也有英国人、法国人、葡萄牙人统治，英国人、法国人统治加拿大，葡萄牙人统治巴西，美国当时刚从殖民地解放出来，新兴的美国垄断资本集团的战略重心是放在争夺北美、拉美和南美，把英国以及法国、西班牙、葡萄牙赶出美洲，独占美洲地盘，作为自己的后院，自己的大后方。第一次世界大战前，美国基本上完成了对美洲的战略争夺任务。在这期间，美国对世界各地的争夺也是能伸手就伸手，如对华，始终把中国看作一块肥肉，参与八国联军，瓜分中国。

第二个阶段，战略中心转向欧洲。经过两次世界大战，经过冷战，经过苏联解体之后的东扩，美国基本上控制了绝大部分欧洲。同时捎带着把中东控制在自己手里。对亚洲、非洲等传统殖民地的争夺也是能伸手就伸手。在第二次世界大战与日本展开了对亚太地区的战争争夺，战略意图是图谋亚太。美国在与日本开打的太平洋战争中，打下日本，控制菲律宾、印度尼西亚、马来西亚、新加坡等东南亚地区，使其成为美国的势力范围。美国始终没有忘记对印太这块肥肉的觊觎。冷战时期，美国与苏联一直在争夺印度次大陆。

第三阶段，战略中心转向亚太。美国把苏联搞垮以后，几乎"拿下"整个东欧。现在美国的战略重心已经转移到了亚太地区。21世纪初的"9·11"事件，使它把主要精力放在了反恐上，需要中国的合作，暂缓了把战略对手对准中国的步伐。从奥巴马开始，美国战略呈收缩之势，开始从反恐一线抽身，开始从阿富汗、伊拉克撤军。现在进一步强化了战略收缩，特朗普宣布从叙利亚撤军，这是它在进行战略收缩转移，战略重点发生了实质性变化。奥巴马提出的"重返亚洲""亚太战略"，特朗普提出的"印太战略"，都是要把重心转移到亚太，并向印太转移。在保持与欧盟的传统盟友关系基础上，重点加强美、日、印、澳四国合作，与地区盟友和伙伴实施战略对接，大力拉拢东盟诸国。

与此同步，它的战略对手也发生变化，最初美国人的战略对手是老牌的帝国主义，如英国，后来对着新兴的帝国主义德日，紧接着又对着苏联。现在战略重心转移基本完成，完成了把对华作为主要对手的战略修补和转移。据有关报道，美国现在的海外基地的军舰、飞机、导弹多数都对着中国。

冷战时期，也就是第二次世界大战后到20世纪80年代末90年代初，美国把苏联作为主要战略对手。当然也从来没有放松对中国这个潜在的战略对手的扼制与颠覆。美国把中国作为战略对手，现在看来是经过长时间准备的，短时间内是不可能完成这项重大战略修补和转移的，有一个预谋、酝酿、准备到最后完成的过程，经历了长时间的逐步调整到位的过程。从发动朝鲜战争的杜鲁门，经过几届总统到小布什，到奥巴马，到特朗普，基本上完成了把中国作为主要战略对手的战略中心转移。美国是后发帝国主义，在19世纪末20世纪初，美国弱于西方其他列强时，他从自身的力量出发，对华采取的是放长线、钓大鱼的办法，如用庚子赔款的一部分在中国创办协和医院和清华大学，以扩大美在华影响，从长计议。又由于当时它的主要争夺着眼点不在华，但又不放弃在华攫取利益，对华采取"门户开放、利益均沾"的策略；虽参与了八国联军对中国的侵略瓜分，但不是主要角色，是借机捞一把，能捞多少捞多少的"流氓做派"。第二次世界大战期间，美国主要在欧洲对德意、在亚太对日作战，但又需要利用中国反法西斯的战略力量，对华采取较为友好的政策，这是从美国垄断资本的长远利益考虑的，而不是从为华利益出发的。美国对中国抗日战争的支持，是基于与日的亚太控制权争夺的考虑，并不是真心实意地帮助中国，美国垄断资本集团对华争夺与对华友好人士的对华支持不是一个心思。第二次世界大战后，为了长远利益，美国对华采取支持蒋介石独裁统治的政策。从中华人民共和国一成立，美国就对中国采取了扼制封锁、置于死地而后快的扼杀战略，进而发动了朝鲜战争。美国发动朝鲜战争的战略目标直指中国，战略意图是妄想把红色中国扼杀在摇篮里，意在亚太。当与苏联争夺霸权时，出于自身利益考虑与中国建交，与我保持相对友好姿态，但从没放弃遏制中国的总战略。美国认为，中国将比苏联构成对美更大的潜在威胁。朝鲜战争期间，美国公然派出第七舰队进驻台湾，把台湾作为扼制打击中国的桥头堡、作为围剿中国第一岛链的重要节点和颠覆中国的重要棋子。

国际金融危机爆发后，中国特色社会主义强大了，美对华的战略共识不断加码，美国已经完成了把中国作为主要战略对手的战略修补，加强了对华的战略打击力度。2017 年 12 月 18 日，特朗普政府公布的《国家安全战略报告》明确说明中国在政治、军事和经济等方面对美国形成了全面挑战，中美之间的竞争从根本上是一场"政治竞争"，宣称中国是美国的"战略竞争对手"。中美贸易战无论是打，还是谈，无论是打打谈谈，还是谈谈打打，都服从中美战略博弈这个大战局。中美关系已经进入全方位的、长期的，更加激烈的战略博弈期，中美贸易摩擦是中美战略博弈的一个重要表现。当前，正值中美发生贸易摩擦一年多，经过多轮谈判，美国对中国的关税加征多次加码，不断升级升温中美贸易战。中美贸易摩擦表现为经济大战。经济战伴随着政治战、军事战，伴随着意识形态战。贸易战打得是政治牌。美国利用政治手段，把中兴搞掉，又背后使坏指使加拿大把孟晚舟抓起来，既从经济上，又从政治上搞华为，意在遏制中国，使 5G 技术经济战上升为政治战。2019 年 5 月 7 日，美国众议院审议通过了"2019 年台湾保证法""重新确认美国对台及对执行台湾关系法承诺"决议，向中国台湾出售武器装备和技术，大搞军事挤压，大打"台湾牌"；最近美国又大作香港文章，联手西方敌对势力以及台湾当局，煽动"港独"分子暴力乱港，妄图加大遏制打击中国的力度。

第三，美国对华的战略策略主要是以军事围剿威慑为基础，实行战略抵消策略，打长期消耗战，战略侧重点是要通过意识形态的"和平演变""颜色革命"搞垮中国。

朝鲜战争结束后，美国国务卿杜勒斯在国情咨文中认为在军事上彻底战胜中国不大可能，应尽量避免跟中国人打仗，解决中国问题的战略方向要放在第五代和第六代身上，放在"和平演变"上，将打一场"没有硝烟的战争"，这就是美国打的"如意算盘"。

美国的战略家提出对华、对共产主义要实行长期抵消战略。什么叫抵消战略？一是用军事竞争特别是核竞争来抵消社会主义国家。例如，在军备竞赛、核竞争过程中，美国通过冷战、通过核竞争消耗苏联，把社会主义苏联拖垮。二是用信息技术抵消社会主义国家。采取带有颠覆性的信息技术抵消战略。比如，华为的"5G"是颠覆性的信息技术，谁掌握"5G"，就有可能改变一个国家的命脉，美国打压华为，就是盯上了"5G"技术。三是用意识形态战抵消社会主义国家。采取意识形态"攻心为上"的战略搞垮了苏联，现在又要搞垮社会主义中国。

第四，在今天战略力量对比发生根本变化的情况下，美国也是不能随心所欲的。

社会主义力量在发展，爱好和平的进步力量在发展，这对美国构成了巨大的牵制。社会主义国家，越南、老挝、古巴、朝鲜等国家，发展中国家，中东地区的伊朗、叙利亚等对美国有很大牵制。昔日盟友对它也形成了牵制，土耳其是一例，英法德对美也有牵制。俄罗斯对美更是重要战略牵制力量。美洲后院也在起火，像古巴、委内瑞拉等国家对它都是牵制。美国并不像苏联解体后雄霸世界时那样随心所欲，想打谁就打谁，像打伊拉克、打南斯拉大、打利比亚、打阿富汗，都可以纠集他国出手。美国在叙利亚遇到的问题，恰恰说明它想办的事也不一定能办成。它收拾利比亚的时候，多随心所欲，现在连叙利亚都收拾不了了。特朗普想不想占领叙利亚？但没办法，因为俄罗斯、伊朗、土耳其等联手对付美国，北约又不真出力，美国心有余而力不足。现在它打算放弃叙利亚，收拾伊朗，但收拾伊朗，也不易得手。近来，美国加大对伊朗的制裁，撕毁《伊核协议》，但欧洲，特别是英法德等欧洲大国对此进行了联合抵制。最近，美国派军舰到伊朗家门口，禁止伊朗向外出售石油，企图掐断伊朗的经济命脉。伊朗停止执行《伊核协议》部分条款以应对，并扬言封锁霍尔木兹海峡，英法德三国联合声明，支持伊朗，并与伊朗开展新一轮的贸易合作，当然英国也有配合美国的行动。美国的力量已经下降到不能像先前那样想做什么就做什么了。美国制裁华为，而一些欧洲企业在中美技术战中选择了中国。爱好和平，希望发展的力量对美国构成极大牵制。

四 中国特色社会主义进入新时代，与 20 世纪末 21 世纪初相比，中美力量对比发生了根本性的 有利于我的变化，这是中美关系变化的主要 原因之一

依据中美力量对比变化的现实，应把握好以下几点：

第一，我国发展仍然面临和平发展的战略机遇期。

邓小平同志在 20 世纪 70 年代末 80 年代初，作出一个重大战略判断，认为虽然战争危险仍然存在，但爆发世界大战的可能性不

大，时代的主要问题由战争与革命转变成和平与发展，应当抓住这一和平发展的机遇，把战略重点放在经济建设上。当时，他做了两件大事，一是访问美国，缓和与美国的关系；二是组织中越边界反击战，以求得中国周边的和平稳定。从那时起到现在，我们已经争取了 40 年的和平发展机遇，取得了改革开放的伟大成就。党的十九大再次作出了我们仍处于和平发展战略机遇期的判断。战争危险仍然存在，我们丝毫不能放松打仗的准备，但我们仍然处于可以最大限度地争取和平发展的战略机遇期。

第二，最大限度地团结一切可以团结的力量，最大限度地孤立少数，最大可能地争取和平发展的空间和时间。

毛泽东同志早就指出："一切反动派都是纸老虎。看起来，反动派的样子是可怕的，但实际上并没有什么了不起的力量。从长远的观点看问题，真正强大的力量不属于反动派，而是属于人民。"① 社会主义和世界进步力量还处于弱势，社会主义中国现在还处于弱势。但从长远观点来看，我们总是要发展起来的，帝国主义和一切反动派都是要弱下去的、要垮掉的。面对国际压力，毛泽东同志曾说过一个字"熬"。中国社会主义要取得成功，就是要以最大的毅力和耐心、以时间争取发展的空间。邓小平同志讲要韬光养晦，也是出于这个战略考量。最大限度地争取和平发展，必须团结一切可以团结的力量。构建"人类命运共同体"是一个国际大团结的号召，是建立最广泛的国际统一战线的旗帜。为了团结、为了合作，我们必须作出区分，没有区别就没有政策，就没有战略策略。一要把绝大多数美国人民同美国少数垄断资本集团区别开来；二要把美国极少数的垄断资本集团与美国资产阶级在内的美国各阶级、阶层

---

① 《毛泽东选集》第 4 卷，人民出版社 1991 年版，第 1195 页。

人民区别开来；三要把美国垄断资本集团内部少数顽固与我为敌的同对华友好的、愿意与我合作的人士也区别开来；四要把与美国有矛盾、对华友好的一切国家和民族同死心塌地与美国为伍的区别开来，我们要同社会主义国家和民族，同发展中国家，同一切爱好和平、求发展、愿合作的国家、民族与各方人士团结起来，最大限度地来团结一切可以团结的力量。

第三，丢掉幻想，准备斗争，作好长期斗争的准备。

毛泽东同志指出："'准备斗争'的口号，是对于在中国和帝国主义国家的关系的问题上，特别是在中国和美国的关系的问题上，还抱有某些幻想的人们说的。他们在这个问题上还是被动的，还没有下决心，还没有和美国帝国主义（以及英国帝国主义）作长期斗争的决心，因为他们对美国还有幻想。"① 这段话讲得多么好、多么有针对性。从大的历史时代，从根本制度，从社会主义和资本主义的根本矛盾上来判断，要通过斗争求发展，通过斗争求合作，通过斗争求和平。以斗争求和平则和平存，以斗争求发展则发展有。不斗争，和平是来不了的，合作也搞不成，发展也发展不起来的。

毛泽东同志指出："新的世界大战的危险依然存在，各国人民必须有所准备。"② 我们对美的战略总基调，应当以斗争求和平、求合作、求发展，着眼长远、着眼大局，最大限度地争取发展空间，同一切可以合作的力量合作、共谋发展、稳步前进。现在我国与美国的关系，竞争面、斗争面在上升，这不是我们所希望的，也不是我们带来的，是美国国内的少数垄断资本利益集团极端势力带来的，这是不以我们的良好愿望为转移的，要时刻做好斗争准备，要做好充分的军事斗争准备。对于贸易战，我们的态度是不愿打、不

① 《毛泽东选集》第 4 卷，人民出版社 1991 年版，第 1488 页。
② 《毛泽东外交文选》，中央文献出版社、世界知识出版社 1994 年版，第 584 页。

怕打，必要时不得不打，坚决奉陪打到底。我们不能存在丝毫的幻想，丢掉幻想、准备斗争，着眼于美国人民，力争做到斗而不破、总体可控，作长期打算。当然斗争也要讲究时机、策略，讲究分寸和火候。

我国处理国际关系的战略考量，应注意中美关系，加上中美俄关系，再加上中美俄欧日关系，注重最大限度地团结发展中国家，团结一切可以团结的力量。不准俄罗斯发展起来，是美国的一个重要战略目标。美国把中国作为主要战略对手，并不排除它继续把俄罗斯当作重要对手，始终打压，美俄角力不断升级升温。总体上，大国关系已经进入新一轮的重大调整期，特别是中美关系，现在处在一个重要的历史关头。

地缘政治理论是有道理的，但没讲到根本上。从地缘政治上看，我们要注意发展与朝鲜、越南、老挝、古巴等社会主义国家的传统关系，发展与柬埔寨、缅甸、尼泊尔的关系，发展与印度尼西亚、马来西亚、菲律宾、泰国和新加坡的关系。现在，菲律宾的杜特尔特不听美国的，印度尼西亚总统班加当选对我是有利的。在印度次大陆，巩固中国与巴基斯坦友好关系，注意与印度、斯里兰卡、孟加拉等国的关系。热点还在中东地区。对中东地缘政治最重要的五强，一个是土耳其，过去的老奥斯曼帝国，还有沙特阿拉伯、埃及、伊朗、以色列，要高度重视。现在看，伊朗的特殊性越来越突出。对于这些国际关系，都要高度关注。

从战略高度认识和发展新时代中俄全面战略协作伙伴关系*

王伟光

今天是第一次研讨会，以后这样的研讨会还要举行多次，这是我的提议。今天我谈的问题是，把对俄罗斯的研究、对中俄关系的研究、对俄和中俄关系应当采取什么样战略策略的研究，放在国家重要战略地位上来考量。

2019 年是中俄关系史上的重要年份——中俄建交 70 周年。中俄建交 70 周年值得纪念，值得总结，值得大力发展中俄之间的友好合作关系。中俄 70 年的交往历史是双边关系历史中的宝贵财富。中俄关系史也是国际共产主义运动和社会主义发展史的一部分。70 年来，中俄两大邻国共同走过了极不平凡的历程。今天两国关系处于密切合作、健康发展阶段，维护好、发展好、巩固好中俄关系是双方共同的历史责任。

---

* 该文是作者 2019 年 4 月 10 日在中国社会科学院大学举办的中俄—欧亚论坛上的讲话，根据录音整理。发表于《世界社会主义研究动态》2020 年 6 月 24 日。

一　从大的历史时代观看，中俄两国都曾走过从相对落后向现代化过渡发展的道路，具有相同的新的社会形态烙印和基因，具有深厚的合作基础

从大的历史时代来看，中俄两国在社会主义道路上同行过，孕育过同样的新生的社会形态，血管里流淌着同样的社会主义鲜血，具有同样的社会主义印记。

时代概念有两种用法，一种是广义的，一种是狭义。我们这里讲的是广义的时代概念，是从唯物主义历史观的角度来使用的，特指人类社会发展进程中占统治地位的社会形态所经历的发展阶段，人类社会发展的每一个历史阶段都有一个占统治地位的社会形态，每一个占统治地位的社会形态，从生到灭的整个历史进程就是一个历史时代。马克思主义唯物史观把人类社会形态发展的历史进程分成了原始社会时代、奴隶社会时代、封建社会时代、资本主义社会时代，然后经过社会主义过渡而发展到共产主义社会时代，这是马克思主义经典作家运用唯物史观观察分析人类社会形态演变一般规律而得出"五种社会形态"学说的科学概括，可以称为广义的历史时代观。这同从国家发展角度讲的中国特色社会主义新时代是有区别的。

近些年来，由于历史虚无主义作祟，有些人把马克思主义科学的历史时代观忘记了，把中国已经经过原始社会，经过奴隶社会、封建社会，但是没有经过资本主义社会，而形成半殖民地半封建社会，经过新民主主义革命和社会主义革命进入社会主义初级阶段的历史事实也抛弃了。中国社会形态发展的历史真实是不应忘记的。第一次世界大战之前，西方列强已经把世界殖民地瓜分完毕，把中

国瓜分得四分五裂。由历史条件所决定，中国不能独立自主地发展到资本主义社会，只能沦为半殖民地半封建社会，这只是人类历史社会形态发展一般规律的一个特例。中国社会形态发展的特殊性并不代表马克思主义经典作家关于人类社会发展经过"五种社会形态"学说的论断失误，而是社会形态历史进程在中国的实际演变，这类演变在每一个国家、民族或地区，是具体的、多样的、偶然的。正当中国在封建社会内部产生出新的社会形态因素——资本主义萌芽时，而先于中国发展起来的西方资本主义列强，一方面剥削压迫本国的工人阶级和广大劳动人民，另一方面瓜分、剥削、掠夺世界上的落后国家、民族和地区，以达到它们掠夺世界财富的目的。旧中国是资本主义列强弱肉强食的一块"肥肉"，它们是不允许中国独立自主地走资本主义强国之路的。中国社会历史发展的特殊性正是由这种特殊的历史条件所决定的。

从大的历史时代看，我们处于什么时代？马克思主义经典作家在《共产党宣言》中指出，我们的时代是资本主义时代。习近平总书记指出："时代在变化、社会在发展，但马克思主义基本原理依然是科学真理。尽管我们所处的时代同马克思所处的时代发生了巨大而深刻的变化，但从世界社会主义500年的大视野来看，我们依然处在马克思主义所指明的历史时代。"① 当今西方资本主义虽然在走下坡路，但资本主义制度仍在世界上占统治地位，我们仍然处于资本主义生产方式占统治地位的历史时代，但在该时代始终充满了两种社会制度的斗争。资本主义社会形态一诞生，在其内部已经开始孕育了新的社会形态因素，产生了新的社会化的生产力，产生了代表新的生产力的工人阶级，从而也产生了新的生产关系的萌芽。

---

① 《习近平谈治国理政》第2卷，外文出版社2017年版，第66页。

1917 年俄国十月革命成功，标志着第一个代替资本主义社会的新的社会主义制度在俄国诞生。十月革命开创了人类历史的新纪元，正是就社会主义这个崭新的社会形态产生的时代意义所作出的科学判断。

从马克思主义哲学辩证法来说，母体是旧事物，新生儿是新事物，任何新生事物都是在旧事物内部产生出来的，也就是说，作为新生事物的新生儿是在作为旧事物的母体内孕育出来的。社会主义作为新生事物，是在作为旧事物的资本主义母体中孕育产生的。当然，新生儿有早产的，难产的，还有夭折的。新生事物一方面最终是不可战胜的，另一方面其成长过程又不是一帆风顺的，特别是在生长初期又是脆弱的，这就是新生事物初生的辩证法。曾经的苏俄和中国特色社会主义的中国，是在旧社会母体中孕育出来的代表新的社会因素的一对双生子，无非是一个先出生，一个后出生，一个中间夭折了，一个生命力旺盛，蓬勃发展起来了。我这里使用了苏俄的提法，苏联显然是指社会主义苏联，而俄国并不指现在的俄罗斯联邦，而是指苏联之前的俄罗斯工人阶级先进分子——以列宁为核心的布尔什维克领导的十月革命所建立的苏维埃俄国。从 1917年社会主义革命成功的俄国，到建立社会主义制度的苏联，直至1991 年苏联解体、东欧剧变表明，苏联和东欧社会主义的失败，只是代表新的社会因素的一个新生儿夭折了；但是有些社会主义国家解体，不意味着代表新的社会因素的新生儿再不会产生了，不意味着社会主义国家再不会诞生了，不意味着俄国十月革命创造的社会主义新生事物不可以再生长发展起来，也不意味着十月革命开创的人类社会历史发展的新纪元终结了，更不意味着社会主义、共产主义代替资本主义的必然趋势不存在了，没有现实意义了。

中国和俄罗斯两个国家曾经在社会主义道路上同行过。中国和苏俄这两个社会主义的新生儿，苏俄作为哥哥，先出生，中国作为弟弟后出生。一个是 1917 年出生，一个是 1949 年出生，相隔 32 年，同胞小孩出生的时间间隔似乎太长了，但对于人类新的社会形态产生的时间跨度来说，却并不算长。从先后出生的一对社会主义新生儿来说，中国与苏俄是社会主义兄弟关系，兄对弟支持、弟对哥也有帮助，兄对弟有指教、弟对兄也有学习，弟对兄的学习借鉴不仅学习借鉴正面的经验，还学习借鉴失败的教训。失败是成功之母，正是从社会主义苏联失败的惨痛教训中，中国吸取经验发展起来了。作为社会主义的苏联夭折了，作为社会主义新生事物的中国发展成功了，成长为中国特色社会主义大国，正在向中国特色社会主义强国迈进。习近平总书记在《求是》杂志 2019 年第 7 期上发表了一篇题为《关于坚持和发展中国特色社会主义的几个问题》的文章，讲到了社会主义作为人类社会的新生事物的发展辩证法，中国特色社会主义已经走出了一条崭新的道路，回答了社会主义到底是什么，怎么建设的重大时代课题。中国共产党是在苏俄共产党人回答社会主义是什么、怎么办这一重大问题基础上的进一步破题，也是在苏俄共产党人发展科学社会主义理论的前提下，对科学社会主义理论的进一步丰富和发展。

中国特色社会主义是科学社会主义理论与实践的继承和发展。中国特色社会主义的成功，是列宁、包括斯大林所领导的十月社会主义革命和苏联社会主义伟大事业，在新的历史起点上的延续，是在资本主义母体内部产生的新的社会因素生命的延续，但又不是对苏联社会主义制度和道路的简单复制，而是在更高历史起点上的继续前进。

从 1917 年十月革命到今天，一百余年过去了，从人类历史上来看，一百年不过是瞬间，但在资本主义世界体系内部，社会主义新的社会因素已经成长一百余年了。尽管有过苏联、东欧社会主义的挫折，但从一个大的历史跨度、一个新生社会形态成长的历史进程来看，虽然中间有断裂、有挫折，不论苏俄也好、中国也好，作为一个新生事物的总的历史链条又是连续的，有生命力的，是一个生命的整体，表现出社会主义作为新生事物是不可抗拒的，具有顽强的生命力，这种顽强的生命力已经深深地沉淀在中俄两国人民的社会基因之中了。

世界上任何进步的力量与思潮的发展都是螺旋式上升、波浪式发展、曲折式前进的。奴隶社会代替原始社会、封建社会代替奴隶社会、资本主义社会代替封建社会、社会主义社会代替资本主义社会，没有一个新生的社会发展是一帆风顺的，也没有一个旧的社会形态能够自动退出历史舞台。

2008年爆发国际金融危机以来，有两股世界性思潮影响很大，推动两种根本不同倾向的社会思潮和运动：**一是"左翼"思潮**，引导社会运动向着社会主义方向延展。譬如，现在美国就出现了"左翼"，出现打出社会主义旗号的总统竞选者，当然他们对社会主义的理解不尽是科学社会主义的。美国金融危机期间爆发的"占领华尔街"运动，法国爆发的"黄马甲"运动，都是受"左翼"思潮影响的反对垄断资本主义的群众性运动。最近在资本主义统治比较稳定的比利时也发生了大罢工，整个西欧都表现出"左"的思潮力量走上前台，工人及广大民众运动和社会主义运动在兴起。皮亚蒂的《新资本主义》一书就是"左翼"运动的理论反映。**另一是右翼思潮**，引导社会运动向右甚至向着极右方向发展。欧洲极右势力纷纷登上政治舞台，包括鼓吹纳粹主义的右翼政党都登台表演了。"左"和右，无论是表现为思潮，还是表现为某种政治力量的现实运动，阵线非常清楚，"左"的向更"左"的方向发展，右的向更右的方向发展。这说明在资本主义世界社会体系内部两极分化愈加严重，两种制度、两种前途、两条道路，两种力量的博弈十分激烈，社会主义社会战胜资本主义社会需要相当长的历史博弈过程。

中国与俄罗斯两个国家在大的历史时代进程中，是有承继性、共同性的，我们两国人民的血管里都流淌过并还在流淌着红色文化的血液。从大的历史跨度上看，我们与俄罗斯人民是不可分的，苏俄时期的马克思主义者们先于我们而接受马克思主义，走上了社会主义道路。当然继任的苏联领导者又背离了马克思主义科学社会主义，使社会主义苏联发生了蜕变。社会主义中国没有夭折，我们继承了马克思、恩格斯、列宁，以及斯大林的科学社会主义事业。俄罗斯现在也在努力摆脱曾经推行过的西方资本主义意识形态的束缚。虽然中国与当今俄罗斯在意识形态方面不尽相同，但我们从社会发展上、从源头上、从思想上，找出中国与俄罗斯曾经是密切相连的，存在相当的一致性，构成两国共同合作的社会基础。

一是在思想文化和意识形态方面的共同性。

从思想文化和意识形态上来看，中俄两国具有很强的承继性和一致性。马克思主义是当今时代最先进的思想理论和理想信念。中国和苏俄先后接受并推进了马克思主义，列宁领导的布尔什维克党坚持并继承了马克思主义，把马克思主义与俄国实际相结合，把马克思主义推进到了列宁主义阶段。斯大林在苏联社会主义建设实践中，坚持并发展了马克思列宁主义，当然他也有离开马克思主义的方面。现在的俄罗斯联邦共产党明确主张以马克思列宁主义为党的指导思想。中国共产党人从苏俄老大哥那里接受了马克思主义，并接受了列宁主义，在中国具体实践条件下，坚持并发展了马克思列宁主义，把马克思列宁主义与中国革命、建设和改革实践相结合，不断实现马克思主义的中国化。

　　毛泽东同志讲："十月革命一声炮响，给我们送来了马克思列宁主义。"① 中国与苏俄的工人阶级先进分子都曾共同秉承马克思、恩格斯、列宁的理想、信念与思想。中国共产党人以俄为师，学习并承继了以列宁为代表的俄罗斯先进分子所主张的，并在实践中曾实现过的崭新的社会主义制度。我们的出发、发展和成长离不开苏俄的社会主义样板，我们曾经的先生就是苏俄，中国人民接受马克思主义，接受社会主义，是受到苏俄先进分子影响的。俄国率先实践了科学社会主义，建立了社会主义制度，把社会主义从理论变成了实践，中国是从苏俄那里学到了科学社会主义，并且借鉴了苏俄社会主义革命和建设的经验，走出了一条中国特色的革命道路和中国特色社会主义的建设道路，中俄两国人民都曾有着共同的科学社会主义的理论和实践基础。无论是战争年代，还是和平时期，在马克思主义指导方面，在帮助我国培养了大批忠于马克思列宁主义的领导干部和马克思主义理论、人文社会科学工作者方面，社会主义的苏俄都曾给予中国人民大力的支持和帮助。

　　当然现在俄罗斯官方公开宣称马克思主义、共产主义不适宜俄罗斯，在坚持马克思主义、科学社会主义方面我们与俄罗斯官方不具有共同的语言。但现在俄罗斯与我们有着共同语言的马克思主义者还是很多的，马克思列宁主义是中俄两国信仰科学社会主义的人们共同的思想基础。今天，以普京为代表的俄罗斯官方是反对西方资本主义意识形态的，这也是当前中俄两国一个共同的思想前提。

　　从历史上看，中俄两国在思想文化方面还是有许多具有共同性的方面。俄罗斯文化，无论是 19 世纪俄罗斯哲学社会科学与文学艺术，19 世纪末 20 世纪初的俄罗斯革命文化，还是 20 世纪苏联的

---

　　① 《毛泽东选集》第 4 卷，人民出版社 1991 年版，第 1471 页。

社会主义文化，都对中国人民产生了深远的影响。我们的父兄长辈很多是在国民党统治区读到苏俄文学著作，受到深刻影响后到延安投身革命的。我们这一代读得最多的一本书《钢铁是怎样炼成的》，它的经典段落很多人几乎可以背出来。我们这一代，包括上一代，都是曾唱着俄罗斯革命歌曲而成长起来的。当然，中俄两国在文化、意识形态上虽然有一致性，但差别性也很强，因为中华民族和俄罗斯民族各自都有很强的民族特性。俄罗斯东正教就是富有俄罗斯民族特征的宗教文化。

二是在中国共产党和俄罗斯共产党两个工人阶级政党方面的共同性。

中国共产党尽管与苏联共产党有过不协调的论战历史，但与现在的俄罗斯联邦共产党，也包括俄国布尔什维克党、以前的苏联共产党在总体上一直保持着传统友谊关系。中俄两党有着共同马克思列宁主义的思想和政治基础。当然，后来的苏联共产党逐步离开了马克思主义路线，这也是苏联共产党发生蜕变的根本的思想政治原因。苏联解体、东欧剧变之后，中共与俄共一直建立并保持了牢固的两党关系。1997 年 6 月，中共与俄共签署了《合作协定书》并多次续签至今，为巩固发展两党关系提供了强大动力，也为发展中俄关系打下了政治基础。俄罗斯共产党总书记久加诺夫强调指出："我们对俄罗斯联邦共产党与中国共产党的两党关系发展到如此的高度感到满意。"还指出，"俄罗斯共产党一贯支持中俄两国、中国共产党和俄罗斯联邦共产党的双边合作。两党关系一定程度上支撑了两国友好关系的发展"。

三是在国家的历史任务、核心利益、战略目标、共同敌人方面的共同性。

从 20 世纪初叶俄国十月革命成功以来，中俄两国人民在多方面具有共同的利益诉求。我们两国都是相对落后的国家，中国比俄国还要落后。俄国在十月革命前是帝国主义统治链条上相对薄弱的环节，是资本主义世界体系里相对落后的国家。十月革命成功后，面临着在相对落后国家建设社会主义的历史任务。20 世纪八九十年代以来，已被西方颠覆的俄罗斯更具有强烈的发展愿望，俄罗斯民族始终面临着发展自己、建设强国的战略目标。中国长期以来，是一穷二白的落后国家，面临着图变、图富、图强的振兴中华的历史目标。在相当长的历史时期，两国都要集中于国内的改革发展，对中国来说，要振兴中华；对俄罗斯来说，要振兴俄罗斯。我们两国为了实现各自民族复兴的远大目标，都要努力创造外部和平环境。中俄两国都无意于对外发动战争、侵略别人。我们两国都坚定地捍卫以联合国宪章为基准、以国际法为基础的国际体系，构建以合作共赢为核心的新型国际关系，构建人类命运共同体。在坚决反对西方帝国主义的单边主义、霸权主义，反对西方帝国主义对全世界的侵略、掠夺方面，我们与俄罗斯是有共同利益和战略目标的。两国的战略目标、核心利益、历史担当，以至面对的主要对手是一致的。

总而言之，中俄是密切联系的，你中有我、我中有你，同行过同一条道路，有着共同的历史经历，有着共同的历史文化承继，也有着深远的合作的社会基础、文化基础、思想基础和群众基础；具有共同的历史任务、核心利益和战略目标，离开这一点看中俄关系，也就离开了唯物主义历史观、离开了大的战略视野和历史眼光。当然，我们也要正视大同中的不同、合作中的分歧。

二 从两国关系的发展历史看，中俄两国有着久远深厚的合作历史，友好合作是总趋向

认识一个国家的现在、预测它的未来，就必须了解它的历史、

它的过去；要认识两国的关系、预测两国关系的走向，就必须了解两国关系过去的历史。

研究中俄关系史，必须研究俄罗斯。研究俄罗斯，必须全面、系统、历史、辩证地来研究。什么叫作历史的、全面的、辩证的，就是要一分为二地看俄罗斯，既要看到俄罗斯的长处，又要看到俄罗斯的短处，既要看到苏俄给我们提供的革命经验，同时也要看到给我们带来的负面教训。

先看看俄罗斯的历史。俄罗斯的主体民族俄罗斯族是从古斯拉夫人的一支发展而来的。古斯拉夫人最早居住在奥得河、维斯瓦河、第聂伯河和布洛河流域以及白俄罗斯南部一带。随着历史的发展，古斯拉夫人逐渐向周围扩展，西抵易北河，东至顿河、奥卡河、伏尔加河上游，北达波罗的海，南至喀尔巴阡山。公元1世纪前后，古斯拉夫人分成两支，一支向东，被称为东斯拉夫人，生活在第聂伯河中上游，奥卡河、伏尔加河上游，西德维尔纳河一带，即现在的俄罗斯、乌克兰和白俄罗斯；一支向西，被称为西斯拉夫人，生活在维斯瓦河、奥得河和易北河一带，即现在的中东欧诸国。公元6、7世纪，民族大迁徙，斯拉夫人进入多瑙河流域和巴尔干半岛，形成南斯拉夫人，即原南斯拉夫社会主义联盟等，也就是现在的塞尔维亚等巴尔干半岛诸国。

在公元9世纪前后，北方来的维京人与东斯拉夫人融合，建立了以基辅为中心的斯拉夫化的基辅大公国，即基辅罗斯。基辅罗斯是第一个俄罗斯国家，其版图东起喀尔巴阡山，西至顿河，北起波罗的海南岸，南到黑海北岸，也被称为东北罗斯。东北罗斯在公元10世纪完成了由奴隶社会向封建社会的转变。公元14—15世纪，东北罗斯的莫斯科公国逐渐发展壮大，成为东北罗斯的政治、经济、文化中心和反抗蒙古人统治的中流砥柱。这就是现代俄罗斯把基辅视为俄罗斯的祖宗所在地的历史文化原因。可以说，现代俄罗斯是从俄罗斯民族的老家，也就是斯拉夫人在乌克兰首都基辅建立的公国——基辅罗斯开始起步的。公元 15 世纪，莫斯科公国大公伊凡三世完成了对东北罗斯的统治。1485 年，伊凡三世正式称自己为"全罗斯"大公，后又反复征战，吞并乌克兰、白俄罗斯，夺取波罗的海出海口，伊凡三世统一了东北罗斯，自称"沙皇"。公元 1521 年，伊凡三世之子瓦西里三世最终完成了统一俄罗斯的大业，建立了中央集权封建君主制的统一的俄罗斯国家，我们称为俄国，成为欧洲幅员最广阔的国家。公元 1547 年，伊凡四世加冕为沙皇，又不断扩张领土。

使俄国真正发展起来的，是主持建设彼得堡的彼得大帝（公元 1682—1725 年）。在彼得大帝执政期间，通过带有资本主义因素的改革促进了经济发展，增强了国力，强化了封建君主专制的中央集权国家，为对外扩张奠定了物质基础和制度前提。彼得大帝 1721 年改称皇帝，俄国从一个落后的封建农奴制国家逐渐发展成为中央集权的封建君主专制的沙皇帝国。

彼得大帝时期正是中国的康乾盛世。康熙与彼得大帝是同时代的人。中俄是当时世界上两个东方大国，俄国虽然自称是欧洲国家，但是实际上大部分国土在东方、在亚洲。康乾盛世时，中国的 GDP 占全世界 1/3，是世界老大。也正是在这一时期，俄国国力开始上升，中国却开始下降。总结俄国在彼得大帝时期发展起来，而中国却衰败下来的经验教训来看，历史的原因是复杂的，但其中有一条原因是共识，这就是彼得大帝时期，中国是封闭的，俄国是开放的，它向西方诸资本主义国家学习，开始走上了资本主义发展道路。彼得大帝曾经化装到西方去考察学习过，学习西方诸国发展资本主义的经验，推动俄国发展成为帝国主义列强之一。

纵观中俄两国关系的历史，可分为六个大的历史阶段。

第一大历史阶段为中俄相对友好交往阶段，从 1618 年前后至 1639 年前后，大致 20 年。 历史学家通常认为，中俄两国的正式交往始于 400 年前明朝万历年间，这是中俄正式发生关系，也是中俄关系史第一大历史阶段的起点。1618 年 9 月，由佩特林带队的俄罗斯哥萨克使团到访中国抵达北京，史称佩特林使团，这个使团已经开始具有现代意义的外交使团作用。在这约 20 年的历史当中，中俄两国保持着相对平稳友好的关系。

从 17 世纪中叶俄国开始侵犯我国东北边疆地区为转折点至 1949 年中华人民共和国成立，中俄关系进入了有侵略、有对抗、有合作的曲折发展的历史进程，从 1639 年前后至 1949 年，大致 300 年的历史。应该说，在 300 余年的中俄交往史中，由于国际环境的变化，两国国内局势变化，两国关系经历了多次曲折转变。300 余年来，中俄关系的历史大体上经历了三个历史阶段，即中俄关系的第二、第三、第四大历史阶段。

从 1639 年前后到 1840 年前后，中俄关系发展进入了第二大历史阶段，是俄国开始侵犯中国的历史阶段，大致 200 年。 中俄关系第二大历史阶段是随着俄罗斯成为强大的封建专制沙皇帝国开始侵犯中国边疆地区，一直到 1840 年鸦片战争中国沦为半殖民地半封建国家为止而走过来的。

300 余年前，中国正处于明末清初，而俄罗斯却发展成为中央集权的封建君主专制沙皇帝国。实际上，早在 16 世纪中期，沙俄就开始越过乌拉尔山，进入西伯利亚，向中国东北边疆地区渗入、蚕食。到 17 世纪以来，俄罗斯成为富有侵略性的中央集权封建君主专制沙皇帝国，这正是中俄交恶的始因。沙俄侵略者从 1639 年开始向中国的黑龙江流域进犯，中俄关系开始了对抗，俄罗斯压迫、欺负、侵略、掠夺中国，这是两国对抗的主要内容。17 世纪中叶，也就是清军 1644 年入关，中国封建政权更迭，清封建统治者忙于国内，无暇顾忌东北边疆，沙俄势力乘机侵进到太平洋沿岸，开始向中国黑龙江流域扩张，入侵中国的东北边疆，侵占中国领土。在彼得大帝执政期间，清入主中原后，康熙皇帝曾于 1685 年和 1686 年发动两次雅克萨自卫反击战，几乎全歼向黑龙江流域进犯的沙俄侵略军。1689 年，中俄两国签订《尼布楚条约》，明确规定格尔必齐河、额尔古纳河及外兴安岭为中俄东段边界，外兴安岭以南的黑龙江流域和乌苏里江流域是中国领土，黑龙江、乌苏里江都是中国的内河。《尼布楚条约》签订后，沙俄侵略者时时也有对我黑龙江流域的侵犯，但总体两国保持了近百年相对和平正常的状态。

以中国 1840 年爆发鸦片战争，逐步沦为半殖民地半封建社会为转折点，至 1917 年俄国十月革命爆发，中俄关系进入了第三大历史阶段，大约 80 年，开始中俄近代关系史，也就是沙俄大肆侵略中国阶段。中俄近代关系史可分为前后两个时间段，前期为中俄关系第三大历史阶段，后期为第四大历史阶段。第三大历史阶段，从俄罗斯作为中央集权封建君主专制沙皇帝国发展成为帝国主义列强，大肆侵略中国，至十月革命止。1840 年中国跌入低谷，从"康乾盛世"走向"落日的辉煌"，堕落为任人侵凌的弱国。沙俄却发展成为对外侵略扩张的帝国主义列强。18 世纪末，资本主义在沙俄有了很大发展，19 世纪末 20 世纪初，沙俄由自由竞争资本主义发展到了垄断资本主义，沙俄进入后发的但又相对落后的帝国主义阶段。从 19 世纪中叶开始，沙俄重新开始了远东的扩张，越过了《尼布楚条约》划定的边界线，向中国东北边境大举进犯。沙俄帝国主义的后发性既有残留大量封建农奴制的落后性，是资本主义世界体系的落后薄弱环节，又有后发帝国主义列强的扩张性和侵略性，沙俄封建帝国兼具侵略性与落后性两重性。争取出海口的战略，是沙俄从封建帝国一直到帝国主义列强所秉持的国家战略，决定了其军事战略的侵略性、扩张性。表现为沙俄向东、向西、向南、向北迅速侵略扩张。向西侵略扩张，寻找出海口，在黑海爆发与土耳其的克里米亚战争；向北侵略扩张，在波罗的海与欧洲列强反复争夺出海口；向南、向东侵略扩张，侵占中国大片领土。在太平洋与日本争夺出海口，爆发日俄战争，争夺中国殖民地。亚历山大二世在位时，1858 年沙俄政府采取武力恐吓手段，迫使黑龙江将军奕山签订《瑷珲条约》，把大兴安岭以南、黑龙江以北 60 多万平方千米土地划为俄国领土，将乌苏里江以东 40 多万平方千米土地，包括吉林省的所有海岸出海口及海参崴出海口划为中俄共管。1860年沙俄迫使清政府签订《中俄北京条约》，确定了以往清朝政府不承认的《瑷珲条约》的法律效力，把《瑷珲条约》中规定为中俄共管的一大部分土地占为己有，攫取了黑龙江以北和乌苏里江以东的极其广大的领土，共约 100 万平方千米。1864 年，沙俄又逼迫清政府签订了《中俄勘分西北界约记》和《中俄伊犁条约》，侵占了中国西北近 50 万平方千米土地。根据这三个条约，沙俄在中国东北和西北又侵占了 150 万平方千米土地，夺取占领我国东北、西北大片土地。1900 年沙俄侵略者利用八国联军打进北京的机会，大肆向中国东北三省出兵侵略，制造了海兰泡和江东六十四屯惨案，将世世代代居住在黑龙江以东的中国居民赶尽杀绝。黑龙江从此成为中俄两国的界河。沙俄作为八国联军之一武装侵略中国，与其他列强一道强迫中国签订《辛丑条约》，是庚子赔款获利最多的国家。修远东铁路占领大连，在旅顺口建立海军基地，大量掠夺中国的财富。

当然，自从 2004 年中俄两国签订边界条约，两国历史问题已经解决。为中俄友好关系大局，我们今天不宜公开再提这段历史，但这并不意味着这段历史的虚无。

以俄国十月革命成功建立社会主义制度为起点，到中华人民共和国成立，从 1917 年至 1949 年，中俄关系进入了第四大历史阶段，30 余年，也就是中俄近代关系史后期，是苏俄支持中国共产党和中国革命阶段。 20 世纪初十月革命爆发，俄国成功地走上了社会主义道路，开启了中俄关系的支持帮助中国革命历史阶段。从 1917 年俄国十月革命成功，创建社会主义苏联，从列宁到斯大林，总体上对中国共产党和中国革命与建设是予以支持和帮助的。俄国十月革命成功后，列宁主张东方民族独立，取消了与中国签订的一切不平等条约。由于复杂的历史原因，在苏联的鼓动支持下，原本中国的漠北蒙古在 20 世纪 20 年代初独立，成为今天的蒙古国。20 世纪 20 年代以来，中国当局与苏联又围绕中东铁路问题发生了严重冲突，爆发了大规模武装冲突。苏联与当时中国的民国政府关系复杂。

历史上，苏俄对中国革命的影响是巨大的。中国共产党人在争取国家独立、民族解放的道路的进程中，在探索中国革命正确道路的伟大实践中，得到了苏俄共产党人和人民的国际主义援助。中国先进分子从苏俄那里学习并接受了马克思列宁主义。中国先进分子接受马克思列宁主义后，以俄国布尔什维克党为榜样建立了中国共产党，选择了社会主义方向，从此，中华民族的精神面貌焕然一新，中国革命焕然一新，中国开始走上了正确的发展道路。

中国共产党的建立和建设不仅遵循了列宁的建党学说，也借鉴和学习了苏联共产党的经验。我 2018 年访问俄罗斯期间，参观了位于莫斯科郊区的中共六大会址。中共六大是 1928 年 6—7 月在莫斯科召开的。当时正值中国大革命失败的严峻时期，中国共产党人遭遇严重的白色恐怖。在这种形势下，总结革命经验教训，规划革命未来的党代表大会只能在莫斯科召开。中共六大通过的一系列决议对中国革命具有重要意义。决议指出，中国的社会性质仍然是半殖民地半封建社会，中国现阶段的革命是资产阶级民主革命，革命的中心任务是反对帝国主义和封建主义，实行土地革命和建立工农民主专政，通过武装斗争夺取政权。中共六大关于中国社会和革命性质以及任务的阐述在当时是非常重要和及时的。这虽然是中俄两党、两国关系中一段重要的插曲，但也深深体现了俄罗斯共产党和人民对中国共产党和中国人民的支持和帮助。

在支持中国革命的过程中，苏联同志也提出了一些错误的意见。比如，解放战争时期三大战役结束，蒋介石败退长江以南，开始盘算与中国共产党划江而治，苏联同志也曾表达过中国共产党与中国国民党"划江而治"的意见。1949 年 4 月 23 日下午，毛泽东在北平香山别墅看了《人民日报》关于人民解放军占领国民党反动派政府首都南京的"号外"，心情异常振奋，挥毫赋诗《七律·人民解放军占领南京》："钟山风雨起苍黄，百万雄师过大江。虎踞龙盘今胜昔，天翻地覆慨而慷。宜将剩勇追穷寇，不可沽名学霸王。天若有情天亦老，人间正道是沧桑。"其中两句"宜将剩勇追穷寇，不可沽名学霸王"，表达了以毛泽东同志为代表的中国共产党人不同意划江而治的意见，也表现出了坚决打过长江去，解放全中国的坚强决心。

1949 年中华人民共和国成立，标志着近代以来中俄关系史进入了第五大历史阶段，从 1949 年中华人民共和国成立到社会主义苏联蜕变、俄罗斯联邦成立止，40 余年，是中俄关系史现代阶段。在第五大历史阶段中，与苏总体合作间有交恶。第五大历史阶段大体

分为四个时期，十年友好结盟、十年关系恶化、十年全面对抗、十年缓和改善。这里讲的"四个十年"是大致的时间跨度，不那么精确。中苏两国自中华人民共和国成立以来，在40年的交往中既有兄弟般的甜蜜岁月，也有对抗甚至局部冲突的苦涩回忆。中苏建交40年，前十年友好合作，再三十年波澜起伏、交恶对抗，然后缓和改善。

从1949年中华人民共和国成立到1958年中苏关系全面破裂，是近代以来中俄关系第五大历史阶段第一个时期，即十年友好结盟时期。无论是从正面的支持、帮助和经验来看，还是从反面的教训来看，苏联对中国社会主义建设发挥了巨大的影响作用。中华人民共和国成立是中国共产党人28年艰苦卓绝斗争和中国人民百年奋斗的结果，苏联对中国人民的革命斗争给予了巨大支持。在中华人民共和国成立的第二天，苏联就宣布予以承认并建立外交关系。中苏同盟关系的确立是对新中国最重要支持。70年前，中华人民共和国刚刚成立，毛泽东同志于1949年12月至1950年2月访问苏联，于1950年2月14日正式签订《中苏友好同盟互助条约》。毛泽东评价说："具有伟大历史意义的新的中苏条约，巩固了两国的友好关系，一方面使我们能够放手地和较快地进行国内的建设工作；一方面又正在推动着全世界人民争取和平和民主反对战争和压迫的伟大斗争。"①中苏条约的签订，确立了两国同盟关系，揭开了中俄友好关系的新篇章。同时，两国还签署了《关于贷款的协定》，苏联以年利1%的优惠条件给中国3亿美元贷款，这笔资金对于百废待兴的新中国来说是雪中送炭。苏联还支持了抗美援朝战争。

在经济建设领域，苏联帮助中国编制了发展国民经济的第一个

---

① 《毛泽东文集》第6卷，人民出版社1999年版，第67页。

五年计划并实施大量援助，共涉及 156 个项目，中国人民至今记忆犹新。在苏联的支持下，第一个五年计划的顺利实施奠定了中国社会主义工业基础，培养了大批经济建设和工业人才。在科学技术领域，苏联大力援助中国，培养了大批科技人才。例如，1954 年 4 月，中苏签订帮助中国和平利用核能协定，帮助中国建立了第一个原子能反应堆回旋加速器。在第二个五年计划期间，苏联又向中国援助了 100 多套成套设备，构成了 20 世纪 50 年代中国工业建设的核心和骨干。

值得指出的是，虽然中国以俄为师，但是革命和建设的历史经验表明，只有中国共产党人充分考虑自己的国情，把马克思列宁主义与中国革命和建设实际相结合，不搞照抄照搬，独立自主、自力更生，中国人民的事业才会顺利发展。中国并没有在任何时候都照搬苏联经验，比如，中国走的是"农村包围城市"的革命道路，没有像俄国革命那样通过城市武装起义夺取政权；中华人民共和国成立前在规划国家结构形式时，也没有照抄苏联搞联邦制，而是实行单一制国家结构。在确定新民主主义的国家形态和政权形态时，毛泽东同志指出："在一个长时期中，将产生一个对于我们是完全必要和完全合理同时又区别于俄国制度的特殊形态，即几个民族阶级联盟的新民主主义的国家形态和政权形态"①，直至建立了中国特色的社会主义制度和社会主义国家形态。

从 1959 年至 1968 年，中俄关系进入了第五大历史阶段第二个时期，即十年恶化时期。斯大林逝世后，赫鲁晓夫在对待社会主义国家关系上搞大国沙文主义，对兄弟党搞老子党，对兄弟国家搞家长制，全盘否定斯大林，走修正主义路线，中苏关系开始逐步恶

① 《毛泽东选集》第 3 卷，人民出版社 1991 年版，第 1062 页。

化。1958 年苏联打算在中国建立长波电台，组建联合舰队，遭到了毛泽东同志的断然拒绝，他说："在这个问题上，我们可以一万年不要援助。"① 1958 年赫鲁晓夫宣布，苏联单方面撕毁中苏友好条约，撤走了全部苏联专家，停止了对中国的一切援助，中苏两党展开全面论战，中苏友好关系破裂。

从 1969 年至 1979 年，中俄关系进入了第五大历史阶段第三个时期，即全面对抗时期。中俄两国、两党关系全面恶化不是孤立的，而是在国际大局势、大背景下和国际共产主义运动具体条件下发生的。从赫鲁晓夫到勃列日涅夫，对我采取长期压制政策。中苏 7000 多千米边界，加上蒙古国作为苏联军事缓冲地带，1 万多千米边界线，陈兵百万对我形成包围态势，甚至打算对我进行外科手术式的核打击，1969 年 3 月爆发珍宝岛边界局部冲突，8 月在新疆爆发铁列克提冲突，中苏关系跌至谷底，战争一触即发。

从 1980 年至 1992 年苏联蜕变，中俄关系进入了第五大历史阶段第四个时期，即十年缓和时期。1982 年苏联领导人勃列日涅夫发表愿意改善对华关系的"塔什干讲话"。第二天邓小平指示外交部正面回应，向苏联传递信息，提出双方应坐下来心平气和地讨论问题。从此，中俄进行了关系正常化的 12 次协商。经过 7 年努力，到 1989 年 5 月，以戈尔巴乔夫访华与邓小平会谈，以邓小平发表"结束过去、开辟未来"著名论断为标志，中俄关系正常化，两国间建立了不结盟、不对抗、不针对第三国，相互睦邻友好的正常国家关系。

从 1992 年俄罗斯联邦成立至今，中俄关系进入了第六大历史阶段，即 30 年全面合作阶段。从叶利钦到普京，中国与俄罗斯的

---

① 《毛泽东文集》第 7 卷，人民出版社 1999 年版，第 392 页。

交往日渐频繁，1992 年 12 月 17 日，叶利钦总统访华，签署中俄联合声明，宣布中俄互视为友好国家，以睦邻相处为标志，推动双边关系快速向前发展。1994 年发展成为建设性伙伴关系，1996 年发展为战略协作伙伴关系，2001 年签署《中俄睦邻友好合作条约》，以法律形式确定中俄永做"好邻居、好伙伴、好朋友"，该条约成为新时期中俄关系发展的指导性文件和法律基础。2019 年 6 月 5—7 日，中国国家主席习近平对俄罗斯成功进行了国事访问，双方决定把双边关系提升为新时代全面战略协作伙伴关系，在总结 70 年基础上推动中俄关系进入更高水平、更大发展的新阶段，开辟了中俄关系的新局面。从此，中俄关系在和平共处五项原则基础上健康发展，不断提升水平。

从历史上来看，中俄之间总体上合作大于对抗。中俄相互尊重各自发展道路的选择和彼此核心利益的关切，在双边和多边事务中实现成功的战略对接，如"一带一路"与欧亚经济联盟的对接，"一带一路"倡议与大欧亚伙伴关系的对接，等等。中俄两个伟大国家、伟大民族在构建人类命运共同体的伟大实践中，共筑中俄关系新篇章，为世界作出我们两个伟大国家、伟大民族应有的贡献。

现在中俄关系处于两国关系的最好时期、最好水平，处于新的发展历史起点。从中华人民共和国成立至中俄建交 70 年，这段不平凡的 70 年历程对于中俄双方都是宝贵财富。正是在这些复杂而丰富的双边关系历史基础上，我们找到了两个伟大民族世世代代友好相处之道。中俄两国人民保持世世代代友好相处，最根本的就是坚持平等相待、相互尊重、互不干涉内政、不强加于人的原则。最核心的要义，就是相互给予对方坚定有力的支持，支持对方维护本国核心利益，支持对方选择走合适本国国情的道路。只有坚持这个原则和要义，即使出现某些意想不到的情况，也会维持住双方的合作关系。这正如在中俄关系处于历史上最糟的时刻，俄罗斯著名历史学家鲁·伊·西杰利斯基所说的那样，恰恰因为是这样，中俄两国的政治关系才能"彻底反弹"，未来只会朝好的方向发展。未来属于中国，因为他们有世界历史上最长的治国经验为依托。

三　中俄谁也离不开谁，相互依存度很高，重视发展中俄战略协作关系是不二的战略选择

2019年9月18日，俄罗斯总统普京在克里姆林宫会见中国国务院总理李克强时指出，俄中关系是国际关系中的重要稳定因素。他强调，对华关系是俄外交的优先方向。在我国对外关系战略中，处理好与大国关系具有重要意义。中美关系固然重要，但是绝不能轻视中俄关系，中俄关系是我国对外关系的重中之重。今天的中俄关系具有绝对不亚于中美关系的战略重要性。对于这个判断，有不同看法，可以讨论。

第一，从地理位置上来看，中俄陆海相连，必须处好邻居关系。

处理好我国与周边国家关系是我国对外战略的关键。俄罗斯是中国最大的邻国，中俄两国边界从太平洋沿岸的远东越过中蒙边疆至中亚全长达7300多千米。中俄共有一个海域——太平洋，是海上近邻。与黑龙江隔江而望，是一衣带水的邻居。中俄也有陆路相连，是陆上邻居。中俄两国是息息相关的近邻，成为永久的好邻居十分必要。

第二，从中俄美在国际格局中的竞争地位来看，中俄两国都被美国视为战略对手，休戚与共。

美国已完成把中国作为主要战略对手的战略调整，但是这并不

意味着美国会放弃把俄罗斯视为对手的战略选择，放松对俄罗斯的打压。美国十分担心俄罗斯东山再起，时刻保持警惕，不断加大打击压制俄罗斯的力度。美国假手欧盟北约持续对俄罗斯施压。美国的战略意图是控制波兰、乌克兰、外高加索三国、波罗的海三国，把俄罗斯压制在白俄罗斯以东、第聂伯河以东、外高加索以北。北约经过三轮东扩，控制了波罗的海三国，在波罗的海地区直接与俄罗斯接壤，俄国家安全出现显著恶化。在乌克兰语里，"乌克兰"的意思是边缘地带、边远的地方，即离莫斯科很远的地方。但乌克兰的战略地位很重要，是俄罗斯与欧洲大陆的战略缓冲地带，第聂伯河是现在乌克兰族与俄罗斯族的分界线。普京很强硬，支持东乌克兰，拿下克里米亚，在黑海出海口建立战略支点。在中东支持叙利亚、支持伊朗，找到缓冲地带。在拉美支持古巴。最近，俄罗斯向美国的后院伸手，支持委内瑞拉，这是普京重要的一手战略举措。美国国防政策已把中俄共同定性为其"战略竞争对手"，中俄合作的一个重要条件是必须携起手来共同应对来自以美国为首的西方的强大压力，中俄合作的这一基础不仅没有削弱，反而因美国大力向中俄两国同时施压而不断增强。

第三，从斗争策略上来看，必须保持并发展同俄罗斯的全面战略协作伙伴关系。

俄罗斯是横跨欧亚世界的第一领土大国、第一自然资源大国、第九人口大国，也是文化大国、科技大国、教育大国、军事强国，又是联合国安理会常任理事国之一。2006 年俄罗斯经济总量达到苏联时期的最高水平，2013 年国内生产总值达 2.097 万亿美元，人均 1.48 万美元，步入高收入国家，在世界上举足轻重。发展中俄战略关系，具有长期的、不可替代的政治、经济、军事上的战略意义。中俄是美国保持世界霸权的两个最大障碍国。美国一直想把俄罗斯纳入"大西方"来共同对付中国，这也是特朗普期望的，但美反俄势力强大很难实现。如果实现，对我国造成的影响可想而知。中国尊重俄罗斯，是与之平等相处的唯一大国。俄罗斯也适应中国发展，不把中国视为敌对国家，视为可以共同发展的唯一大国。西方对俄罗斯严苛制裁，俄对中国的资金、技术需要也在加大。中国与俄罗斯相互依赖、抱团取暖，必将加重对以美国为首的西方势力战略对抗的砝码。

第四，从战略发展上来看，中国需要俄罗斯，俄罗斯也需要中国，互为犄角。

俄罗斯有着广袤的国土、丰富的资源，石油、天然气储量是世界第二，俄罗斯能源对中国具有战略性作用。油气是重要战略资源，2018年，我国石油对外依存度高达70.7%，俄罗斯将成为我国最重要、最可靠的战略性油源国。2018年我国天然气消费量达到2800亿立方米，进口依存度超过44%，2019年需求增至3100亿立方米。2019年12月2日下午，习近平主席在北京与俄罗斯总统普京视频连线，共同见证了中俄东段天然气管道投产通气仪式。这条管道2020年向中国输气量约50亿立方米。随着中段和南段陆续建成投产将提升至每年向中国输气量达380亿立方米。要进一步推动中俄西线天然气管道和萨哈林天然气合作谈判，强化液化气领域合作，这对保证我国天然气供应具有举足轻重的意义。俄罗斯油气输入到我国，是对我国能源的战略替补。当然，中国是世界第二大经济体，俄罗斯发展需要中国的资金、技术、市场、劳动力与人才，双方取长补短，不可或缺。

第五，从战略牵制上来看，俄罗斯是支重要力量，对中国形成强大的战略支持。

军事上一个最重要的战略选择是不要两面作战、四面出击，两面作战会背腹受敌，四面出击会分散力量、削弱自身。美国把中国当作主要对手，我与俄罗斯结成战略伙伴关系，制约欧洲、制约日本，这是不二的战略选择。对于打破以美国为首的西方资本主义对社会主义中国的围剿来说，俄罗斯是最大的牵制力量，是对我最重要的支持力量。例如，解决台湾问题，美国因素是我们的关键考量，是制约我们放手解决台湾问题的重要因素。解决台湾问题，遏制美国，最重要的是靠我们自己，但能把美国牵制住的首先是俄罗斯。俄罗斯是我解决台湾问题最大的外部助力。没有俄罗斯的牵制，台湾问题解决起来会有很大困难。当年，邓小平同志组织中越边界反击战时，主要考虑了两个方向的动向，一个美国，一是苏联。如果这两家不出手，中越边界反击战就好打。邓小平同志率先出访美国、稳住美国方向。同时，在中越边界反击战发展的每一阶段，邓小平同志盯住的并不全是中越战场，而始终关注苏联在军事方面有什么动作，如何稳住苏联。

第六，从维护世界和平的大局来看，中俄战略协作不仅对中俄两国，而且对地区和全世界的和平稳定具有重大意义。

世界格局和国际力量对比的变化迫切需要中俄必须走到一块。冷战结束后，美国成为世界唯一的超级大国。美国为了维护自己独霸世界的地位，对有可能与美国并驾齐驱、对美构成重大挑战的国家都要打压。其中，中俄是美国务必要打压的两个大国。美国不断通过北约东扩，向独联体国家渗透，持续压缩俄罗斯生存空间。对中国也不断加大打击围剿的力度，在亚太不断增加军事力量，加强美日韩军事同盟，利用台湾对我施压，大打贸易战、意识形态战。中俄联手是维护世界和平的重要因素，不仅有利于维护中俄两国利益，还起着保卫世界和平的作用。中俄两国是具有重大世界影响的大国，中俄战略合作意义其影响远远超出两国双边及其所在地区，在世界和平稳定大局中起着举足轻重的作用。当前，世界大格局仍然是冷战结束后，美国一超独霸，大力推行单边主义，多边主义已成为世界格局的主趋势。在单边主义与多边主义的矛盾纠结关系中，中美俄是最重要的三角关系。世界格局和国际形势促使中俄必须走到一块。反对美国单边霸权，中俄两国联手，对世界和平稳定起着举足轻重的战略作用。

中俄合作基础不断扩大，合作领域不断拓宽，有共同维护国家安全、共谋发展、合作治理世界的共同愿望。我们必须与俄罗斯保持并巩固重要的战略合作伙伴关系，这是必须紧紧抓住而不能放松的战略抉择。尽管中俄之间由于历史文化、国家利益、意识形态等复杂的因素，还存在诸多矛盾与问题，中俄关系也并不完全是阳光的，中俄关系发展也不完全是一帆风顺的；但我们必须坚持发展中俄战略伙伴合作关系这一战略方向，中俄战略伙伴关系只能加强不能削弱。必须加强对俄罗斯、对中俄关系、对俄战略策略的研究，要高度重视俄罗斯、重视中俄关系、重视发展中俄战略协作伙伴关系，及时消除不利因素，团结俄罗斯、尊重俄罗斯、合作俄罗斯。

为提升和发展新时代中俄两国
战略协作伙伴关系而不懈努力[*]

王伟光

2019 年是中俄关系史上的一个重要年份——中俄建交 70 周年。中俄 70 年的交往历史是双边关系历史中的宝贵财富。中俄关系历史也是国际共产主义运动和社会主义发展历史的一部分。中俄建交 70 周年值得纪念，值得总结，值得大力发展中俄之间的友好合作关系。

历史上，俄罗斯对中国的影响是巨大的。中国共产党人在探索国家独立、民族解放、社会发展道路的进程中，从俄罗斯那里接受了马克思列宁主义。毛泽东同志说过："十月革命一声炮响，给我们送来了马克思列宁主义。"[①] 中国先进分子接受马克思列宁主义后，以俄国布尔什维克党为榜样建立了中国共产党，从此，中华民族的精神面貌焕然一新，中国革命焕然一新，中国人民选择了社会主义方向，中国开始走上了正确的发展道路。

中国共产党人在探索中国革命正确道路的伟大实践中，得到了

　＊　该文是作者 2019 年 7 月 6 日在北京中国社会科学院大学举办的"中俄新时代全面战略协作伙伴关系暨中俄建交 70 周年"国际会议上的致辞，发表于《世界社会主义研究动态》2019 年 8 月 23 日。

　①　《毛泽东选集》第 4 卷，人民出版社 1991 年版，第 1471 页。

苏俄共产党人和人民的国际主义援助。中国共产党的建立不仅遵循了列宁的建党学说，也借鉴和学习了苏俄共产党的经验。我 2018年访问俄罗斯期间，参观了位于莫斯科郊区的中共六大会址。中共六大是 1928 年 6—7 月在莫斯科召开的。当时正值中国革命的严峻时期，中国共产党人遭遇严重的白色恐怖。在这种形势下，总结革命经验教训，规划革命未来的党代表大会只能在莫斯科召开。中共六大通过的一系列决议对中国革命具有重要意义。中共六大决议指出，中国的社会性质仍然是半殖民地半封建社会，中国现阶段的革命是资产阶级民主革命，革命的中心任务是反对帝国主义和封建主义，实行土地革命和建立工农民主专政，通过武装斗争夺取政权。中共六大关于中国社会和革命性质以及革命任务的阐述在当时是非常重要和及时的。这虽然是中俄两党、两国关系中一段重要的插曲，但也深深体现了苏俄革命同志和人民对中国共产党人和中国人民的支持和帮助。

1949 年中华人民共和国成立，这是中国共产党人 28 年艰苦卓绝斗争和中国人民百年奋斗的结果。苏联对中国人民的社会主义建设事业给予了巨大支持，在中华人民共和国成立的第二天就宣布予以承认并建立外交关系。中苏同盟关系的确立是对新中国最重要的支持。在经济建设领域，苏联帮助中国编制了发展国民经济的第一个五年计划并实施大量援助。苏联援助的 156 个大项目，中国人民至今记忆犹新。第一个五年计划奠定了中国社会主义工业基础。

值得指出的是，虽然中国以俄为师，但是革命和建设的历史经验表明，只有中国共产党人充分考虑自己的国情，把马克思列宁主义与中国革命和建设实际相结合时，人民的事业才会顺利发展。中国并没有在任何时候都照搬苏联经验，比如，中国走的是"农村包围城市"的革命道路，没有像俄国革命那样通过城市武装起义，夺取政权再解决农村问题；中华人民共和国成立前在规划国家结构形式时，也没有学习苏联搞联邦制，而是实行单一制国家结构，在确定新民主主义的国家形态和政权形态时，用毛泽东同志的话说，"在一个长时期中，将产生一个对于我们是完全必要和完全合理同时又区别于俄国制度的特殊形态，即几个民主阶级联盟的新民主主义的国家形态和政权形态"①，直至建立了社会主义制度和社会主义国家形态。这说明中俄在交往过程中相互借鉴，相互帮助，相互支持的重要性。

中俄 70 年的交往中既有兄弟般的甜蜜岁月，也有对抗甚至局部冲突的苦涩回忆。这段不平凡的历史对于双方都是宝贵财富。正是在这些复杂而丰富的双边关系历史基础上，我们找到了两个伟大民族世世代代友好相处之道。从 1992 年起，中俄关系在和平共处五项原则基础上健康发展，不断提升水平，1994 年从睦邻友好关系提升为建设性伙伴关系，1996 年双方确定建立中俄战略协作伙伴关系。2001 年中俄签署的《中俄睦邻友好合作条约》成为新时期中俄关系发展的指导性文件和法律基础。中俄相互尊重发展道路选择和彼此核心利益关切，在双边和多边事务中实现一系列战略对接，如"一带一路"与欧亚经济联盟的对接，"一带一路"倡议与大欧亚伙伴关系的对接，等等。中国提出构建人类命运共同体的倡议，主张走和平发展道路，奉行互利共赢的开放路线，坚持正确义利观，倡导共同、综合、合作、可持续的新安全观，促进和而不同、兼收并蓄的文明交流。"一带一路"倡议是构建人类命运共同体的具体实践。我们衷心希望中俄两个伟大国家、伟大民族在构建人类命运共同体的伟大实践中，共筑中俄关系新篇章，为世界作出我们

---

① 《毛泽东选集》第 3 卷，人民出版社 1991 年版，第 1062 页。

两个伟大国家、伟大民族应有的贡献。

70 年前，中华人民共和国刚刚建立，毛泽东同志访问苏联，于 1950 年 2 月 14 日正式签订《中苏友好同盟互助条约》。毛泽东评价说："具有伟大历史意义的新的中苏条约，巩固了两国友好的关系，一方面使我们能够放手地和较快地进行国内的建设工作；一方面又正在推动着全世界人民争取和平和民主反对战争和压迫的伟大斗争。"①《中苏友好同盟互助条约》的签订，揭开了中俄友好关系的新篇章。

不久前，中国国家主席习近平对俄罗斯进行了成功访问。访问期间，中俄双方决定将双边关系提升为新时代全面战略协作伙伴关系，开辟了中俄关系的新局面。

此次研讨会是中国社会科学院大学与俄罗斯学者和智库相互交流，落实两国领导人达成的共识，探讨推动中俄关系发展途径的有益尝试。中国社会科学院大学非常重视研究中俄关系和俄罗斯学的发展，专门成立了中俄关系高等研究院。希望中俄两国智库以及专家学者加强交流，为新时代中俄关系的健康发展、共同繁荣，为地区稳定与发展和世界和平作出贡献。

---

① 《毛泽东文集》第 6 卷，人民出版社 1999 年版，第 67 页。

加强中日友好，促进共同发展[*]

——纪念《中日和平友好条约》签订 40 周年

王伟光

首先，我要感谢河野茂校长的邀请，使我有机会来到历史悠久的长崎大学，同青年朋友和老师们聚集一堂，共同纪念《中日和平友好条约》签订 40 周年，共话中日关系的过去、现在和未来。借此机会，我向在座各位，向广大长崎市民，表示诚挚问候和良好祝愿！向长期以来为中日友好作出巨大贡献的长崎各界朋友，表示衷心感谢和崇高敬意！

长崎大学同中国许多大学和研究机构保持着良好的关系，为两国的学术文化交流作出了积极的贡献。2017 年，适逢中日邦交正常化 45 周年之际，为整合国内中日人文交流研究领域的相关资源，不断研究探索中日人文交流机制和路径，在中日两国之间开展多层次、宽领域的人文交流活动，推动两国关系全面健康发展，中日人文交流大学联盟成立，长崎大学便是加入联盟的 14 所大学之一。

说到古代的中日关系，我们首先会想到中日友好源远流长的历

———————————

＊ 该文是作者 2018 年 3 月 28 日在日本长崎中国社会科学院日本研究所与日本长崎大学举办的纪念《中日和平友好条约》40 周年学术演讲会上的演讲，发表于《东北亚学刊》2018 年第 4 期，《世界社会主义研究动态》2018 年 5 月 11 日。

史传统。在绵延 2000 多年的交往中，中华民族和日本民族相互学习、相互借鉴，促进了各自的发展和进步。而长崎恰恰是古代日本派出"遣隋使""遣唐使"到大陆学习、吸收中华文明的出发地，可谓古代日本迈向文明的出发点。而历史的洪流也曾令一批又一批中国人漂洋过海到长崎谋生，长崎也因此形成了大量中日共同的文化符号，其中包括空海法师、隐元大师和郑成功等两地家喻户晓的历史名人。据史书记载，当年中国福清黄檗山万福寺住持隐元禅师受日本长崎"唐人"之邀，东渡日本弘法的登陆地就是长崎，长崎是黄檗文化从中国传入日本的始发地。隐元禅师的传奇故事是我们共同的宝贵财富，体现了中日人民的情谊，凝聚了友好合作共识。2015 年 5 月 23 日，中国国家主席习近平在北京人民大会堂出席中日友好交流大会并发表重要讲话，特别提及"我在福建省工作时，就知道 17 世纪中国名僧隐元大师东渡日本的故事"。江户锁国时代，长崎作为日本仅存的对外交流的港口，通过"唐人屋敷"与出岛上的"荷兰商馆"吸收了中国乃至世界上的信息。因此，长崎文化又被叫作"和华兰文化"。"和华兰"的"和"指的是大和，"华"指的就是中华，可见中国文化早已经根深蒂固地融入到了长崎县民的日常生活中，成为长崎文化的重要组成部分。这些精神营养也为日后日本的明治维新奠定了基础，今天的长崎中华街就是当年"唐人屋敷"的文化遗存。

说到近代的中日关系，孙中山先生与长崎人梅屋庄吉先生的毫无利益关系的友谊也被传为佳话。梅屋庄吉的遗嘱里有这样一句话："我基于与孙文的盟约，决意参与中国革命。与此相关的日记、信件等概不对外泄露。"长崎县也一直遵守着梅屋先生的话。直到辛亥革命 100 周年前后，中日两国共同举办纪念活动，这段尘封的往事才公之于世。当然，人们也自然会联想起 1945 年 8 月的那一段惨痛、不幸的历史。日本发动的侵华战争，使中国人民遭受了深重灾难，人员伤亡惨重，财产损失巨大，给中国人民心灵造成的创伤难以用语言来形容。那场战争也给日本人民特别是长崎人民带来了巨大苦难和创痛，今天我们所站的这里曾经因为1945年8月9日的原子弹轰炸而濒临毁灭。无论是正面的历史经验还是反面的历史教训，重新回顾这些历史在当下都有着特别而重要的意义。

中华人民共和国成立后特别是中日恢复邦交正常化以后，虽然也遇到过坎坷，长崎始终致力于对华友好，走在各地方自治体的前列。早在1982年长崎县就和福建省正式缔结友好县省关系，1991年长崎县就在上海设立了办事处，通过办事处来强化支援体制，与两国民间人士一起推动文化交流，探讨贸易合作，为中日友好事业添砖加瓦。尤其是自去年中日关系显示出趋稳向好的势头后，长崎市政府和公众为推动友好关系举办了多项活动，比如2017年11月16日，由长崎历史文化博物馆与福建省泉州海外交通史博物馆共同主办的"海上丝绸之路——刺桐帆影"展开幕式，对增进两地人民的相互理解，推动两国关系的不断改善发展具有重要意义。2018年3月1日中国政府驻长崎刘亚明总领事还会见了长崎历史文化博物馆野间诚二馆长代理，感谢博物馆在推进历史文化交流方面发挥的积极作用，同时希望双方抓住《中日和平友好条约》签署40周年这个契机，继续推动友好合作关系向前发展。可以说，长崎是中日友好的参与者和见证者，是中日关系发展的实践者和推动者，长崎发展的历史就是中日友好关系发展史的缩影。这次我访问长崎，长崎人民对中国人民的友好感情给我留下了深刻印象。长崎与中国的友好交流历史悠久，根基深厚，是中日友好关系源远流长的典型写照。

21世纪进入第二个十年特别是近五年来，随着国际和地区格局的深刻演变，中日两国各自的发展变化，在机遇不断增多的同时，两国关系开始面临比以往任何时候都更为复杂的挑战。中日关系一度陷入"乱花渐欲迷人眼"的危险境地，一度面临比以往任何时候都更为严峻的危机，两国间政治互信缺失、国民感情薄弱等一些深层次问题日益凸显。2014年11月，中日双方达成四点原则共识，两国关系由此进入改善通道。此后，两国领导人又举行了多次会晤，中日还举行了四次高级别政治会谈，这些都为两国改善关系增强了政治氛围。特别是2017年以来，中日关系保持了改善的势头，近些年一直阴雨连绵的中日关系曙光初现，但仍乍暖还寒，不确定因素仍然存在。如何推动中日关系持续改善、向好发展，是摆在中日两国各界人士面前的一个新课题。中日关系正反两方面的历史启示我们，加强中日友好，促进共同发展，始终是中日关系发展的根本目标和方向，也是推动中日关系持续改善、向好发展的根本动力。

2018年我们将迎来《中日和平友好条约》缔结40周年的纪念日，而加强中日友好，促进共同发展，正是《中日和平友好条约》的精神实质。我们需要继续把握和平、友好、合作的大方向，重温条约精神，抓住机遇，推动中日关系重返正常发展轨道。昨天，我在东京会见了福田康夫先生并与他进行了诚挚的会谈。40年前，正是福田康夫阁下的父亲福田赳夫在担任首相期间，促成了《中日和平友好条约》的缔结，同时，福田康夫先生也一直致力于加强中日友好，在此请允许我向他及他的父亲表达由衷的敬意，他们是中日友好世代相传的典范。

作为永远都搬不走的邻居，过去的40年，中日两国关系在政治、经济、人文交流等各领域、各方面都取得了比以往任何时候都更为显著的成就，但同时也经历了比以往任何时候都更为复杂的波折和更为严峻的考验。过去的40年，困难、干扰和挑战一直伴随我们左右，但幸运的是，中日两国在解决困难的基础上积累了宝贵的经验，在排除干扰的过程中获得了有益的启迪，在克服挑战的局面下积聚了足够的勇气。

中日关系40年来之所以能够长足发展，得益于条约缔结前后中日两国领导人的政治智慧和政治勇气，得益于中日两国一直坚守和平、友好、合作的战略大方向，更得益于两国政府和人民在互利合作上长年坚持不懈、扎扎实实的努力。我们纪念《中日和平友好条约》缔结40周年，就是为了加强发展两国关系的责任感和使命感，为了重温条约精神，为了脚踏实地地推动中日关系更好地发展，唯有此才能做到真正不忘和平这个初心，共同铸就友好以面向未来。

同时，我认为，越是在如此重要的时间节点，我们越要平心静气，越要透过历史规律的望远镜正确认识和把握中日关系的过去、现在和未来。唯有此，中日关系方能立得住、行得稳、走得远。抚往昔，"勿以善小而不为，勿以恶小而为之"，要见微知著。唯有此，中日关系方能立得住。中日关系的发展成就来之不易，但经不起折腾。一方面，我们要珍惜中日关系40年来取得的前所未有的显著成就，这些成就非一朝一夕所得，是中日两国政治家在付出政治勇气和政治智慧的基础上积跬步所得，是中日两国人民长期艰苦的努力前提下积小流而成；另一方面，我们要警醒，"千里之堤，溃于蚁穴"，如果都像日本国内一些政治家和势力那样，"乱花渐欲迷人眼"，为捞取政治资本和一己私利，不惜在有关敏感问题上采取错误举措，错误地以为做点小恶对中日关系毫发无损，那将会对中日关系造成不可逆的损害，两国关系的曲折历程证明了这一点。

看今朝，"不以规矩，不能成方圆"，要重规守距，唯有此，中日关系方能行得稳。中日关系的交往过程纷繁复杂，但要有个总规矩。什么是处理中日关系的总规矩，中日关系的政治基础便是中日关系的总规矩，它集中体现在中日间四个政治文件上，其核心是两国领导人就历史、台湾、钓鱼岛等重大问题达成的重要共识和谅解。只有遵守这个总规矩，中日关系才能在其他各个层面不断开花结果，中日关系的发展才能更加成熟和理性。谁没有认识到这个中日关系的总规矩，谁就没有把握推动中日关系40年发展的真正要义；谁破坏了这个总规矩，谁就是破坏中日关系的罪魁祸首。日方应该避免言行不一，在历史和台湾问题上做到言必信，行必果。希望日本认识到言行一致对中日关系健康发展的重要性。

望未来，"行百里者半九十"。要脚踏实地，唯有此，中日关系方能走得远。中日关系的未来乐观可期，但要有钉钉子的精神。中日经济互补优势明显，双方应该不打折扣地落实两国领导人的重要共识，积极发挥经贸合作作为中日关系"助推器"和"减震器"的作用，创新经贸合作模式，加快中日在"一带一路"框架下合作的落地，拓展在文化、媒体、青少年等多领域的合作基础，增进民间友好。日方应该正确认识中国发展大势和时代发展潮流，与时俱进，利用好中国发展的大好机遇。正如习近平主席所强调的，希望日方把改善中日关系的意愿更多体现在政策和行动当中。

尽管中日关系已经步入新的历史时期，中国日益接近世界舞台的中心，中日双边关系的外溢效益日益凸显，但上述三点中日关系演进的历史规律依然存在，中日关系的重要性也比以往任何时候都更为突出。中日和，不但两利，更是亚洲和世界之幸事；中日斗，不但俱损，更有害于亚洲乃至世界和平与安全。

《中日和平友好条约》缔结40年来，中国政府重视发展中日关系的立场始终没有变化，今后也不会变。我认为，要想推动中日关系持续改善和发展，两国需要发挥创造性和主动性，从《中日和平友好条约》缔结40年以来的历史经验中汲取养分，创新合作模式，拓宽合作范围，加强合作深度，促进共同发展。在这里，我想就中日在"一带一路"框架下的合作谈一点看法。

从经济层面看，双方的合作是充满机遇的，中日政府和企业具有各自不同的特点和优势，具有一定程度的互补性，其中蕴藏着巨大的商机，完全有空间展开合作，包括第三方市场合作，这对中日关系、地区多边合作都会产生积极影响。

具体说来，日本方面的优势在于技术和经验，包括工程、生产管理经验，与第三国交流的经验，获取信息的经验等；中国方面的优势在于资金、人力资源和高效的执行能力。"一带一路"沿线国家的项目多，工程量大，不仅需要技术和经验，更需要资金、人力资源和高效的执行力，中日在各自的优点方面可以互补，从而提高项目开发和建设的效率和效果。中日可以开展合作的领域众多，比如日本政府向企业建议的三类项目即节能与环保、产业结构优化和物流。

在节能与环保领域的合作上，中国可以借鉴日本在太阳能和风力发电等清洁能源上的技术和经验优势，日本也可以借鉴中国在成本、人力等方面的优势，在中国本土、第三国等区域开展密切合作，共同解决环境问题。中国共产党第十九次全国代表大会报告专门提出要构建清洁低碳、安全高效的能源体系，中日在节能环保领域的合作符合两国各自的利益需求，是下一步双方合作的重点领域。有这样一个例子：日立在利比亚获得了一个发电厂项目，客户认可日立的技术和产品，但考虑到成本因素，他们希望订单中，中国制造的比例要达到一半以上。最终日立在获得此项目后，联合中国的东方电气集团一起为客户提供了相关产品。再比如，在2017年

11月30日，在由日本亚洲共同体学会主办的"一带一路"亚洲环境能源合作国际研讨会上，两国环境能源领域专家学者提出将建设"一带一路"与构建东亚低碳社会相结合，这也是双方合作的良好方向。

在产业结构优化领域的合作上，日方提出中日民间企业可以共同参与第三国工业园区和电力基础等大型基础设施建设项目，比如共同开发泰国中部的"东部经济走廊"经济特区等，这实际上有利于避免中日在第三国的恶性竞争，同时发挥两国各自的优势，降低项目开发成本，提高项目运营效率，对三方都有利，是中日加强合作的重要着力点。

物流领域的合作上，日方提出利用连接中国与欧洲之间的铁路，通过实施调查等措施推进制度改善，进一步优化在华日企通关便利化的项目等。比如日本出口到欧洲的商品如果通过中欧班列运输，将比海运节省整整一半的时间，如果在运输成本和通关便利性等方面与中国加强合作，将大大提高日本的商品出口效率。2018年伊始，日本最大的货物运输公司"日本通运"对外称，已与中国海关、铁运等部门洽谈，初定将于2018年春季，利用中欧班列，开通"日中欧"货物联运。

其实以上三个方面并未囊括中日可以开展合作的全部领域，从合作程度上来说，并未深化，也没有点、线、面结合，远未达到制度化合作的层次。中日在"一带一路"框架下的合作如果需要制度化，不让双方企业间的合作因为两国的政策变动而中断，就必须考虑在亚投行方面进行深层次合作，当然，首要的一点是日本要先加入亚投行，亚投行是推进"一带一路"倡议的重要机制性工具，日本应充分发挥在技术和发展经验方面的优势，早日加入亚投行并发挥更加重要的作用。

如果两国能够在"一带一路"框架下积累合作成果，深化经贸关系，对改善两国政治和安全关系的作用将是举足轻重的。中日在"一带一路"框架下的合作是两国改善关系的一个重要时间窗口和合作平台，在当前经济全球化和全球治理面临一些挫折的背景下，如果中日能够在"一带一路"框架下创新合作模式，将给未来的双多边合作带来福音，更有可能成为全球治理的新实验平台，若果真如此，经济全球化面临的将不是挑战，而是新的机遇。

中国有句古诗："沉舟侧畔千帆过，病树前头万木春"，我对中日关系的持续改善表示乐观；贵国也有句谚语："尽管风在呼啸，山却不会移动"，中日两国人民友好的根基依然没有动摇。我相信，只要中日双方不忘邦交正常化和缔结和平友好条约的初衷，重信守诺，脚踏实地，中日关系就一定能化危为机，得到持续改善与发展，让我们携起手来为创造出比以往任何时候都要多的合作机遇而共同奋斗！

重温条约精神，共担时代使命，推动中日关系长期健康稳定发展[*]

——在纪念"《中日和平友好条约》缔结40周年，推动构筑新型国家关系与人类命运共同体"国际学术研讨会上的讲话

王伟光

值此中日和平友好条约缔结 40 周年的重要时刻，由中华日本学会、中国社会科学院日本研究所、复旦大学主办，中国社会科学院—上海市人民政府上海研究院、复旦大学日本研究中心承办此次纪念和平友好条约缔结 40 周年国际学术研讨会，重温条约精神，展望时代使命，为推动中日关系重回正轨并长期健康稳定发展建言献策，可谓恰逢其时，甚有意义。借此机会，我谨对为促进两国学术交流、推动中日关系发展作出长期努力的在座各位表示敬意，并预祝本次研讨会圆满成功。

40 年前中日缔结和平友好条约意义非凡，影响深远，如同中日邦交正常化一样，是两国关系史上的又一个重要历史节点。两国邦交正常化的过程并非一帆风顺，中日缔约的前前后后也是一波三折，双方老一辈领导人和政治家为缔约成功可谓呕心沥血，付出了

---

* 该文是作者在 2018 年 6 月 23 日在上海由中国社会科学院与复旦大学共同举办的纪念"《中日和平友好条约》缔结40周年，推动构筑新型国家关系与人类命运共同体"国际学术研讨会上的讲话，发表于《世界社会主义研究动态》2018 年 8 月 22 日。

大量的政治智慧和勇气。

就在不久前，我访问日本见到了福田康夫先生并与他进行了诚挚的会谈，我们谈到了中日双方缔约的那段不平凡往事。40 年前，正是福田康夫先生的父亲福田赳夫在担任首相期间，促成了《中日和平友好条约》的缔结，同时，福田康夫先生也一直致力于加强中日友好。今天在座的徐敦信前大使也是当年中日缔约的亲历者、见证者和参与者。在此请允许我向福田康夫先生及他的父亲，向徐先生，向为缔约成功而倾注大量心血、付出不懈努力的老一辈领导人和政治家表达最诚挚的敬意，你们的贡献，历史永远不会忘记，中日两国人民永远不会忘记！

今天我们纪念中日缔结和平友好条约 40 周年，首要的一点就是要重温条约精神，推动中日关系重返正轨，为中日关系再起航增加精神动力。我认为，加强中日友好，坚持和平发展，促进互利合作，是《中日和平友好条约》的精神实质所在。中日关系 40 年来之所以能够长足发展，正是因为中日两国一直坚守和平、友好、合作的战略大方向，因为两国政府和人民在互利合作上长年坚持不懈、扎扎实实的努力。

加强中日友好，要从点滴做起，"勿以善小而不为，勿以恶小而为之"，要见微知著，唯有此，中日关系方能立得住。中日关系的发展成就来之不易，但经不起折腾。一方面，我们要珍惜中日关系 40 年来取得的前所未有的显著成就，这些成就非一朝一夕所得，是中日两国政治家在付出政治勇气和政治智慧的基础上积跬步所得，是中日两国人民在长期艰苦的努力前提下积小流而成；另一方面，我们要警醒，"千里之堤，溃于蚁穴"，如果都像日本国内某些政治家和势力那样，"乱花渐欲迷人眼"，为捞取政治资本和一己私利，不惜在有关敏感问题上采取错误举措，那将会对中日关系造成不可逆的损害，两国关系的曲折历程证明了这一点。

坚持和平发展，要重规守距，"不以规矩，不能成方圆"，唯有此，中日关系方能行得稳。中日关系的交往过程纷繁复杂，但要有个总规矩。什么是处理中日关系的总规矩，中日关系的政治基础便是中日关系的总规矩，它集中体现在中日间四个政治文件上，其核心是两国领导人就历史、台湾、钓鱼岛等重大问题达成的重要共识和谅解。只有遵守这个总规矩，中日关系才能在其他各个层面不断开花结果，中日关系的发展才能更加成熟和理性。

促进互利合作，要持之以恒，脚踏实地，"行百里者半九十"，唯有此，中日关系方能走得远。中日关系的未来乐观可期，但要有钉钉子的精神。中日经济互补优势明显，双方应该不打折扣地落实两国领导人的重要共识，积极发挥经贸合作作为中日关系"助推器"和"减震器"的作用，创新经贸合作模式，加快中日在"一带一路"框架下合作的落地，拓展在文化、媒体、青少年等多领域的合作基础，增进民间友好。

中日在"一带一路"框架下的合作是两国改善关系的一个重要时间窗口和合作平台，在当前经济全球化和全球治理面临一些挫折的背景下，如果中日能够在"一带一路"框架下创新合作模式，将给未来的双多边合作带来福音，更有可能成为全球治理的新实验平台，若果真如此，经济全球化面临的将不是挑战，而是新的机遇。

今天我们纪念《中日和平友好条约》缔结 40 周年，还需要中日双方发挥创造性和主动性，认清世界发展的大方向，共同承担时代赋予我们的历史使命，唯有此，中日关系才能长期健康稳定发展。

今年我们还将纪念中国改革开放 40 周年，改革开放 40 年的历史告诉我们，只有开放和创新，才最符合历史前进的逻辑，才最顺应时代发展的潮流，正如习近平主席不久前在博鳌亚洲论坛年会上强调的，中国开放的大门不会关闭，只会越开越大。也正是因为中国的改革开放政策，中日关系40年来才得以飞跃式发展，人员往来和贸易额才得以不断突破历史记录。

放眼全球，和平合作的潮流不可逆转，开放创新的潮流不可逆转，经济全球化的潮流不可逆转，日方应该正确认识中国发展大势和时代发展潮流，与时俱进，利用好中国发展的大好机遇。正如李克强总理访问日本时所倡议的，我们愿同包括日本在内的世界各国一道，推动构建相互尊重、公平正义、合作共赢的新型国际关系，推动构建亚洲命运共同体乃至人类命运共同体。

中国有句古诗："沉舟侧畔千帆过，病树前头万木春"，我对中日关系的持续改善表示乐观；日本朋友也常说一句谚语："尽管风在呼啸，山却不会移动"，中日两国人民友好的根基依然没有动摇。我相信，只要中日双方不忘邦交正常化和缔结和平友好条约的初衷，抓住历史机遇，共担时代使命，中日关系就一定能重返正轨，得到长期健康稳定发展。让我们携起手来为创造中日关系的美好未来而共同奋斗！

四

努力构建人类命运共同体

正确认识和深刻理解构建人类
命运共同体的科学内涵[*]

李慎明

2015 年 9 月 28 日，习近平主席在第七十届联合国大会一般性辩论时的讲话中指出："世界格局正处在一个加快演变的历史性进程之中。和平、发展、进步的阳光足以穿透战争、贫穷、落后的阴霾。世界多极化进一步发展，新兴市场国家和发展中国家崛起已经成为不可阻挡的历史潮流。经济全球化、社会信息化极大解放和发展了社会生产力，既创造了前所未有的发展机遇，也带来了需要认真对待的新威胁新挑战。"正是基于以上的前所未有的机遇和世所罕见的挑战，习近平主席又接着庄严宣告："我们要继承和弘扬联合国宪章的宗旨和原则，构建以合作共赢为核心的新型国际关系，打造人类命运共同体。"① 这是中国共产党人和中国人民面对新的机遇与挑战，以更大的勇气打开国门，走向世界，为人类文明和进步事业敢于担当精神的集中体现。

习近平总书记带头坚持和发展 21 世纪马克思主义和当代中国

---

　* 该文发表于《红旗文稿》2019 年第 17 期。
　① 习近平：《携手构建合作共赢新伙伴　同心打造人类命运共同体——在第七十届联合国大会一般性辩论时的讲话》，《习近平谈治国理政》第 2 卷，外文出版社 2017 年版，第 522 页。

马克思主义。他站在人类历史和时代发展的高度，统筹国际国内两个大局，高屋建瓴地提出构建人类命运共同体思想，这是 21 世纪马克思主义和当代中国马克思主义的根本组成之一。构建人类命运共同体思想既契合人类共同发展的美好前景，又继承中华优秀传统文化中的大同思想，还包括了中国共产党人的共产主义远大理想和中国特色社会主义共同理想。这也是把中国梦与世界梦相衔接，为中国特色社会主义赢得了人类道义的制高点。

正确认识构建人类命运共同体的科学内涵，对于深刻领会习近平外交思想，具有十分重要的意义。

一　构建人类命运共同体思想，及时回应了时代的呼声

2017 年 5 月 14 日，习近平主席在北京举行的"一带一路"国际合作高峰论坛上明确提出："和平赤字、发展赤字、治理赤字，是摆在全人类面前的严峻挑战。"① 2019 年 3 月，习近平主席在巴黎出席中法全球治理论坛闭幕式的重要讲话中又明确把当今世界存在的三大赤字发展成为"信任赤字、治理赤字、和平赤字、发展赤字"这"四大赤字"。只有坚持逐步破解全人类所面临的这"四大赤字"的严峻挑战，才能推动建设相互尊重、公平正义、合作共赢的新型国际关系，这个世界才能真正形成"和平、发展、共享"的局面，也才能称得上构建人类命运共同体的成功。

---

① 习近平：《论坚持推动构建人类命运共同体》，中央文献出版社 2018 年版，第 432 页。

二 构建人类命运共同体思想，在不同 历史时期有着不同的内涵

构建人类命运共同体在现阶段的内涵，就是党的十九大报告所说："建设持久和平、普遍安全、共同繁荣、开放包容、清洁美丽的世界。要相互尊重、平等协商，坚决摒弃冷战思维和强权政治，走对话而不对抗、结伴而不结盟的国与国交往新路。要坚持以对话解决争端、以协商化解分歧，统筹应对传统和非传统安全威胁，反对一切形式的恐怖主义。要同舟共济，促进贸易和投资自由化便利化，推动经济全球化朝着更加开放、包容、普惠、平衡、共赢的方向发展。要尊重世界文明多样性，以文明交流超越文明隔阂、文明互鉴超越文明冲突、文明共存超越文明优越。要坚持环境友好，合作应对气候变化，保护好人类赖以生存的地球家园。"也可以把以上具体内容，概括成为"和平、发展、共享"这三个时代课题。到中华人民共和国成立一百周年即中华民族实现伟大复兴之时，构建人类命运共同体思想将会随着新时代中国特色社会主义的深入推进不断发展。

三 构建人类命运共同体思想是建立最 广泛国际统一战线的根本战略

新民主主义革命、社会主义革命和建设、改革开放事业取得的伟大成就证明，统一战线是赢得胜利的根本法宝之一。现在，世界各国人民所面临的严峻挑战是"四大赤字"，造成"四大赤字"的根本原因就是国际金融垄断资本在经济上的无限贪婪性，表现在政

治上就是霸权主义和强权政治的残酷性，表现在文化上就是零和博弈和冷战思维的野蛮性。构建人类命运共同体这一占领人类道德最高点的思想的提出，使得霸权主义和强权政治者也很难公开否定和抵制，得到世界各国人民和绝大部分国家的普遍赞誉和热烈响应。这就为实现阶段性纲领和建立更加合理、公平、公正的国际关系新秩序奠定了坚实的思想理论基础。

四　构建人类命运共同体是一个很长时期的历史过程，并要经过极其复杂艰苦卓绝的斗争

习近平总书记2013年1月5日在新进中央委员会的委员、候补委员学习贯彻党的十八大精神研讨班上的讲话中意味深长地说："邓小平同志说，巩固和发展社会主义制度，还需要一个很长的历史阶段，需要我们几代人、十几代人、甚至几十代人坚持不懈地努力奋斗。几十代人，那是多么长啊！"① 可以说，构建人类命运共同体的时间段，可能比我们巩固和发展国内的社会主义制度的时段还要长得多。对此，我们必须要有足够的思想和理论准备。

国内大局与国际大局，越来越紧密相连。构建人类命运共同体并非没有对立面。我们党要团结带领人民特别是引领世界各国人民构建人类命运共同体，就必须有效应对重大挑战、抵御重大风险、克服重大阻力、解决重大矛盾，准备进行具有许多新的历史特点的伟大斗争，任何贪图享受、消极懈怠、回避矛盾的思想和行为都是错误的。我们深知，世界上两大社会道路制度竞争和斗争的态势与力量对比正在发生新的变化，但世界社会主义发展仍然面临着巨大

---

① 习近平：《关于坚持和发展中国特色社会主义的几个问题》，《求是》2019年第7期。

挑战。对种种保护主义、单边主义、逆全球化思潮，对冷战思维、零和博弈的旧思维，对弱肉强食、动辄使用武力或以武力相威胁的丛林法则，对为一己之私挑起事端、激化矛盾和以邻为壑、损人利己等种种行为，我们必须旗帜鲜明地加以反对，绝对不可能与之和平共处，甚至侈求共赢。

五　构建人类命运共同体所依靠的根本力量是各国人民

党的十九大报告强调："我们呼吁，各国人民同心协力，构建人类命运共同体。"如何调动各国人民参与构建人类命运共同体的积极性？习近平总书记强调："什么样的国际秩序和全球治理体系对世界好、对世界各国人民好，要由各国人民商量，不能由一家说了算，不能由少数人说了算。"①并鲜明提出"共商、共建、共享"原则。其中的共商、共建是手段，而共享才是构建人类命运共同体的根本目的地和根本立足点，这无论在当今世界还是在人类文明史上，都有着极其重大的战略意义。

从本质上说，世界的和平与发展必须为着世界各国人民和依靠世界各国人民，只有如此，才能达到共享这一根本目的。这是全人类道义和道德的最高点，是当今和今后世界文明观与价值观的最高峰。1973 年 2 月 17 日，毛泽东同来访的美国国务卿基辛格谈话，当基辛格说"我们同别的国家从未像同你们这样开诚布公和诚实地谈话"时，毛泽东说："不要讲假话，不要搞鬼。你的文件我们是不偷的，你故意放在那里试试看嘛。我们也不搞窃听器那一套，搞

---

① 习近平：《在庆祝中国共产党成立 95 周年大会上的讲话》，人民出版社 2016 年版，第 20 页。

那些小动作没用，有些大动作也没用。"① 毛泽东之所以这么自信，就是他和他所领导的中国共产党，为的是人民，依靠的是人民。而美国历届当局所缺乏的恰恰是这一根本点。

六　构建人类命运共同体思想是集人类文明思想之大成，但这一重大理论成果本质上是对马克思主义"真正共同体""自由人联合体"即共产党人的最高纲领和最终目标是共产主义思想的继承和发展

马克思、恩格斯明确指出："只有在共同体中，个人才能获得全面发展其才能的手段，也就是说，只有在共同体中才可能有个人的自由。"② 马克思、恩格斯还在《共产党宣言》里郑重宣告："代替那存在着阶级和阶级对立的资产阶级旧社会的，将是这样一个联合体，在那里，每个人的自由发展是一切人的自由发展的条件。"③马克思、恩格斯明确提出并系统阐释共同体思想，并把作为无产阶级奋斗目标的共产主义社会同时命名为"自由人联合体"。这一共同体思想经历了从前资本主义时代的"自然的共同体"到资本主义的"虚假的共同体"再到"自由人的联合体"这一"真正共同体"的历史演进过程。1961 年 2 月，毛泽东会见法国一参议员，这位参议员说："法国离中国很远，那不要紧，但有一堵墙把两国隔开了"时，毛泽东回答说："有各种不同的墙，有意识形态的墙，有社会制度的墙，有外交关系的墙，有经济关系的墙，这是暂时的现象，

---

① 《毛泽东年谱（1949—1976）》第 6 卷，中央文献出版社 2013 年版，第 468 页。
② 《马克思恩格斯选集》第 1 卷，人民出版社 2012 年版，第 99 页。
③ 《马克思恩格斯文集》第 2 卷，人民出版社 2009 年版，第 53 页。

人民终究是要把墙拆掉的。意识形态的墙和社会制度的墙，只要在互不干涉内政的原则下，是可以拆掉的。"① 毛泽东所说的墙是可以拆掉的，就是习近平总书记所说的构建人类命运共同体。

构建人类命运共同体就是要让不同社会成员都能够参与到"共商、共建、共享"式发展之中，不被强权逻辑和经济利益所围，让发展的成果惠及全球大多数民众。这不仅是构建人类命运共同体的价值目标，同时也是努力追寻的实实在在的经济社会发展的目标和指向。在新自由主义给全世界带来众目共睹的种种灾难之际，习近平总书记创造性继承与发展了马克思主义"真正共同体"的思想，提出人类命运共同体思想，强调各国地位的平等性，倡导国际关系民主化，最大限度地集合世界各国特别是各国人民投入人类文明与进步事业，具有极大的战略意义。构建人类命运共同体思想，当然也汲取了中华优秀传统文化思想，但其根本理论渊源是马克思主义。

① 《毛泽东年谱（1949—1976）》第 4 卷，中央文献出版社 2013 年版，第 537 页。

互学互鉴：形成多元互动的
人文交流格局[*]

李慎明

习近平总书记在多个场合多次论述了世界各国要加强真诚对话、互学互鉴、合作共赢，让世界和世界各国人民都好的相关精神与要旨。在庆祝中国共产党成立 95 周年大会上，习近平总书记就明确指出："今天的人类比以往任何时候都更有条件共同朝着和平与发展的目标迈进。中国主张各国人民同心协力，变压力为动力，化危机为生机，以合作取代对抗，以共赢取代独占。什么样的国际秩序和全球治理体系对世界好、对世界各国人民好，要由各国人民商量，不能由一家说了算，不能由少数人说了算。"2014 年 3 月 27 日，他在联合国教科文组织总部的演讲中指出："文明是多彩的，人类文明因多样才有交流互鉴的价值。""文明是平等的，人类文明因平等才有交流互鉴的前提。""文明是包容的，人类文明因包容才有交流互鉴的动力。"2019 年 4 月 26 日，他在第二届"一带一路"国际合作高峰论坛开幕式上发表主旨演讲又强调了加强文明互学互鉴的重要性，他说："我们要积极架设不同文明互学互鉴的桥梁，

---

* 该文发表于《北京日报》2019 年 5 月 13 日。

深入开展教育、科学、文化、体育、旅游、卫生、考古等各领域人文合作，加强议会、政党、民间组织往来，密切妇女、青年、残疾人等群体交流，形成多元互动的人文交流格局。"

我体会，世界各国要加强真诚对话、互学互鉴、合作共赢，让世界和世界各国人民都好的思想，既来源于马克思主义和联合国宪章的宗旨，孕育于中国共产党领导人民翻身求解放的革命文化和中国特色社会主义文化，同时也深深植根于五千多年来文明发展中孕育的中华优秀传统文化，积淀着中华民族最深层的精神追求，代表着中华民族独特的精神标识。要树立正确的文明观，建立"真诚对话、互学互鉴、合作共赢，让世界和世界各国人民都好"的国际秩序和全球治理体系需要做到以下五点。

一　承认世界文化和文明的多样性

2018 年 6 月 10 日，习近平总书记在上海合作组织青岛峰会上发表讲话时提道："我们要树立平等、互鉴、对话、包容的文明观，以文明交流超越文明隔阂，以文明互鉴超越文明冲突，以文明共存超越文明优越。"在浩瀚无比的宇宙，在我们这颗小小的星球上，有幸具备各种纷繁复杂之条件并诞生了万物之灵——人类。在特定的地质、地理、种族、经济、政治、文化等诸多条件下，又产生了各种文化和文明。世界上各种文化和文明，是各国人民以及不同民族世世代代、辛辛苦苦建立并传承下来的，是全人类共有的不可多得的财富，我们都应该十分珍惜。

然而，在当今世界，文化和文明的多样性受到了严峻挑战。20世纪 90 年代冷战结束后，出现了人类历史上少有的美国"一国独大"的格局。以这个"独大"的强国为主导、以新科技革命相伴随的经济全球化，极大地推动着国际垄断资本在全球的迅猛扩张，从而使越来越多的国家、民族、地区和人口被吸纳到这个以"独大"强国为中心的世界经济体系中。当今世界实际进行着的经济全球化决不仅仅是一个纯粹的经济过程，它同时又是一个通过经济扩张推行霸权强国文化价值观念和政治理念的过程。以国际垄断资本为主导的经济全球化，其本质是经济上的单边主义。与此相匹配，他们也在竭力推动其主导的政治全球化和文化全球化，亦即政治上的单边主义和文化上的单边主义。文化单边主义的突出代表就是所谓的"文明冲突论"和"历史终结论"。"文明冲突论"为人类未来勾勒了一幅充满冲突、争斗乃至战争的动荡不安的图景。其潜在逻辑是：世界文化和文明多样性所需要的和平共存的土壤并不存在，弱势文化和文明只能接受被淘汰的命运。"历史终结论"则说得更为直接：世界文化和文明的多样性是一个完全不需要讨论的问题，帝国即单边主义的文化和文明已经一统天下，历史到此终结。

提倡尊重和维护不同的文化和文明，不能回避在这方面的不平等现状。经济全球化使各个国家、各个民族接触并了解世界上不同的优秀文化，这对经济全球化的健康发展无疑具有十分积极的意义。但是，极少数西方强国大搞"文化霸权主义"，造成各个国家、各个民族与少数西方强国的文化交流存在严重失衡，严重侵蚀着世界文化和文明的多样性。

以个别强国为主导的国际垄断资本主义的生产关系在全球范围内的扩张，必然且已经在全球范围内产生并加剧这样一个基本的经济现象：富国、富人愈来愈富，穷国、穷人愈来愈穷，乃至部分发达国家和部分富人也开始变穷。这就使得穷国、穷人，甚至是部分发达国家和部分富人的经济权益受到侵害，政治、文化等诸多权益也遭到渐进剥蚀。有作用力，就必然有反作用力；作用力越大，反作用力也就越大。这既是一个最基本的物理现象和规律，又是一个最基本的社会现象和规律。就连欧洲的许多政治家和学者，也都对个别超级大国强行推行自己的文化和价值观念极为不满，法国、德国和加拿大等国舆论界就兴起了抵制个别超级大国"文化入侵"的浪潮。前些年，联合国以压倒性多数票决通过由法国和加拿大倡议的《文化多样性公约》，就是反作用于文化单边主义的一个很好的例证。

二 尊重和维护各国自主选择社会制度和发展道路的权利

习近平总书记指出："一个国家的发展道路合不合适，只有这个国家的人民才最有发言权。""我们主张，各国和各国人民应该共同享受尊严。要坚持国家不分大小、强弱、贫富一律平等，尊重各国人民自主选择发展道路的权利，反对干涉别国内政，维护国际公平正义。"

社会制度和发展道路是一个国家文化、文明的核心和本质所在，是这个国家文化和文明形式所依附的本体和灵魂所系。一种文化和文明一旦失去了作为其母体所系的生产和生活方式，失去其适合本国国情的基本经济制度和政治制度。那么，无论怎样对其进行提倡甚至斥巨资去保护，这种文化和文明都会从根本上失去其蓬勃的生机与活力，在本质上成为人类历史博物馆中展示的标本，或者成为受资本逻辑支配的现代旅游业、娱乐业的景点。因此，尊重和维护文明多样性，必须尊重和维护基本经济制度与发展道路的多样性和政治的多极化，反对经济上的单边主义和政治上的单边主义。

政治上的单边主义无视世界各国历史传统、民族关系和社会环境的多样性与复杂性，粗暴干涉别国内政，甚至为了自身利益任意发动战争。这是对当今世界和平与发展的最大威胁，也是对文明多样性的最大威胁。历史发展证明，缺少经济和政治多样性，文化和文明多样性就无法单独存在。世界文化和文明的多样性发展，最终要依赖于世界经济和政治的多样性发展。

三 坚持和维护不同文化和文明间的平等对话

2018 年 6 月 10 日，习近平总书记在上海合作组织青岛峰会上发表讲话时明确指出，"尽管文明冲突、文明优越等论调不时沉渣泛起，但文明多样性是人类进步的不竭动力，不同文明交流互鉴是各国人民共同愿望。""我们要树立平等、互鉴、对话、包容的文明观，以文明交流超越文明隔阂，以文明互鉴超越文明冲突，以文明共存超越文明优越。"世界是丰富多彩的，每个国家和民族都有自己的文化传统和发展模式。世界上各个国家、各个民族都为共同构建几千年的人类文明作出了自己的贡献。承载文明的国家与民族有大有小，各种文明的发展有先有后，但决无优劣高下之别，都应获得平等的尊重和人类共同的保护。坚持和维护不同文化和文明间平等对话的权利，不仅从根本上彻底否定了各种文化和文明间的冲突是不可避免的观点，而且也是维护世界和平发展的根本途径之一。要加强不同文明的对话和交流，在竞争比较中取长补短，在求同存异中共同发展，努力消除相互的疑虑和隔阂，使人类更加和睦，让世界更加丰富多彩。

要真正做到平等对话，关键是强国、大国的态度。中国是一个多民族的国家。"以和为贵""亲仁善邻""协和万邦"的友好相处、互助平等的精神，既是中国人民自古以来处理人际关系和民族关系的基本价值取向，同时也是中国人民处理国与国关系的基本原则。中国是举世闻名的文明古国，对外交往源远流长。两千多年前，老子认为"大者宜为下""大国者下流，天下之交，天下之牝"。就是说大国尤其应谦下，如果大国像居于江河的下流那样谦下、开阔、平和，天下就很容易交融、和谐，人类就容易和平相处。

能否善待他国，不仅是衡量一个国家和民族文化与文明的标尺，还是一个国家文化和文明能否长盛不衰的决定性条件之一。历览人类历史文明的兴衰更替，可以清楚地看到，一种文明在兴起之后，若对其他文化和文明平等相待，并积极学习借鉴，这种文化和文明往往会不断得到发扬光大；若企图侵蚀甚至用强力铲除其他国家和民族的文化和文明，则必然会使自己的文化和文明异化，并逐步走向衰落直至最终毁灭。世界上任何国家和民族的文化传统和特性，都积淀在这些国家和民族的骨骼里，奔腾在这些国家和民族的血液中。这些传统和特性，并不是外来文化能够随意更改替代的。所有国家和民族，都应尊重其他国家和民族不同特色和风格的文化、文明传统。国际社会对于地区文化、少数民族文化中的优秀传统文化应给予更多的尊重、理解和支持。可以说，随着全球生产力的高度发展和全人类思想文化水平的极大提高，全球的生产方式、经济体制、政治体制最终会实现"大同"，但人类文化和文明的多元性将不会随之消失。各国都应以开放和平等的精神，承认世界的多样性，加强不同文化和文明间的对话与交流，以和平方式处理国际和地区争端，促进国际关系民主化，协力构建各种文明兼收并蓄的和谐世界。

千百年来，中华民族就是这样对外友好相处的。互相之间即使有了不同的看法和争端，往往首先采用平等协商的和平办法去解决，"化干戈为玉帛"。中华民族不仅刻苦耐劳、酷爱自由，而且还追求和谐、崇尚和平，早在 13 世纪末，客居中国的意大利人马可·波罗就由衷地赞叹中华民族的和平主义精神。16 世纪西方传教士利玛窦在其《十六世纪的中国》一书中感佩地指出："在这个几乎有无数人员的无限幅员的国家，而各种物产又极为丰富，虽然他们有装备精良的陆军和海军，很容易征服邻近的国家，他们的皇上和人民却从未想过发动侵略战争。他们很满足于自己已有的东西，没有征服的野心。" 20 世纪初，日本学者渡边秀方也认为，世界诸民族中大概再没有像中国人那样渴求和平的了，他们很少对别的民族从事侵略的攻战。

四 坚持各种不同文化、文明之间的相互学习和借鉴

习近平总书记强调："文明因交流而多彩，文明因互鉴而丰富。文明交流互鉴，是推动人类文明进步和世界和平发展的重要动力。"兼收并蓄、携手共进……这些是中华民族优秀传统美德的重要内容和有机组成。有人总误认为中华民族历来闭关锁国，这种看法是不对的。孙中山先生早就指出："开放主义，我中国古时已行之。"在上下五千年的历史进程中，中华民族总是以博大开放的胸襟采撷异域的文明之果，同时也把灿烂的中华文明传播到世界各地。世界上不同文化和文明不仅需要各个国家与各个民族代代相传，需要相互平等的交流，而且需要相互之间学习和借鉴，通过糅合产生自己新的文化和文明，从而为全人类的共同繁荣与发展提供和平的国际环境和智慧保证。

不同文化和文明之间的相互学习和借鉴，是平等对话和交流的

深化，不仅是对世界上其他文化、文明与传统的鉴赏，更是对世界上其他文化和文明之精华的汲取。这就要求不同文化和文明都应具有海纳百川的胸怀和勇气。同样，任何一种文化与文明，都不应凭借自己经济、政治和科技的优势，封锁其他人类文明精华的传播。相互借鉴而不是刻意排斥，取长补短而不是定于一尊，这是推动各国根据本国国情实现世界不同文化和文明振兴、发展的重要途径。迄今为止，没有一种文明是在完全封闭的环境中发展起来的，文明的产生和发展过程就是一个与其他文明碰撞、交流、融合的过程。

可以想象，如果没有东方四大发明的传播，近代西方文明赖以自豪的地理大发现和工业化进程将根本无从说起；资本主义文明没有过去奴隶制文明及封建制文明的传承和积累，同样只能是空中楼阁；第二次世界大战结束以来西方资本主义文明在制度、文化方面所取得的进步，也有不少是在与社会主义文明的竞争、学习、借鉴中得来的。当然，中华人民共和国成立以来所取得的巨大成就，同样是学习借鉴世界各种优秀文明的结果。在高新技术飞速发展的今天，我们更不能夜郎自大、闭关锁国，否则必然落后甚至挨打。但在学习的过程中，必须结合各自国家和民族的特点，坚持趋利避害的原则，有所取舍，绝不能照抄照搬，否则最终同样会从根本上危及自己的生存。

五　坚持对本土文化和文明自尊、自爱、自信、自立，做到固本守源

所有国家和民族，尤其是处于弱势的国家和人民，必须首先对本国的文化和文明做到自尊、自爱、自信、自立，应首先维护和弘扬本民族的优秀文化和文明。

文化和文明，有着十分丰富而深刻的内涵。决不能仅仅把科技和物质发展水平作为衡量文化"先进"与"落后"的标尺。否则，便可能把西方个别超级大国所特意构建的意识形态作为普世的文化和文明去顶礼膜拜，也会把西方个别超级大国向全世界推行的文化扩张视作是向"未开化"国家和民族传播"文明"。其实，当今西方世界那些所谓的普世文明，说到底，是西方霸权主义国家对全世界实施文化侵蚀和统治的工具，并确实已转化成为发展中国家一些政界和文化界代表人物的思维定式。这种观念的侵蚀，让发展中国家的一些人产生一种"文化自卑感"，有意无意地对西方中心文化如痴如醉，而对本土文化却是苛求甚至鄙视有加。

越是民族的，便越是世界的。我们中国人应该倍加珍惜我国科学的、民族的、大众的文化，并使之发扬光大、生生不息。中华民族历来奉行"己所不欲，勿施于人"的哲学理念，平等对待一切平等待我之民族，十分注重学习借鉴其他国家和民族的文化与文明。中华民族悠悠五千年的文化和文明波澜壮阔，也曾跌宕起伏，但始终得以传承并正在展现新的风采。这也是我们为尊重和维护多姿多彩的世界文化和文明多样性所作出的独特贡献。

习近平外交思想的哲学基础探析[*]

赵剑英

党的十八大以来，以习近平同志为核心的党中央准确把握时代发展大势和国内国际两个大局，以高瞻远瞩的视野和总揽全局的魄力，提出一系列富有中国特色、体现时代精神、引领人类发展进步潮流的新理念新主张新倡议，推进一系列波澜壮阔的外交实践，形成了习近平外交思想，为新时代中国对外工作提供了根本遵循和行动指南。作为习近平新时代中国特色社会主义思想的重要组成部分，习近平外交思想具有丰富的内涵，如构建新型国际关系、构建人类命运共同体、坚持正确义利观、推动"一带一路"建设、"亲诚惠容"的周边外交理念、"真、实、亲、诚"的对非政策理念、新发展观、新安全观、新合作观、新文明观和新型全球治理观等。习近平外交思想蕴含着辩证唯物主义和历史唯物主义的科学世界观和方法论，彰显了马克思主义哲学的时代光辉与中国哲学智慧，主要体现在对时代的历史方位与特征的准确把握、对全人类共同价值的深刻阐释、科学的哲学思维方法以及对中国特色社会主义道路历史规定性和文化规定性的把握等方面。

———————————

　　* 本文为中宣部全国文化名家暨"四个一批"人才项目成果之一。发表于《世界经济与政治》2020 年第 8 期，感谢匿名评审专家提出的意见与建议，文中疏漏由笔者负责。

一 唯物史观视阈中的时代观

哲学的生命力在于反映时代精神和时代问题，外交思想来源于现实的国际关系和国际交往实践，反映了一定的时代内涵，科学的外交思想是以准确把握某一历史时期的时代内涵为基础的。时代是以一定的标准划分的某个历史时期，不同的标准划分出不同的时代，亦即依据的标准不同，把握时代内涵所得出的结论也不同。唯物史观是马克思创立的关于人类历史发展规律的科学认识，为我们划分历史时代、把握时代内涵提供了科学的方法论。习近平总书记运用唯物史观基本原理形成"大历史观"并以此把握当今时代的历史方位与特征，做出当今人类"依然处在马克思主义所指明的历史时代"、当今世界正面临着"百年未有之大变局"、中国特色社会主义进入新时代等一系列科学判断，形成系统科学的时代观，这是习近平外交思想的重要基础和科学依据。

（一）历史大时代

准确把握当今国际形势，制定和实施科学的外交政策，首先要对当今整个人类所处的大时代做出准确判断。2017 年 9 月 29 日，习近平总书记在中共中央政治局集体学习时强调："时代在变化，社会在发展，但马克思主义基本原理依然是科学真理。尽管我们所处的时代同马克思所处的时代相比发生了巨大而深刻的变化，但从世界社会主义 500 年的大视野来看，我们依然处在马克思主义所指明的历史时代。"[①] 他还指出："事实一再告诉我们，马克思、恩格斯关于资本主义社会基本矛盾的分析没有过时，关于资本主义必然

---

① 《习近平谈治国理政》第 2 卷，外文出版社 2017 年版，第 66 页。

消亡、社会主义必然胜利的历史唯物主义观点也没有过时。这是社会历史发展不可逆转的总趋势，但道路是曲折的。资本主义最终消亡、社会主义最终胜利，必然是一个很长的历史过程。我们要深刻认识资本主义社会的自我调节能力，充分估计到西方发达国家在经济科技军事方面长期占据优势的客观现实，认真做好两种社会制度长期合作和斗争的各方面准备。在相当长时期内，初级阶段的社会主义还必须同生产力更发达的资本主义长期合作和斗争，还必须认真学习和借鉴资本主义创造的有益文明成果，甚至必须面对被人们用西方发达国家的长处来比较我国社会主义发展中的不足并加以指责的现实。我们必须有很强大的战略定力，坚决抵制抛弃社会主义的各种错误主张，自觉纠正超越阶段的错误观念。最重要的，还是要集中精力办好自己的事情，不断壮大我们的综合国力，不断改善我们人民的生活，不断建设对资本主义具有优越性的社会主义，不断为我们赢得主动、赢得优势、赢得未来打下更加坚实的基础。"①

　　这些论述对当今时代问题做出了科学精辟的阐述。"我们依然处在马克思主义所指明的历史时代"是习近平总书记运用马克思主义关于人类历史发展规律基本原理即唯物史观分析当今时代特征和世界发展趋势做出的一个重大判断，这里的时代是马克思主义唯物史观中所阐述的大的"历史时代"，它的根本性质仍然是由占统治地位的生产关系所决定的。从时代的根本性质和人类历史发展现状来看，虽然当今资本主义发生了很大变化，但马克思主义经典作家对于人类所处的大的历史时代的判断并没有过时。当今人类依然处于资本主义占统治地位并逐步向社会主义过渡的大的历史时代，资本主义占统治地位的时代本质没有改变，从而决定了社会主义与资

<hr />

① 习近平：《关于坚持和发展中国特色社会主义的几个问题》，《求是》2019 年第 7 期。

本主义两条道路、两种制度、两个前途、两种命运和两种意识形态的矛盾与斗争将长期存在，在一定条件下，这种斗争与博弈甚至会更加尖锐、更加激烈。

习近平总书记对当今整个人类历史发展阶段的科学判断为思考和把握重大国际问题和处理重大国际关系提供了科学依据。以中美关系为例，将当下的中美关系放在大的历史时代背景中，才能够更加透彻地理解当前其面临的一系列挑战的本质。中美之间的矛盾与斗争不仅仅是军备、海洋、贸易金融或者高科技发展等某一个领域的竞争，本质上是两条道路、两种制度竞争的反映，即在什么样的制度下能实现又好又快的发展。美国与一些西方国家不愿意看到中国强大，肆意以西方价值观攻击和歪曲污蔑中国的国家制度、国家治理体系与正常国际交往，通过发起贸易摩擦、制裁中国高新技术企业和限制人员往来等方式竭尽遏制、打压中国发展，攻击中国特色社会主义是"国家资本主义"，[①] 试图颠覆中国共产党的领导与社会主义制度，迟滞乃至中断中华民族伟大复兴的历史进程。我们应当深刻地认识到这种斗争的长期性、复杂性与尖锐性，它是无法回避的。因此，新时代中国特色大国外交必须保持战略定力，在任何情况下都要坚定中国特色社会主义道路自信、理论自信、制度自信和文化自信，利用好一切机遇发展壮大自己，认真做好两种社会制度既长期合作又进行斗争的各方面准备。从大的历史时代意义上来看，无论世界如何变化，马克思主义依然显示出科学思想的伟力，依然占据着真理和道义的制高点，依然是具有重大国际影响的思想体系和话语体系。

---

① 有关"国家资本主义"论的进一步讨论，可参见秋石《认清"国家资本主义"问题的真相》，《求是》2018 年第 17 期。

（二）百年未有之大变局

在准确把握了当今时代在人类历史上所处方位的基础上，习近平总书记对国际形势与世界格局的特点做了科学判断，即当今世界正处在大发展大变革大调整时期，正面临着百年未有之大变局，这为正确认识当今国际问题实质和做好外交工作提供了科学视角。"百年未有之大变局"这一论断具有丰富的内涵，① 笔者认为其中有两点最为显著。

第一，以中国为代表的新兴市场国家和发展中国家近年来快速发展，同时以美欧为代表的西方国家相对而言在走下坡路、综合实力在下降。整个世界"东升西降"的趋势逐渐凸显。其中，新时代中国的"强起来"是促成百年未有之大变局的主要力量。这是自近代以来世界格局从未发生的新现象和新变化。

第二，中国的进一步发展仍然面临着世界经济深度衰退、国际贸易和投资大幅萎缩、国际金融市场动荡、国际交往受限、经济全球化遭遇逆流、一些国家保护主义和单边主义盛行、地缘政治风险上升②等不利局面。就全球而言，国际形势的不稳定性、不确定性日益突出，世界经济增长动能不足、贫富分化加剧、非传统安全问题蔓延等全球性问题成为人类面临的共同挑战。一方面，西方发达资本主义国家日益受困于经济萎靡、恐怖主义、难民问题相互交织等难题，新自由主义在实践中四处碰壁，资本主义政治制度和社会治理遇到新的危机；另一方面，中国特色社会主义作为一种新的制

---

① 如何理解"百年未有之大变局"的科学判断，近年来在中国学术界与思想界引起了热烈讨论，参见朱锋《近期学界关于"百年未有之大变局"研究综述》，《人民论坛·学术前沿》2019 年第 7 期。相关研究对百年未有之大变局的内涵、中国的机遇与挑战等问题进行了讨论，可参见张宇燕《理解百年未有之大变局》，《国际经济评论》2019 年第 5 期；黄仁伟《如何认识百年未有之大变局》，《东亚评论》2019 年第 1 期。

② 《坚持用全面辩证长远眼光分析经济形势 努力在危机中育新机于变局中开新局》，《人民日报》2020 年 5 月 24 日。

度体系则使国家的综合国力与日俱增，"西方之乱"与"中国之治"形成了鲜明对比。特别是面对 2020 年的新冠肺炎疫情，以习近平同志为核心的党中央坚持"人民至上、生命至上"的理念，不惜一切代价保护人民生命安全和身体健康，迅速控制了疫情，交出了抗疫斗争的"中国答卷"，充分展示了中国力量、中国精神和中国效率，进一步彰显了中国国家制度和国家治理的显著优势，使"西方之乱"与"中国之治"的对比更加明显。可以说，新冠肺炎疫情加速了"百年未有之大变局"的进程，中国特色社会主义道路越走越宽广，使世界上正视和相信马克思主义和社会主义的人多了起来，使世界范围内两种意识形态、两种社会制度的历史演进及其较量，发生了有利于马克思主义、社会主义的深刻转变。① 历史与现实告诉我们，国家间竞争从表层上看是经济的竞争、科技的竞争和军事的竞争，而从深层上看则是制度的竞争。制度优势是一个国家的最大优势，制度竞争是国家间最根本的竞争。

（三）中国特色社会主义新时代

应对"百年未有之大变局"，做好与资本主义制度长期竞争的准备，我们需要对中国特色社会主义自身的发展阶段有清醒、科学的认识。习近平总书记在党的十九大报告中指出中国特色社会主义进入了新时代。新时代具有十分丰富的内涵："是承前启后、继往开来、在新的历史条件下继续夺取中国特色社会主义伟大胜利的时代，是决胜全面建成小康社会、进而全面建设社会主义现代化强国的时代，是全国各族人民团结奋斗、不断创造美好生活、逐步实现全体人民共同富裕的时代，是全体中华儿女勠力同心、奋力实现中华民族伟大复兴中国梦的时代，是我国日益走近世界舞台中央、不

---

① 中共中央宣传部编：《习近平新时代中国特色社会主义思想学习纲要》，学习出版社、人民出版社 2019 年版，第 5 页。

断为人类作出更大贡献的时代。"①

新时代与历史大时代、"百年未有之大变局"是紧密关联的，只有把中国特色社会主义置于这两个大的时代刻度中，考量中国特色社会主义的"变"与"不变"，我们才能深刻理解中国特色社会主义进入新时代的内涵。其中的"变"表现在两个方面：第一，中国特色社会主义发展取得巨大成就，使社会主义与资本主义之间的力量对比发生变化，中国特色社会主义的世界意义和示范意义彰显。首先，近代以来久经磨难的中华民族迎来了从站起来、富起来到强起来的伟大飞跃，迎来了实现中华民族伟大复兴的光明前景；其次，使科学社会主义在 21 世纪的中国焕发出强大的生机活力，在世界上高高举起了中国特色社会主义伟大旗帜；最后，中国特色社会主义道路、理论、制度和文化不断发展，拓展了发展中国家走向现代化的途径，给世界上那些既希望加快发展又希望保持自身独立性的国家和民族提供了全新选择，为解决人类问题贡献了中国智慧和中国方案。第二，中国社会的主要矛盾发生了历史性变化，已经转化为人民日益增长的美好生活需要和不平衡不充分的发展之间的矛盾。而"不变"表现在三个方面：第一，我们仍处在马克思主义所指明的历史时代，即当今人类社会仍然是资本主义生产方式占统治地位，但资本主义必然灭亡、社会主义最终胜利是人类历史发展的必然趋势，在这个很长的历史过程中，资本主义与社会主义两种制度、两种道路的斗争与合作将长期存在。第二，从中国特色社会主义的发展阶段看，中国处于并将长期处于社会主义初级阶段的国情没有变。第三，从"百年未有之大变局"的时代尺度看，中国是世界上最大发展中国家的国际地位没有变。

①　参见习近平《决胜全面建成小康社会　夺取新时代中国特色社会主义伟大胜利——在中国共产党第十九次全国代表大会上的报告》，人民出版社 2017 年版，第 10—11 页。

中国特色社会主义进入新时代，也意味着中国特色大国外交进入了新时代，这个新时代是中国日益走近世界舞台中央、不断为人类做出更大贡献的时代。中国人民历来把自己的前途命运同各国人民的前途命运紧密联系在一起，中国共产党始终把为人类做出新的更大的贡献作为自己的使命。在新时代，中国与世界的关系发生深刻变化，同国际社会的互动空前紧密，成为促进世界和平与发展的强大力量。因此，必须统筹国内国际两个大局，坚持和平发展道路，坚持推动构建人类命运共同体。

归结起来，在纷繁复杂、风云变幻的国际形势下，中国特色大国外交实践就是要遵照习近平指出的时代观观察时代、解读时代、引领时代，真正搞懂面临的时代课题，深刻把握世界历史的脉络与走向，准确把握新时代的"变"与"不变"，立足中国特色社会主义新时代这一中国发展新的历史方位，坚持实事求是的思想路线，准确判断世界发展大势，做出有利于维护国家利益和世界和平发展的科学决策。

二 基于全人类共同价值提出构建人类命运共同体

党的十八大以来，习近平总书记站在人类历史发展进程的高度，正确把握国际形势的深刻变化，顺应和平、发展、合作、共赢的时代潮流，深入思考"建设一个什么样的世界、如何建设这个世界"等关乎人类前途命运的重大课题，对构建人类命运共同体的时代背景、重大意义、丰富内涵和实现途径等重大问题进行深刻阐述。笔者认为，构建人类命运共同体是一种新型的全球化观，是对人类未来社会形态的一种新构想。

坚持推动构建人类命运共同体是习近平外交思想的重要组成部分，而全人类共同价值是构建人类命运共同体的思想理论基础，也是人类共同发展进步的重要精神动力。习近平主席站在全人类价值共识的制高点上，在第七十届联合国大会一般性辩论时首次提出"'和平、发展、公平、正义、民主、自由'是全人类的共同价值，也是联合国的崇高目标"，[①] 向世界昭示了中国外交的价值追求。

全人类共同价值与西方"普世价值"有着本质区别。基于思想与文化上的优越心态，部分西方国家的政客和学者认为西方式的价值观念与制度设计是放之四海而皆准的，意图将其包装为"普世"模式。"普世价值论"的本质就是将西方制度模式化，并上升成向全世界输出西方价值理念和发展模式的理论基础与道德依据，是将自身的特殊价值普遍化。实际上，近年来伴随着民粹主义横行、治理效率低下、不平等加剧以及社会撕裂等内部治理问题纷至沓来，西方国家纷纷陷入了治理困境，西方"普世价值"的弊端已经不断暴露出来。从历史唯物主义观点看，西方文化只是文化中的一种，资本主义道路只是人类发展过程的一个重要阶段。[②] 与之相对，全人类共同价值基于马克思主义理论基础之上，是真正着眼全人类的发展和命运、符合人类社会历史发展规律的共同价值。[③] 全人类共同价值植根于马克思主义实现人的自由而全面的发展的崇高理想。正如习近平总书记指出的，这一崇高理想站在了人类道义制高点上，马克思主义以实现人的自由而全面的发展和全人类解放为己任，真正代表全世界被压迫者和被剥削者的根本利益。

---

① 《习近平谈治国理政》第 2 卷，第 522 页。

② 陈先达：《历史唯物主义与中国道路》，《光明日报》2016 年 9 月 7 日。

③ 对全人类共同价值的进一步讨论，可参见张宇燕主编《习近平新时代中国特色社会主义外交思想研究》，中国社会科学出版社 2019 年版，第 215—224 页。

　　全人类共同价值是全人类追求的共同利益的体现，超越了世界各国的差异与分歧，构成了构建人类命运共同体的价值基础。党的十八大报告强调，人类只有一个地球，各国共处一个世界，要倡导"人类命运共同体"意识。2013 年 3 月 23 日，习近平主席在俄罗斯莫斯科国际关系学院做了题为"顺应时代前进潮流促进世界和平发展"的演讲，提出人类越来越成为一个"你中有我、我中有你的命运共同体"。① 2015 年 9 月 28 日，习近平主席在纽约联合国总部发表重要讲话指出："当今世界，各国相互依存、休戚与共。我们要继承和弘扬联合国宪章的宗旨和原则，构建以合作共赢为核心的新型国际关系，打造人类命运共同体。"② 2017 年 1 月，习近平主席在联合国日内瓦总部的演讲中集中系统阐释了人类命运共同体理念的内涵。③ 2017 年 10 月 18 日，习近平总书记在党的十九大报告中提出要"坚持和平发展道路，推动构建人类命运共同体"，呼吁"建设持久和平、普遍安全、共同繁荣、开放包容、清洁美丽的世界"。④ 此后，"构建人类命运共同体"被写入《中国共产党章程》与《中华人民共和国宪法》，成为中国积极参与和引领全球治理的重要主张，其内涵得到不断丰富与发展，同时还多次被写入联合国相关决议和文件。

　　构建人类命运共同体这一重大命题的提出，正是基于对我们所处的历史时代和所面临的世界百年未有之大变局判断基础上，将对马克思主义的继承发扬同中国优秀传统文化创造性地结合起来。

---

　　① 《习近平谈治国理政》，外文出版社 2014 年版，第 272 页。
　　② 《习近平谈治国理政》第 2 卷，第 522 页。
　　③ 参见习近平《共同构建人类命运共同体——在联合国日内瓦总部的演讲》，《人民日报》2017 年 1 月 20 日。
　　④ 习近平：《决胜全面建成小康社会　夺取新时代中国特色社会主义伟大胜利——在中国共产党第十九次全国代表大会上的报告》，第 57—58 页。

首先，人类生活在一个全球化时代，全球化尤其是经济全球化将人类的命运紧紧地联系在一起，成为当代世界一股无法阻挡的时代潮流。世界各国之间相互联系、相互依存的程度空前加深，彼此利益交融、命运与共、一荣俱荣、一损俱损。与此同时，当前世界面临的不稳定性不确定性日益增强，逆全球化思潮涌动，各种形式的反全球化运动此起彼伏，推动经济全球化与深化国际合作遭遇了空前的阻力，全球发展正面临治理赤字、信任赤字、和平赤字和发展赤字四大挑战，全球性问题威胁着全人类的生存与发展，迫切需要通过新思维、新理念、新途径为解决这些问题指明方向。构建人类命运共同体正是立足于全球治理问题的高度复杂性和不确定性，对"建设一个什么样的世界、如何建设这个世界"这一关乎人类前途命运的重大课题给出的中国回答。人类命运共同体理念超越了西方资本主义经济全球化的一元道路，摆脱了自我优先的霸权思维对现行全球治理体系的束缚，为"包容""普惠""共赢"的新型全球化注入动力，让各国以平等的身份参与全球化与获得发展红利，真正把全人类的前途命运联系到一起，在人类共同发展的进程中实现每个成员的自由全面发展。无论是推动构建新型国际关系，还是基于"共商共建共享"的"一带一路"倡议以及积极参与全球治理，都体现着中国外交关照全人类的前途命运的崇高追求。

其次，构建人类命运共同体的理念植根于中国的文化基因之中，人类命运共同体的构想以中国传统文化与历史实践为基础，对中华传统文化进行了创造性的转化。中华文化追求"和为贵"，强调和谐统一、"和而不同"以及"各美其美、美美与共"的良性发展。习近平总书记在中国人民对外友好协会成立60周年纪念活动上深刻地指出："中华民族历来是爱好和平的民族。中华文化崇尚和谐，中国'和'文化源远流长，蕴涵着天人合一的宇宙观、协和万邦的国际观、和而不同的社会观、人心和善的道德观。在5000多年的文明发展中，中华民族一直追求和传承着和平、和睦、和谐的坚定理念。以和为贵，与人为善，己所不欲、勿施于人等理念在中国代代相传，深深植根于中国人的精神中，深深体现在中国人的行为上。"[①] 人类命运共同体理念与中国传统"义利观""和合文化""协和万邦""天下大同""亲仁善邻"等思想一脉相承，是中国人天下情怀和整体思维的时代创新，这些理念至今仍然体现在中国的外交工作实践中。同时，中华文明是在中国大地上产生的文明，也是同其他文明不断交流互鉴而形成的文明。"文明因交流而多彩，文明因互鉴而丰富。文明交流互鉴，是推动人类文明进步和世界和平发展的重要动力。"[②] 推进人类各种文明交流交融、互学互鉴，是让世界变得更加美丽、各国人民生活得更加美好的必由之路。人类命运共同体理念在汲取中华优秀传统文化和哲学智慧的基础上，倡导以文明交流互鉴推动人类文明进步和世界和平发展，破解"文明冲突论"等世界文明发展进程中的种种矛盾困惑。

最后，在人与自然的关系方面，人类命运共同体理念主张共同建设一个清洁美丽的世界，这蕴含着一种生命共同体意识。在全球化条件下，来自自然、经济、社会的多种凶恶风险挑战客观上决定了人类也是一个生命共同体。当前全球性问题正严重威胁着人类生存发展，追求人与自然的和谐发展事关全人类的命运与福祉。中国坚持践行绿色发展理念，积极推动世界各国遵守实施应对气候变化的《巴黎协定》，呼吁共同应对全球气候变化，并积极承担相应的

---

① 《习近平在中国国际友好大会暨中国人民对外友好协会成立60周年纪念活动上的讲话》，《人民日报》2014年5月16日。

② 习近平：《文明交流互鉴是推动人类文明进步和世界和平发展的重要动力》，《求是》2019年第9期。

责任义务，与世界各国携手应对全人类面临的共同挑战。这既是中华民族"天人合一"的哲学传统使然，也是在人与自然关系上遵循唯物辩证法的根本要求。2020 年突如其来的新冠肺炎疫情迅速演变成一场全球性的公共卫生危机，给世界各国人民的生命安全带来了巨大威胁。病毒不分国界，是全人类面临的共同挑战。任何国家都不能置身其外，独善其身。① 新冠肺炎疫情的"大流行"表明人类对自然仍有许多未知领域，病毒是全人类共同的敌人。在这场灾难面前，构建人类命运共同体的重要性与紧迫性空前彰显。正如习近平主席所指出的："人类是命运共同体，团结合作是战胜疫情最有力的武器。"② 唯有团结协作、携手应对，国际社会才能战胜疫情。在中国积极不懈地推动下，增强团结合作以应对疫情成为国际社会大多数成员的普遍共识。在中国共产党的坚强领导与全国人民的共同努力下，中国在较短的时间内控制住了国内疫情，为各国防控疫情争取了宝贵时间，给全球抗疫提供了宝贵的经验，丰富与深化了人类命运共同体的内涵。"中国将秉持人类命运共同体理念，为全球疫情防控分享经验，提供力所能及的支持，同各国一道促进全球公共卫生事业发展，构建人类卫生健康共同体。"③ 在全球抗击新冠肺炎疫情的关键时刻，习近平主席提出了共同构建人类卫生健康共同体的全新倡议，并宣布一系列有力举措，对支持全球抗疫做出了庄重承诺，这一切充分体现了负责任大国的担当与作为，真正落实了人类命运共同体的理念。当前全球疫情形势仍然严峻，中国也将继续站在全人类共同命运的高度，继续坚持以多边主义应对全球挑战，为不确定的世界增加确定性。

---

① 参见《习近平同德国总理默克尔通电话》，《人民日报》2020 年 3 月 26 日。

② 习近平：《团结合作战胜疫情　共同构建人类卫生健康共同体——在第 73 届世界卫生大会视频会议开幕式上的致辞》，《人民日报》2020 年 5 月 19 日。

③ 《习近平同印尼总统佐科通电话》，《人民日报》2020 年 4 月 3 日。

三 运用科学的哲学思维方法分析和 解决复杂的国际问题

党的十八大以来，习近平总书记多次强调要把马克思主义哲学作为中国共产党人治国理政的看家本领，尤其提出要增强战略思维、历史思维、辩证思维、创新思维、法治思维和底线思维能力，[①]形成了体大思精的改革方法论，这也为做好外交工作提供了科学的方法论指引。

（一）战略思维

战略问题是一个政党、一个国家的根本性问题。所谓战略思维能力，就是高瞻远瞩、统揽全局、善于把握事物发展总体趋势和方向的能力。中国共产党历来高度重视战略思维。毛泽东同志强调，作为领导干部一定要有"战略头脑"，即战略思维能力。邓小平同志曾告诫，"考虑任何问题都要着眼于长远，着眼于大局。许多小局必须服从大局"。[②] 党的十八大以来，面对国内国际环境的深刻复杂变化，以习近平同志为核心的党中央做出中国发展仍处于重要战略机遇期的战略判断，多次强调在改革和发展的各项工作中要有战略思维。具体到外交工作中，习近平总书记深入把握时代发展大势，亲身运筹外交工作的顶层设计与战略谋划，将大国、周边、发展中国家和多边合作密切结合、通盘规划、整体推进，同时统筹国内国际两个大局，着力维护国家主权、安全与发展利益，为实现"两个一百年"奋斗目标与中华民族伟大复兴提供了有力保障。总

---

① 有关五种思维能力的充分讨论，可参见中共中央宣传部编《习近平新时代中国特色社会主义思想学习纲要》，第244—246页；王伟光主编《开辟当代马克思主义哲学新境界》，中国社会科学出版社2019年版，第62—71页。

② 《邓小平文选》（第3卷），人民出版社1993年版，第298页。

体国家安全观的提出也是战略思维的重要体现，它统筹了外部安全与内部安全，对安全的内涵与外延做出了全方位的思考与界定，并且有效协调了发展与安全之间的关系，从而有助于从战略高度审时度势，系统回应我们面临的风险与挑战，切实维护好中国国家利益。①

（二）历史思维

历史思维能力，就是以史为鉴、知古鉴今，善于运用历史眼光认识发展规律、把握前进方向、指导现实工作的能力。"治理国家和社会，今天遇到的很多事情都可以在历史上找到影子，历史上发生过的很多事情也都可以作为今天的镜鉴。"② 外交工作需要对纷繁复杂的国际形势做出正确的判断与把握，善于运用历史眼光认识发展规律、把握前进方向。正如习近平总书记所指出的："不仅要看现在国际形势什么样，而且要端起历史望远镜回顾过去、总结历史规律，展望未来、把握历史前进大势。"③ "'明镜所以照形，古事所以知今。' 我们回顾历史，是要以史为鉴，不让历史悲剧重演。"④ 只有尊重历史规律、顺应时代潮流，才能跟上历史的脚步、把握人类发展的共同诉求。一些西方国家固守零和博弈与冷战思维的框架，打压、围堵中国的和平发展注定不会成功，应当正确认识新时代中国特色大国外交的历史方位，充分汲取历史经验和智慧应对这些挑战。

---

① 对总体国家安全观的进一步讨论，可参见中共中央党史和文献研究院编《习近平关于总体国家安全观论述摘编》，中央文献出版社 2018 年版；张宇燕主编《习近平新时代中国特色社会主义外交思想研究》，第 63—71 页。

② 《习近平在中共中央政治局第十八次集体学习时强调牢记历史经验历史教训历史警示 为国家治理能力现代化提供有益借鉴》，《人民日报》2014 年 10 月 14 日。

③ 《习近平谈治国理政》第 3 卷，外文出版社 2020 年版，第 427 页。

④ 习近平：《同舟共济创造美好未来——在亚太经合组织工商领导人峰会上的主旨演讲》，《人民日报》2018 年 11 月 18 日。

（三）辩证思维

辩证思维是人们自觉运用唯物辩证法分析问题和解决问题的科学思维方式，就是承认矛盾、分析矛盾、解决矛盾，善于抓住关键、找准重点、洞察事物发展规律的能力。学习与运用辩证唯物主义的要点之一就是掌握唯物辩证法的根本方法，不断增强辩证思维能力，提高驾驭复杂局面、处理复杂问题的本领。[①] 在外交工作中，一方面就是要厘清世界上各个国家和地区在中国外交中的地位，抓住主要矛盾和矛盾的主要方向，避免在林林总总、纷纭多变的国际乱象中迷失方向。例如，当前的外交工作将共建"一带一路"作为重要抓手，为特色大国外交提供了广阔的平台，为中国与世界各国共同发展提供了新的动力。另一方面也应该利用矛盾，将外交工作中的风险与挑战转化为机遇，例如利用好美俄矛盾、美欧矛盾、俄欧矛盾、英欧矛盾以及美国与其盟国之间的矛盾，扩大外交的转圜空间，从而掌握主动性。

（四）创新思维

创新思维就是破除迷信、超越过时的陈规，善于因时制宜、知难而进、开拓创新的能力。习近平总书记指出，"惟创新者进，惟创新者强，惟创新者胜"。[②] 提高创新思维能力，就是要从根本上破除因循守旧、思想僵化、形式主义和无所作为，转变思维习惯、突破思维定式，在把握事物发展客观规律基础上实现变革和创新。习近平外交思想将马克思主义基本原理同当代中国实际紧密结合，孕育了一系列外交理论与实践创新。例如习近平主席在 2014 年亚洲相互协作与信任措施会议第四次峰会上提出的亚洲安全观，正是中国在周边外交和国际安全观上的重要创新，它反映了地区安全现状

---

① 中共中央宣传部编：《习近平新时代中国特色社会主义思想学习纲要》，第 242 页。
② 《习近平谈治国理政》，第 59 页。

和普遍诉求，为各国维护共同安全、化解矛盾风险、构建区域安全架构提供了新思路。"一带一路"与构建人类命运共同体等国际倡议的提出也都是创新思维的产物。

（五）法治思维

法治思维是基于法治的固有特性和以法治的信念来认识事物、判断是非、解决问题的思维方式。法治精神及法治思维同样贯穿整个外交活动领域，在具体外交实践中尊重国际法、坚持运用和发展国际法。中国的外交政策是和平的外交政策，中国提出的和平共处五项原则也是与其他国家共同努力而缔造的一项国际法基本原则。在当前的全球新冠肺炎疫情中，可以看到一些国外政客、商人乃至法律界人士试图在病毒溯源工作尚未完成的情况下"甩锅"中国，发起多场"向中国索赔"的滥诉闹剧。这些诉讼没有事实、法理和法律上的根据，实质是为污名化中国进行舆论炒作。在对待这些滥诉时，应当充分运用法治思维，坚持基于科学精神、事实与国际法法理，冷静予以揭露和应对。

（六）底线思维

底线思维是以底线为导向的一种科学思维方法。底线思维能力，就是客观地设定最低目标，立足最低点，争取最大期望值的一种积极的思维能力。习近平总书记强调："要善于运用底线思维的方法，凡事从坏处准备，努力争取最好的结果。"[①] 底线思维在外交工作中相当重要，中国倡导全人类共同价值、主张构建人类命运共同体，但同时中国与其他国家的合作是有底线的：在涉及国家核心利益的问题上，中国始终注重划出红线、亮明底线，把坚决维护国家主权、安全和发展利益作为外交工作的基本出发点和落脚点。在

---

① 中共中央宣传部编：《习近平系列重要讲话读本》，学习出版社、人民出版社 2016 年版，第 288 页。

整个中美经贸谈判过程中，中方不卑不亢、坚守底线思维，保持战略定力，坚决捍卫了中国国家利益。

四 新时代中国外交实践的历史规定性和文化规定性

习近平总书记深刻阐释了中国特色社会主义道路的历史规定性和文化规定性，这一阐释深刻揭示了中国选择社会主义发展道路、不走西方列强的霸权主义老路的根本缘由，是习近平外交思想的重要哲学基础之一。

中华人民共和国成立 70 年来，中国共产党领导中国人民在艰辛探索中走出了一条适合中国国情的社会主义发展道路，也就是中国道路，创造了"两个奇迹"。① 在笔者看来，中国道路成功的根本原因在于三点：一是中国共产党不断推动马克思主义的中国化、时代化和大众化；二是作为执政党的中国共产党执政理念的人民性，它没有自身私利，而是为了人民谋幸福、为民族谋复兴，这就使得中国的治理体系更加科学合理；三是形成了中国特色社会主义制度体系。当今中国走上中国特色社会主义发展道路绝不是懵懵懂懂的选择，不是历史的偶然："中国特色社会主义是在改革开放四十多年的伟大实践中得来的，是在新中国成立七十年的持续探索中得来的，是在我们党领导人民进行伟大社会革命九十多年的实践中得来的，是在近代以来中华民族由衰到盛一百七十多年的历史进程中得来的，是在世界社会主义五百年波澜壮阔的发展历程中得来

---

① 中华人民共和国成立 70 年来，我们党领导人民创造了世所罕见的经济快速发展奇迹和社会长期稳定奇迹，中华民族迎来了从站起来、富起来到强起来的伟大飞跃。参见《中共中央关于坚持和完善中国特色社会主义制度 推进国家治理体系和治理能力现代化若干重大问题的决定》，《人民日报》2019 年 11 月 6 日。

的，是在对中华文明五千多年的传承发展中得来的。搞清楚世界社会主义思想的源头及其演进，搞清楚中国特色社会主义的历史发展，就能明白，我们党在推进革命、建设、改革的进程中，是怎样经过反复比较和总结，历史地选择了马克思主义、选择了社会主义道路；是怎样把马克思主义基本原理同中国实际和时代特征结合起来，独立自主走自己的路，迎来了中国特色社会主义从创立、发展到完善的伟大飞跃。"①

历史规定性和文化规定性决定了中国所选择的发展道路。正如习近平总书记指出的："中国今天所走的中国特色社会主义道路，是与五千年的中华文明分不开的，也是中国人民历经艰难困苦奋斗摸索出来的，是马克思主义基本原理同中国实际与当今时代特征相结合的产物，它是历史的必然，人民的选择。人间正道是沧桑。不管有多少艰难险阻，我们都将沿着这条道路坚定不移地走下去。中国发展起来了，将为世界和平和人类进步作出重大贡献。"②

中国共产党的领导是历史和人民的选择，党领导我们开辟的中国特色社会主义道路是唯一正确的道路，这是中国外交的根本底色和最大优势。③ 中国特色大国外交的根本立场是要坚定地维护与发展国家核心利益。中国在短短70年特别是改革开放40多年里实现了西方资本主义国家需要一两百年才能达到的工业化成就，经济社会发展成就辉煌，人民生活水平显著提高，国家综合实力大大提升，成为在当今世界具有巨大影响力的经济政治大国，这是因为我们坚持走自己的发展道路，即坚持中国共产党的领导，坚持以马克思主义为指导，坚持继承中华优秀传统文化，弘扬革命精神，发展

---

① 中共中央宣传部编：《习近平新时代中国特色社会主义思想学习纲要》，第24—25 页。
② 《习近平同希腊总统帕夫洛普洛斯会谈》，《人民日报》2019 年 5 月 15 日。
③ 杨洁篪：《在习近平外交思想指引下奋力推进中国特色大国外交》，《求是》2018 年第 18 期。

社会主义先进文化，发展社会主义市场经济的中国特色社会主义发展道路。发展道路问题对中国核心利益的实现具有根本意义。中国特色社会主义道路也是实现社会主义两个百年目标和中华民族伟大复兴的必由之路、科学之路。因此，中国特色大国外交应当为捍卫中国发展道路对于中国发展的合理性和正当性创造良好的外部环境，为中国发展争取最大的国际支持。一切有损或阻碍中国发展和中华民族伟大复兴的外部因素，都必须坚决予以反对。事实上，近些年来，以美国为首的西方资本主义国家基于狭隘的"普世价值"观和冷战思维，一再诟病与妖魔化中国的发展道路、中国制度和中国特色社会主义意识形态，企图影响与改变中国的道路与发展方向。当中国没有走它们的道路，未按照它们的设计去发展，而是用事实雄辩地证明了中国特色社会主义道路的正确性时，它们又妄图以新的抹黑攻势来遏制中国的发展，包括在高科技领域渲染中国的经济和安全"威胁"，在香港和新疆等问题上持续抹黑中国维护国家统一的努力以及在"一带一路"建设上污蔑中国"经济渗透""制造债务陷阱"等，甚至抛出"改造中国失败"的谬论，试图全盘否定改革开放以来中国融入国际体系、积极参与全球治理的实践。① 这些做法完全忽视了中国发展道路的历史规定性与文化规定性，反映了西方国家居高临下的文化傲慢心态。中国特色大国外交的重要使命之一，就是直面与破解充满西方偏见与误解的中国政治叙事，构建中国特色大国外交话语体系，捍卫中国特色社会主义发展道路与制度体系。

---

① 王毅在中美智库媒体论坛上强调："任何势力都没有资格去否定其他国家选择的道路，任何国家也都不会按别人的好恶来改造自己的制度。归根到底，制度和道路是对还是错，应该由本国人民来决定。"参见《守正不移，与时俱进 维护中美关系的正确方向——王毅国务委员在中美智库媒体论坛上的致辞》，http://www1. fm. prc. gov. cn/web/wjbzhd/t1796282. shtml，访问时间：2020 年 7 月 11 日。

中国特色社会主义道路也打破了西方对现代化道路解释权的垄断，拓展了发展中国家走向现代化的途径，给世界上那些既希望加快发展又希望保持自身独立性的国家和民族提供了全新选择，这是中国道路世界意义的集中体现。中国不"输入"外国模式，也不"输出"中国模式，不会要求别国"复制"中国的做法，尊重每个国家根据历史、文化、传统和国情自主选择自己的发展道路。党的十八大以来的中国外交实践和成就证明，中国共产党和中国人民不仅有信心、有能力建设好自己的国家，而且有信心、有能力带动各国共同发展；不仅能够为人类探索更好的社会制度提供中国智慧，也能够为发展中国家走向现代化提供新的路径。① 这些才是中国特色大国外交最本质也是最有意义的成果。未来，习近平外交思想引领下的新时代中国特色大国外交必将继续推动更多国家和人民理解和认同中国特色社会主义道路，继续为世界和平与发展做出重要贡献。

中国共产党是为中国人民谋幸福的政党，也是为人类进步事业而奋斗的政党。② 中国道路在外交政策上的具体反映就是坚持走和平发展道路。中国选择和平发展道路，同样具有内在的历史规定性与文化规定性。鸦片战争之后，中华民族陷入积贫积弱、任人宰割的悲惨境地。中国近代史的屈辱经历让中国人民更加热爱和平，更加意识到和平发展的重要性。没有和平的外部环境，发展就无从谈起，我们不能让历史重演。"建设富强民主文明和谐美丽的社会主义现代化国家，是我们的责任，是我们对中华民族的责任，对前人

① 参见《王毅在中国共产党第十九次全国代表大会中央国家机关代表团开放式讨论时发言》，《世界知识》2017 年第 21 期。

② 参见习近平《决胜全面建成小康社会　夺取新时代中国特色社会主义伟大胜利——在中国共产党第十九次全国代表大会上的报告》，第 57 页。

的责任，对后人的责任。"①

从文化上来看，不同民族、不同国家由于其自然条件和发展历程不同，产生和形成的核心价值观也各有特点。一个民族、一个国家的核心价值观必须同这个民族、这个国家的历史文化相契合，同这个民族、这个国家的人民正在进行的奋斗相结合，同这个民族、这个国家需要解决的时代问题相适应。中华文明绵延数千年，有其独特的价值体系。比如，中华文化强调"民惟邦本""天人合一""和而不同"，强调"天行健，君子以自强不息""大道之行也，天下为公"；强调"天下兴亡，匹夫有责"，主张以德治国、以文化人；强调"君子喻于义""君子坦荡荡""君子义以为质"；强调"言必信，行必果""人而无信，不知其可也"；强调"德不孤，必有邻""仁者爱人""与人为善""己所不欲，勿施于人""出入相友，守望相助""老吾老以及人之老，幼吾幼以及人之幼""扶贫济困""不患寡而患不均"，等等。像这样的思想和理念，不论过去还是现在，都有其鲜明的民族特色，都有其永不褪色的时代价值。这些思想和理念既随着时间推移和时代变迁而不断与时俱进，又有其自身的连续性和稳定性。我们生而为中国人，最根本的是我们有中国人的独特精神世界，有百姓日用而不觉的价值观。这些价值观不仅仅是我们处理人与人之间、人与社会之间，也是处理民族国家间关系的重要准则。②

中国道路的历史规定性和文化规定性决定了中国在发展起来之后不会走上"国强必霸"的老路，自古以来中国人民都推崇"己所不欲，勿施于人"的理念，中华民族的血液中没有侵略他人、称霸世界的基因。中国重视"达己达人"，中国特色大国外交不仅把

---

① 《习近平谈治国理政》，第 170 页。
② 参见《习近平谈治国理政》，第 170—171 页。

和平与发展视为不可分割的有机整体，还推动中国发展与世界和平的深度融合，① 在谋求自身发展的同时，积极参与全球治理并合理兼顾他国利益，强调合作共赢的"共商共建共享"理念下的中国方案和中国智慧，中国的和平发展道路必将在世界上得到更广泛的认同与支持。

五　结论

作为习近平新时代中国特色社会主义思想的重要组成部分，习近平外交思想贯穿着辩证唯物主义和历史唯物主义的立场、观点和方法，是新时代中国对外工作的根本遵循和行动指南。开拓中国特色大国外交，必须学懂弄通做实习近平外交思想，而深刻理解习近平外交思想的哲学基础对于理解和把握习近平外交思想的核心与实质具有重要意义。对时代问题的准确把握、观照全人类的共同价值追求、运用科学的哲学方法观察与分析国际问题以及深刻阐释中国特色社会主义道路的历史规定性和文化规定性，都是习近平外交思想对马克思主义哲学的运用与发展，贯穿于当今中国外交实践中。可以说，习近平外交思想是马克思主义基本原理同中国特色大国外交实践相结合的重大理论结晶，是马克思主义世界历史理论在新时代的创新，同时也是马克思主义占据真理和道义的制高点这一根本理论特征在外交领域的创造性运用和展现。

① 参见吴志成、吴宇《习近平外交思想析论》，《世界经济与政治》2020 年第 2 期。

习近平外交理念和中国特色的大国外交

——以"上海精神"为视角

庞大鹏

上海合作组织是中国与邻国探索建立新型安全模式、新型国家关系和新型区域合作模式的产物。上海合作组织是新时代中国特色大国外交的重要组成部分。"上海精神"是新时代中国特色大国外交理念的鲜明体现。"上海精神"在新时代与时俱进。在"上海精神"的发展观、安全观、合作观、文明观和全球治理观的指引下，上海合作组织开启发展新征程。

一 上海合作组织是新时代中国特色
大国外交的重要组成部分

上海合作组织（下称"上合"）由"上海五国"机制演变而来。从最初为了解决中、俄、哈、吉、塔边境地区的信任和裁军问题发展到各个领域的全面合作，本身就表明上合是我国与邻国探索建立新型安全模式、新型国家关系和新型区域合作模式的产物。可以说，2001 年上合的成立是我国外交的创举。"17 年来，我们以《上海合作组织宪章》、《上海合作组织成员国长期睦邻友好合作条约》为遵循，构建起不结盟、不对抗、不针对第三方的建设性伙伴关系。这是国际关系理论和实践的重大创新，开创了区域合作新模式，为地区和平与发展作出了新贡献。"①

上合伴随改革开放和社会主义现代化建设而成长。研究上合，也需要从中国发展的全局以及中国外交的总体要求着眼，只有这样，才能更好地观察上合的发展，才能更好地理解"上海精神"与中国特色大国外交的关系。

随着 2010 年中国稳居世界第二大经济体，中国全球性大国的属性也逐渐显现。如果说过去中国在外交上遇到的问题和麻烦主要是外部世界的变化引起的，那么现在遇到的问题和麻烦在一定的意义上是中国的迅速崛起带来的。对于这种快速发展，世界和中国自己都没有做好心理和政策上的准备。可以说，时代的发展要求中国回答一个问题：中国如何全面均衡地处理与外部世界的关系。研究中国崛起对世界的影响成为观察国际形势必不可少的视角。只有这样，才能得出比较全面的认识和正确的结论。党的十八大以来，中国领导人在观察国际形势时，就特别注意把"中国自己"摆进去。

2013 年 3 月，习近平担任国家主席后首次出访，在俄罗斯首次提出推动建立以合作共赢为核心的新型国际关系。2014 年 11 月，习近平总书记在中央外事工作会议上强调，不能身体已进入 21 世纪，而脑袋还停留在冷战思维、零和博弈老框框内，要跟上时代前进步伐，推动建立以合作共赢为核心的新型国际关系，把合作共赢理念体现到政治、经济、安全、文化等对外合作的方方面面。构建以合作共赢为核心的新型国际关系成为中国外交的重要指导思想。②

① 习近平：《弘扬"上海精神" 构建命运共同体——在上海合作组织成员国元首理事会第十八次会议上的讲话》，人民出版社 2018 年版，第 2 页。
② 王毅：《构建以合作共赢为核心的新型国际关系：对"21 世纪国际关系向何处去"的中国答案》，《学习时报》2016 年 6 月 20 日。

2015 年 9 月，习近平主席在出席联合国成立 70 周年系列峰会期间，在联合国讲坛上提出，要继承和弘扬联合国宪章的宗旨和原则，构建以合作共赢为核心的新型国际关系，同心打造人类命运共同体。构建以合作共赢为核心的新型国际关系成为各国普遍认同和接受的思想理念。2017 年，党的十九大报告明确指出：推动建设相互尊重、公平正义、合作共赢的新型国际关系。明确中国特色大国外交要推动构建新型国际关系，推动构建人类命运共同体。

在中国特色大国外交思想的指引下，上合取得了丰硕成果。上合不仅在安全、经济、人文等合作领域取得巨大成绩，在机制建设方面也迈出历史性步伐。如今上合组织拥有 8 个成员国、4 个观察员国、6 个对话伙伴，是维护地区安全、促进共同发展、完善全球治理的重要力量。

二　"上海精神"是新时代中国特色大国外交理念的鲜明体现

"上海合作组织始终保持旺盛生命力、强劲合作动力，根本原因在于它创造性地提出并始终践行'上海精神'，主张互信、互利、平等、协商、尊重多样文明、谋求共同发展。这超越了文明冲突、冷战思维、零和博弈等陈旧观念，掀开了国际关系史崭新的一页，得到国际社会日益广泛的认同。"①

"上海精神"追求的是互利共赢的理念。正因为如此，上合成为"一带一路"与欧亚经济联盟对接的平台。2015 年 5 月 8 日，习近平主席和普京总统在莫斯科共同签署并发表《中华人民共和国

---

① 习近平：《弘扬"上海精神"　构建命运共同体——在上海合作组织成员国元首理事会第十八次会议上的讲话》，人民出版社 2018 年版，第 2 页。

与俄罗斯联邦关于丝绸之路经济带建设和欧亚经济联盟建设对接合作的联合声明》。双方将秉持透明、相互尊重、平等、各种一体化机制相互补充、向亚洲和欧洲各有关方开放等原则，通过双边和多边机制，特别是上海合作组织平台开展合作。^① 声明表明中俄双方都对各自的发展战略予以理解和支持。哈萨克斯坦总统纳扎尔巴耶夫提出的"光明大道"战略与"一带一路"倡议所涵盖的内容有许多吻合之处，也充分说明两国发展战略利益的一致性，可以在上合范围内加强双边合作。吉尔吉斯斯坦领导人也多次强调吉经济与中国经济的密切联系和两国合作的重要性。

"上海精神"与"丝路精神"一脉相承。两者表述不同，但都体现了新时代中国特色大国外交合作共赢的根本理念，都反映了中国在参与全球经济进程中的开放态度、合作诚意以及和平愿望。可以说，政治上平等相处，经济上互利共赢，文化上求同存异是"上海精神"与"丝路精神"的内核，也都是新时代中国特色大国外交理念的鲜明体现。这也充分说明，当前中国的外交具有统筹一体的特点，而且实现了内政外交的良性联动。

三 "上海精神"在新时代与时俱进

2018 年 6 月 9—10 日的上海合作组织成员国元首理事会第十八次青岛峰会，是在贯彻落实十九大精神的开局之年举办的一场重要的中国主场外交。新时代的中国外交将为中国自身发展营造更好的外部环境，也为人类进步事业提供更多的正能量。这鲜明地体现在这次峰会将"上海精神"与时俱进，赋予她在新时代的

---

① 《中华人民共和国与俄罗斯联邦关于丝绸之路经济带建设和欧亚经济联盟建设对接合作的联合声明》，《人民日报》2015 年 5 月 9 日。

思想内涵。

青岛峰会的主旋律是弘扬"上海精神"。扩员后的上合组织重温了互信、互利、平等、协商、尊重多样文明、谋求共同发展的"上海精神"。不仅如此,习近平主席全面论述了"上海精神"的内涵实质,开启了上合组织发展壮大的新征程。

第一,提倡创新、协调、绿色、开放、共享的发展观,实现各国经济社会协同进步,解决发展不平衡带来的问题,缩小发展差距,促进共同繁荣。

上合发展需要充分考虑成员国之间的差异、成员国与中国之间的经济互补性和差异性以及这种互补和差异产生出的发展机遇。解决发展不平衡带来的问题,缩小发展差距,促进共同繁荣,是中国与上合成员国之间长期务实合作的重要基础。

上合高举区域合作的大旗。上合积极倡导开放包容、合作共赢的新型国际关系,催生了强大凝聚力,激发了积极的合作意愿,为促进地区稳定和繁荣作出重要贡献。实践证明,长期游离于区域化安排之外就有在世界经济中被边缘化的危险,而通过坚持创新、协调、绿色、开放、共享的发展观,实现各国经济社会协同进步,就必然带来上合的壮大发展。

第二,践行共同、综合、合作、可持续的安全观,摒弃冷战思维、集团对抗,反对以牺牲别国安全换取自身绝对安全的做法,实现普遍安全。

与传统国际政治中坚持以对抗、遏制、制衡等为内容的冷战思维不同,中国积极倡导和实践共同、综合、合作、可持续的新安全观,对于任何符合共同安全、合作安全、综合安全的倡议,中国都积极支持。在上合内部,中国一直积极推动建立符合新安全观的和平稳定机制。

第三，秉持开放、融通、互利、共赢的合作观，拒绝自私自利、短视封闭的狭隘政策，维护世界贸易组织规则，支持多边贸易体制，构建开放型世界经济。

只要秉持开放、融通、互利、共赢的合作观，人们就会以另外的心态和办法对待历史遗留的矛盾和现实的利益冲突，就有可能使大事化小，小事化了。努力构建开放型世界经济的过程尤为重要，也就是说，最重要的还不在于何时实现开放型世界经济目标，而在于走向这一目标的过程。只要这一合作观成为各国的共识，认识到开放型世界经济必然形成各国你中有我、我中有你的利益格局，那么矛盾和冲突都较容易化解或淡化。与此相反，如果抱着自私自利、短视封闭的狭隘政策和陈旧观念不放，人们就会以另外一种心态和办法对待历史遗留的矛盾和现实的利益冲突，在这种情况下，矛盾就容易激化，个别的冲突就有可能发展成为影响全局的危机，达到不可收拾的地步。

正如习近平主席在 2017 年 "一带一路" 高峰论坛上指出的：开放带来进步，封闭导致落后。对一个国家而言，开放如同破茧成蝶，虽会经历一时阵痛，但将换来新生。打造开放型合作平台，维护和发展开放型世界经济，共同创造有利于开放发展的环境，推动构建公正、合理、透明的国际经贸投资规则体系，促进生产要素有序流动、资源高效配置、市场深度融合，携手构建广泛的利益共同体。①

第四，树立平等、互鉴、对话、包容的文明观，以文明交流超越文明隔阂，以文明互鉴超越文明冲突，以文明共存超越文明优越。

习近平主席指出，中华文明理念与 "上海精神" 内涵有相通之

---

① 《习近平谈治国理政》第 2 卷，外文出版社 2017 年版，第 512 页。

处。此次峰会的举办地青岛隶属山东省。山东是儒家文化发祥地。儒家思想是中华文明的重要组成部分。儒家"协和万邦，和衷共济，四海一家"的"和合"理念同"上海精神"有内在相通之处，都是强调求同存异、合作共赢。① 而源于上合组织实践的"上海精神"也构成了中国特色大国外交思想的重要组成部分，即要尊重世界文明多样性，以文明交流超越文明隔阂、文明互鉴超越文明冲突、文明共存超越文明优越。

第五，坚持共商共建共享的全球治理观，不断改革完善全球治理体系，推动各国携手建设人类命运共同体。

青岛峰会是上合组织扩员后召开的首次峰会。开启新征程，首先需要全面总结 17 年来上合组织的发展经验。其中，最重要的经验就是"上海精神"具有超越时代和地域的生命力和价值，为所有致力于睦邻友好和共同繁荣的国家提供了有益借鉴，也为国际社会构建以合作共赢为核心的新型国际关系实践注入了强大动力。中国秉持共商共建共享的全球治理观，倡导国际关系民主化，坚持国家不分大小、强弱、贫富一律平等，支持联合国发挥积极作用，支持扩大发展中国家在国际事务中的代表性和发言权。中国将继续发挥负责任大国作用，积极参与全球治理体系改革和建设，不断贡献中国智慧和力量。

四 结语

上海合作组织将以青岛峰会为新的起点，继续大力弘扬"上海精神"，凝聚各方政治共识，并在此基础上，赋予"上海精神"新

---

① 《习近平在上海合作组织青岛峰会欢迎宴会上的祝酒辞》，新华网，http：//www. xinhua-net. com/word/2018－06/09/c＿1122962286. htm，2018 年 6 月 9 日。

的时代内涵，进一步提升成员国团结互信，夯实上合未来发展的根基。正如习近平主席指出的，凝聚团结互信的强大力量，筑牢和平安全的共同基础，打造共同发展繁荣的强劲引擎，拉紧人文交流合作的共同纽带，共同拓展国际合作的伙伴网络。① 齐心协力构建上海合作组织命运共同体，推动建设新型国际关系，携手迈向持久和平、普遍安全、共同繁荣、开放包容、清洁美丽的世界。

上合发展的新征程与新形势下欧亚大陆迎来合作机遇最大的历史时期相互交汇。国际和地区形势正在经历深刻复杂的变化，欧亚各国迎来了共同利益最多、合作机遇最大的历史时期。青岛峰会展现的"上海精神"，给地区发展振兴带来了前所未有的机遇。包括上合在内的欧亚国家正以更加坚定的决心、更加务实的举措，推动区域合作向更大范围、更宽领域、更高水平拓展，带动整个欧亚大陆发展、合作、繁荣。上海合作组织将以更加开放的胸襟、更加包容的心态、更加宽广的视角，为推动人类进步作出应有贡献。

---

① 习近平：《弘扬"上海精神" 构建命运共同体——在上海合作组织成员国元首理事会第十八次会议上的讲话》，人民出版社 2018 年版，第 5—6 页。

五

国外国际关系理论观点述评

西方国际关系研究的主要流派和理论

高　程

　　西方国际政治有多个谱系和范式，今天只概述下位居美国国际关系主流位置的三大主义流派——现实主义、新自由制度主义和建构主义，因为美国国际关系流派关注的是全球视野下的大国关系问题，和中国息息相关，相比欧洲由于已经退出世界领导权的竞争，它们的国际关系理论关注的主要议题已经偏离传统国际关系理论，走向抽象化、碎片化和区域性。同时重点概述下与当前国际格局及中美博弈关系密切的四种流行的国际政治理论体系：霸权稳定论、权力转移理论、民主和平论、文明冲突论。然后与中国的现实相结合，做一点评述。

　　美国国际关系通常说的三大主义，实际在美国学界一直是以现实主义和新自由制度主义为主流，建构主义是一个并列的偏支流派。现实主义学派认为国与国之间的关系围绕权力竞争展开。一个大国无论其国内什么制度和状态，它们在国际体系中都遵循同一原则，即追逐在国际体系中权力最大化。大国不断追逐权力的结果导致"安全困境"和大国间的"零和博弈"，最终结果是国际冲突。与现实主义相比，新自由制度主义更加看重国家间的相互依赖，认为国家间的本质是竞争性的，但可以通过建立国际组织、制定国际规则来实现国家间的合作，制度等软权力和传统的军事等硬权力共同构成国家实力和合作中的国际地位。建构主义则认为国际合作是通过国际政治文化推动的，而国际政治文化又是由国家之间的互动建构的，这些观念和文化构成了所谓"国际规范"，它们反过来决定着国际社会行为体的行为和身份。建构主义认为，以和平和友谊为特征的康德文化将从根本上消除现实主义世界的霍布斯国际冲突状态和新自由制度主义依托的洛克式竞争世界，最终缔造国际和平与合作。

美国国际关系三大流派表面上相互争论和分歧，但现实主义一直是主导美国对外行为、维护其霸权地位和对体系内外大国态度的主要逻辑，新自由制度主义和建构主义成为巩固美国主导国际组织和规则、提高其构造国际主流意识形态和国际合法性的工具。美国一向以权力逻辑看待与世界，特别是与大国的关系，但必要时也试图通过国际机制和规则将竞争性大国规制在自己主导的国际体系中，同时用西方主导的国际规范和价值观去塑造和改造这些国家的观念和行为，使其自觉遵从美国和西方世界的意志、偏好和利益。

从属于美国国际关系研究范式的四个经典理论体系，在西方国家被用于普遍分析大国关系和中国崛起。

1. 霸权稳定论：新现实主义的理论核心。金德尔伯格最初提出，只有在霸权存在的情况下，自由经济秩序才能繁荣和发展。吉尔平将这个逻辑引申到国际政治领域，后被罗伯特·基欧汉发展出了"霸权稳定论"这个概念。他们认为霸权带来世界政治经济的稳定。由一个国家主宰的霸权国际体系运行非常有益于强大的国际体系的发展。霸权稳定论不只是一种学术理论，更是冷战结束后美国对外政策的重要理论指导，是为一超多强的国际格局，特别是美国单边政治、经济和军事霸权合法性和必要性背书的理论体系。

2. 权力转移理论：霸权稳定论理论体系认为霸权国家实力下降会导致体系失衡，进而引发霸权战争，导致世界政治经济的不稳定和无序状态。权力转移理论体系则是讨论霸权国和崛起大国的关系。奥根斯基建立的权力转移理论认为崛起大国通常会对现有的国际秩序不满，霸权国则会努力维持现有秩序以确保既得利益，围绕国际秩序主导权的竞争与冲突将随着二者之间实力差距的缩小而加剧。在权力转移过程中，当不满于既有秩序的崛起国认为有机会赢得主导权的时候，将选择以激进的手段加速权力转移，争取创造一种全新的国际秩序安排，以便从新体系中获益。权力转移理论近年来在国际关系学界讨论得很多，成为中国崛起威胁论的一个重要理论依据，包括国内媒体几次热议的"修昔底德陷阱"问题也是权力转移理论体系中提出的概念。

3. 民主和平论：国际关系自由主义的核心理论，认为实行自由民主制度的国家之间发生战争的可能性极大下降，这主要是由"民主"政治制度的约束机制决定的；而转型中的"民主国家"发生战争的可能性较大；"非民主国家"之间战争会频繁发生；"民主国家"不能回避与"非民主国家"的战争，"民主国家"在维护世界和平的同时，要通过积极干预帮助"非民主国家"重建民主，以实现世界和平。"民主和平论"成为美国奉行新干涉主义政策，在世界进行意识形态渗透、发动"颜色革命"和以民主口号军事干预他国的重要理论依据。

4. 文明冲突论：由塞缪尔·亨廷顿提出，认为冷战后的世界，冲突的根源是文明和文化间的差异，未来主宰全球的将是"文明间的冲突"。国家间关系是竞争性共处的"冷和平"状态，相似的文明将促进信任和合作，文明的冲突最可能的暴力形式是来自不同文明的地区集团之间的战争，最危险的是不同文明中主要国家之间的战争。在逐一分析八大文明体系后，文明冲突论认为伊斯兰文明和儒家文明可能共同对西方文明形成威胁或提出挑战，所以未来世界不稳定的主要根源来自伊斯兰教的复兴和东亚社会特别是中国的崛起。西方和这些挑战性文明之间的关系相处是极其困难的，其中美中关系可能是最危险的关系。

美国的国际关系流派和理论，需要我们了解和分析，但不能将美国的国际关系理论直接等同于这一学科一般性甚至是普世性规律，进而作为解读国际问题的钥匙。国际关系学界的论文一度大量直接套用"三大主义"分析几乎所有国际问题，进行研判和提出对策建议，而忽视了这些理论体系的逻辑和结论很大程度是为美国国家利益服务的，其引申的一些结论和预判甚至是针对中国这样的体系内异己国家或对中国崛起的环境不利的。和中国国际关系学界将西方国际关系理论作为普世分析工具相比，俄罗斯国际关系特别注重国际关系史中的案例教育，尤其强调立足国家利益的意识，和对国际形势及国际斗争现实的清醒认知。莫斯科国际关系学院是培养俄罗斯对外精英的摇篮，他们的教材也学习西方国际关系理论，但是他们的做法是把这些流派和理论单独成章节叫作"西方国际关系理论"，将其作为研究对象，而不是一般规律对待。这一点很值得中国借鉴。

地缘政治理论：基于思想、实践与宣传三重视角

高　程

地缘政治理论涉及内容庞杂，与其说它是一个系统、完整的理论体系，不如说它是由不同的战略思想杂烩而成的一个集合。它随着民族国家的兴起，在不同历史时期具有不同的内涵、重点和时代性的争论。讨论地缘政治理论，我们必须区分作为思想和理论的地缘政治学说、作为国家对外战略和政策实践的地缘政治行为逻辑和作为舆论宣传工具的地缘政治主张这三个不同的层面。通过这三个层面的视角切入，有助于我们理解地缘政治理论的全貌。

一　作为思想和理论的地缘政治学说

地缘政治学（地缘战略学）在学科分类上，是研究国家对外战略决策与地理环境互动关系的学科，它是介于地理学与政治学的交叉学科理论。由于后来地缘政治学发展成为现代西方国际关系中最重要、影响最为深远的战略理论，如今我们谈论"地缘政治学"概念时，事实上它已演变成为泛指大国间基于空间维度进行战略博弈的理论研究。它主要是根据地理要素和政治格局的互动视角，把地

理因素视为影响甚至决定国家对外战略行为的要素，在此基础上研判世界和地区的战略形势和国家的对外战略行为与决策。

地缘政治理论的鼻祖是德国地理学家拉采尔，他深受斯宾塞的"社会进化论"影响，基于人类社会与动物有机体具有高度共性这一假定，提出了有机体的国家理论。之后，瑞典政治学家契伦发展了拉采尔关于有机体国家论，正式提出了"地缘政治学"的概念，他后来被视为第三帝国时期德国地缘政治学派的理论奠基人。对地缘政治思想和理论体系贡献最大、影响最深远的是马汉提出的"海权论"和麦金德提出的"陆权论"。

美国海军军官马汉在 1890 年出版的《海权对历史的影响》一书中阐释了海权理论。马汉基于对英国海上霸权史的研究，提出一套围绕建立制海权的理论，认为发展海上力量对于大国的安全与繁荣至关重要，掌握制海权是获得和维护强国地位的必要条件。

陆权论的创作者是英国地缘政治学先驱麦金德，他在 1904 年发表了《历史的地理枢纽》一文，创立了与海权相对应的陆权理论。麦金德将欧亚大陆中心地带视为世界政治的枢纽，即亚非拉三大陆构成的"世界岛"的"心脏地带"，认为控制东欧者则控制心脏地带，控制心脏地带者则控制世界岛，控制世界岛者将成为控制世界的领导者。

麦金德提出陆权论原本是为警告当时的海上霸权国，也是他的母国英国要正视俄国和德国这两个陆权新兴国家的潜在威胁和挑战，防止俄德两国未来的扩张，防范俄德联盟的可能性。然而这套理论最后却令处于"世界岛心脏地带"的德国找到了对外侵略扩张的理论依据。德国由此成为地缘政治理论最忠实的拥戴者，并形成了"德国地缘政治学派"。该学派深受拉采尔、哲伦和麦金德理论的影响，集海权论和陆权论，对地缘政治学进行了极端的引申。由于德国地缘政治学派兴起于第一次世界大战后，鼎盛于纳粹德国对外军事扩张时期，为德国发动两次世界大战提供了合法性，同时在第二次世界大战后被视为纳粹德国侵略扩张的思想"始作俑者"，"地缘政治学"因此被赋予了更多意识形态含义。这一点在作为舆论宣传工具的地缘政治主张中会谈到。

在当代战略理论话语体系中，由于背负着历史"原罪"，"地缘政治"概念被逐渐淡化，但美国战略界的几本经典之作，包括亨廷顿的《文明的冲突》、基辛格的《大外交》、布热津斯基的《大棋盘》，其战略理论背后的逻辑都深受"地缘政治学说"的影响。冷战后，由于国家间军事安全领域的争夺更多被经济利益的博弈所取代，美国战略界将地缘政治的逻辑引入经济领域，开始关注如何通过地缘经济手段确保世界霸主地位，成为"地缘政治学"一个新的发展趋势。

二　作为国家对外战略和政策实践的地缘政治行为逻辑

作为思想和理论的地缘政治学说，从诞生起就与大国对外战略和政策实践是一对连体儿，地缘政治学说是在大国间争夺"势力范围"的背景和需求下应运而生的，同时它也深刻影响着大国的行为逻辑。当时世界中心欧洲的列强们遵循均势原则，地缘政治学说不但被欧洲战略界广泛接受，而且指导着国家间的博弈行为。

海权论思想是随着美国在美洲陆地扩张趋于饱和的情势下，海域控制权扩张的需求而诞生的，它反过来对美国、英国、日本、德国的海上军事扩张政策都产生了广泛的影响，特别是指导了美国的海上扩张政策。当时美国已成为美洲大陆的霸主，市场外扩的需要要求美国实现从美洲内陆霸权国向海洋霸权国的转变，海权论成为其政策调整的理论基石。19世纪末，随着工业化的推进和欧洲列强势力范围争夺的加剧，海权的重要性逐步让位于陆权，麦金德的陆权论在随后半个世纪中成为西方地缘政治学的主导理论，并最终沦为德国两次世界大战对外侵略扩张的理论基础，这也使"地缘政治"概念和学说被安上了"原罪"的枷锁。

第二次世界大战结束后，尽管西方国际政治主流理论体系中，地缘政治理论丧失了政治正确性，但它继续在背后"指挥"大国的行为。冷战时期，美苏两国争霸争夺的势力范围，除了意识形态因素，大致仍是以地缘为依托划分的势力范围。冷战后美欧在东欧地区的扩张、美俄在中东地区的较量、俄罗斯在其周边独联体国家的政策，无不深受地缘政治思维的主导。地缘政治事实上仍是各大国制订对外战略和外交政策的重要依据。尽管美国的西方国际关系和战略界，特别是宣传领域总说地缘政治已经是过时的观念，并攻击中俄两国对地缘政治逻辑"抱残守缺"，然而第二次世界大战后几乎所有军事介入都难以摆脱地缘政治的影子。例如1973年的第四次中东战争，美国对阿富汗宗教极端势力的扶持及随后1979年苏联入侵阿富汗，1980—1988年的两伊战争，1991年的海湾战争，2001年美国在阿富汗的所谓"反恐"战争，2003年的伊拉克战争，2003年美国在格鲁吉亚策动的"玫瑰革命"及随后的俄格战争，2005—2006年美国在乌克兰策动的"橙色革命"，2010—2011年美国在中东北非国家策动的"茉莉花革命"，2011年以法国为首的欧洲挑头、欧美共同对利比亚进行的军事干预，2014年美国在乌克兰策动的"二月政变"及随后俄罗斯兼并克里米亚和乌克兰东部内战，2012年美国策动叙利亚内战以及2015年俄罗斯军事介入叙利亚，伊朗和朝鲜核问题，等等，大国之间基于地缘政治的争夺从来没有平息过。

三　作为舆论宣传工具的地缘政治主张

作为舆论宣传工具的地缘政治主张极大强化了地缘政治理论的意识形态属性。在纳粹德国时期它扮演了助纣为虐的角色，成为为德国对外扩张进行合法性背书的舆论动员和宣传工具。德国地缘政治学派的代表人物豪斯霍弗尔在纳粹德国政府时期位居科学院院长高位，他创立了地缘政治研究所并创办了《地缘政治学杂志》，该期刊推广德国地缘政治思想，成为纳粹德国对外侵略的宣传阵地。在德国侵略扩张的道路上，地缘政治理论是其重要理论武器。

轴心国的失败导致第二次世界大战后地缘政治理论在国际主流话语体系和意识形态领域中成为被诟病的对象。正是在这个意义上，如今美国等西方国家重拾"地缘政治"的宣传工具攻击和抹黑西方体系外的大国，特别是给中国和俄罗斯扣帽子，意图是让人们将中国的崛起和俄罗斯的复兴之路与纳粹德国的极端地缘政治扩张行为逻辑联系起来，制造中俄威胁论的国际舆论氛围。

四　崛起进程的中国如何看待"地缘政治"理论

厘清三个不同层面的地缘政治理论，正是为了在三者的区别和联系基础上，使中国以正确的态度看待地缘政治理论。

首先，中国要深度研究作为思想、理论和战略、政策实践的地缘战略学说中有价值的部分。尽管地缘政治学的极端引申曾与德国纳粹扩张有关联，但我们不能因此完全否认地缘政治理论中的规律性成分，要充分研究和吸收其规律，服务于我国对外战略的制定。

地缘政治理论中合乎现实规律的内容体现在两方面。一是中国千万不要低估地缘政治思想和逻辑对美国等西方国家的影响和指引，不能幻想这些国家表面批判地缘政治理论，于是便放松对运用这套理论对外推行霸权和对中国采取地缘"遏制"战略的警惕。美国在中国周边构建了"第一岛链"和"第二岛链"就是典型的地缘政治部署。中国理论界要丰富和深化对地缘政治理论的研究，政策界要清醒意识到，西方战略对手嘴上否认但事实上一直在以地缘战略思维防范和遏制中国，中国要在此研究和认识基础上采取正确的国家战略应对美国等西方国家的遏制和挑战。

地缘政治理论中合乎现实规律的内容体现在地理周边对大国在现实中的崛起和发展确实政治和经济战略意义重大。俄罗斯决不允许北约扩张到格鲁吉亚和乌克兰，为了避免北约军队有可能驻扎在俄罗斯战略腹地，防止北约导弹系统设立在自家门口，俄罗斯为此不惜一战和与西方决裂，正是出于地缘缓冲带的现实安全考量。中国在与美国军力差距悬殊的困难下坚持打抗美援朝战争也有地缘政治考虑，不能让美国军队有越过三八线驻军在中国东北家门口的可能性，这是非常现实和必须的战略底线思维。随着中国的崛起进程，中国制定了以周边为"首要"、立足周边地区的对外政策，特别是通过"一带一路"倡议经营周边地区的高瞻远瞩的发展规划，这在某种意义上也是正视地缘政治和经济因素的重要性。

其次，中国要充分警惕、防范和积极化解作为宣传工具的地缘政治理论对中国崛起的负面影响。这也分为两个方面，一方面是正视和认真应对美国等西方国家利用地缘政治理论和逻辑炮制的"中国威胁论"宣传，另一方面是在自身宣传和社会舆论引导上要谨慎对待地缘政治逻辑的对外话语表述。第二次世界大战后的国际规范和大国行为逻辑在地缘政治领域是相左的，它实际主导着美国等西方主要国家的对外战略和政策，但它们都不明说，而且极力通过国际话语权对其地缘政治行为进行道德粉饰，同时拿这套理论作为宣传舆论工具针对中国、俄罗斯等大国。中国要避免落入美国等西方国家设置的地缘政治话语陷阱，令中国的崛起和复兴进程困难加剧。